U0872757

校企合作、产教融合
培养高素质应用型旅游人才

海口旅游职业学校的实践研究

赵金玲◎主编

北京·旅游教育出版社

责任编辑：果凤双

图书在版编目（CIP）数据

校企合作、产教融合 培养高素质应用型旅游人才 ：海口旅游职业学校的实践研究 / 赵金玲主编. -- 北京 ：旅游教育出版社，2019.3

ISBN 978-7-5637-3900-4

Ⅰ. ①校… Ⅱ. ①赵… Ⅲ. ①中等专业学校－办学模式－研究－海口②旅游教育－人才培养－培养模式－研究－中等专业学校 Ⅳ. ①G718.3②F590

中国版本图书馆CIP数据核字(2019)第031888号

校企合作、产教融合 培养高素质应用型旅游人才

——海口旅游职业学校的实践研究

赵金玲 主编

出版单位	旅游教育出版社
地　　址	北京市朝阳区定福庄南里 1 号
邮　　编	100024
发行电话	（010）65778403　65728372　65767462（传真）
本社网址	www.tepcb.com
E - mail	tepfx@163.com
排版单位	北京旅教文化传播有限公司
印刷单位	天津雅泽印刷有限公司
经销单位	新华书店
开　　本	710 毫米 × 1000 毫米　1/16
印　　张	18.75
字　　数	252 千字
版　　次	2019 年 3 月第 1 版
印　　次	2019 年 3 月第 1 次印刷
定　　价	52.00 元

（图书如有装订差错请与发行部联系）

编委会成员

序　言

海口旅游职业学校于1993年由海口市教育局和北京市西城区教育局联合创办，是海口市直属公办的一所综合性中等职业学校，也是海南省一级示范学校、首批国家级重点职业高中、全国百所德育科研名校，首批“国家中等职业教育改革发展示范学校”。建校以来，学校共培养航空服务（与VIP服务）、高星级饭店运营与管理、中餐烹饪与营养膳食、西餐烹饪、旅游外语、导游服务、会计、计算机应用、电子商务、美发与形象设计和商品经营等专业毕业生逾三万名，绝大部分毕业生在海南乃至全国各地旅游行业从业。经过长期的工作实践，许多毕业生已经成为海南省旅游企业的业务技术骨干和中基层管理者，为海南国际旅游岛的开发和建设做出了积极的贡献。

今年是海口旅游职业学校建校25周年。25年来，海口旅游职业学校牢固树立了“以服务发展为宗旨，以促进就业为导向”的办学思想，形成了“校企深度合作、产教密切融合”的办学理念，把提高毕业生的就业能力和发展能力，实现毕业生在行业内高度集聚作为基本办学目标。学校在注重为社会、为旅游行业培养高素质应用型人才的同时，也十分注重教学科研成果对行业发展及政府相关决策的影响力。以建设海南一流、全国知名的旅游职业院校为目标，在创新办学模式、转变办学机制、提高办学质量以及加强产学研结合等方面积极进行探索，取得了一系列可喜的成果，使学校呈现出科学、持续发展的良好态势。

在建校25周年之际，海口旅游职业学校的老师们认真总结25年的办学经验，形成了《校企合作、产教融合　培养高素质应用型旅游人才——海口旅游职业学校的实践研究》一书，对海口旅游职业学校的办学理念、培养模式、课程体系、实习、实训环节、典型案例等进行了系统总结和提炼，也对海口旅游职业学校对接海南师范大学等本科、高职院校，进而形成多层次并存的旅游人才培养模式进行了勾勒。相信本书的出版会对海口旅游职业学校在25年办学历史新起点上的发展带来很大的帮助，对全国同类旅游职业院校也会有一定的借鉴作用。

愿海口旅游职业学校在新的办学起点上得到新的大发展，为中国旅游职业教育的发展再做出自己的一份贡献！

编者

2018年12月

目 录

第一章　海口旅游职业学校成长的25年

海口旅游职业学校于1993年由海口市教育局和北京市西城区教育局联合创办，是海口市直属公办的一所综合性中等职业学校。经过25年的发展，已经成为具有“校企合作、产教融合”鲜明特色的国家示范性旅游中等职业学校。今天，站在未来25年发展的新起点上，海口旅游职业学校的每一位教职员工既感到骄傲和自豪，又对未来25年的发展充满着憧憬和期待。

第一节　海口旅游职业学校从初创到成熟的办学历程

海口旅游职业学校占地面积225亩，建有40多间设备先进、配套齐全的专业实训室。开设有航空服务（与VIP服务）、高星级饭店运营与管理、中餐烹饪与营养膳食、西餐烹饪、旅游外语、导游服务、会计、计算机应用、电子商务、美发与形象设计和商品经营等专业，学生3300多人，教职工220人。学校与海南师范大学联办“3+4”本科班，还分别与海南职业技术学院、海南经贸职业技术学院联办“3+2”大专班，构建了以中职教育为主、中高职“3+2”和中职本科“3+4”衔接（与本科及高职院校衔接）的多层次办学格局。

一、海口旅游职业学校发展历程

1. 海口旅游职业学校的办学理念

海口旅游职业学校自创办以来，牢固树立“以服务发展为宗旨，以促进就业为导向”的办学理念，不断加强学校的软件和硬件建设，创新教育教学模式，办学效益显著。学校是海南省一级示范校、首批国家级重点职业高中、全国百所德育科研名校、全国德育“十五”课题研究先进校、全国教育系统先进集体、全国青年文明号、全国中等职业教育德育工作先进集体、全国百所德育示范校、首批教育信息化试点单位、全国巾帼文明岗、全国“五好”基层关工委先进集体，全国“五四”红旗团委、首批“国家中等职业教育改革发展示范学校”，曾荣获国家级教学成果二等奖，荣获中国烹饪协会“中国餐饮30年桃李芬芳奖”，高星级饭店运营与管理专业获评全国职业院校旅游类示范专业点，学校入选国家旅游局旅游职业教育校企合作示范基地。

海口旅游职业学校致力于高起点定位、高目标发展、高标准配置、高质量师资、高效率运作、高水平服务，努力打造成全省乃至全国旅游教育的航母，为国际旅游岛建设培养了一大批应用型技术技能人才。

在创校之初，学校就加入了北京市西城区旅游职业教育集团，成为集团成员校。学校充分发挥国家级重点校、国家级示范校的示范和辐射作用，在全国首创“三段式”办学模式，于1998年起先后与海南省9个市县联合办学，为贫困市县培养了近5000名毕业生。2008年，学校牵头组建了海南旅游职业教育集团，是职教集团龙头校，与省内外近40家著名企业保持稳固的教学、实习和就业等合作关系，已为社会各行各业输送了近2.5万名毕业生，毕业生就业率均在97%以上，重点专业的就业率高达100%，毕业生供不应求，连续被评为海南省中等专业学校“毕业生就业工作优秀单位”。学校还培训企业员工4万多人次，近3万人次获得不同种类职业资格证书，先后被评为海南省“先进民工组织机构”、海口市“先进社会力量培训机构”。

2. 海口旅游职业学校的发展历程

海口旅游职业学校在二十五年的成长历程中，经历了六个发展阶段，实现了六大目标。

第一阶段：建校创业时期（1993年5月至1995年暑假）。学校与北京市西城区旅游职业教育集团共同确定了合作办学的方向和学校发展的战略措施。经过几年的艰苦奋斗，开创了“高起点、高标准、高速度、高质量”超常规发展海南特区职业教育的新路子。

第二阶段：巩固提高时期（1995年至1997年暑假）。学校在第一阶段取得成果的基础上，集中力量抓巩固和提高。随着教学楼的建成、教学设备的更新，以及首届毕业生在社会上取得声誉，学校先后被评为海南省一级示范校和首批国家级重点职业高中。

第三阶段：过渡发展时期（1997年至2003年）。学校通过强化管理、培训队伍、完善设施、科研兴校，形成了一支适应海南特区职业教育发展的干部教师队伍，成功地实现了学校管理工作由北京市西城区干部为主过渡为以海口市本地干部为主，达到了学校稳定发展和提高的目的，实现了两地合作办学的目标。

第四阶段：扩大规模时期（2003年至2009年）。2004年，学校合并了原琼山职业学校，变为一校两址。2009年，学校又启用了占地225亩的白水塘新校区建设，招生规模也随之扩大，招生人数年年攀升，办学效益明显提升。这一时期，以海口旅游职业学校为龙头校，组建了有42家成员单位的海南旅游职业教育集团。学校也先后被评为海南省中小学德育工作先进集体、全国百所德育科研名校、全国青年文明号和全国教育系统先进集体。

第五阶段：内涵发展时期（2009年至2013年）。学校工作的重心由扩大办学规模转为加强内涵建设。2010年，学校被认定为首批"国家中等职业教育改革发展示范校建设单位"。学校以深化综合改革、强化内涵建设为主线，全面提升了德育、教学教研、师资队伍建设、校园文化建设和集团化办学等工作水平，示范辐射作用和服务社会能力不断加强。

第六阶段：内涵提升时期（2013年至今）。2014年，学校被确定为首批"国家中等职业教育改革发展示范学校"。学校创新了人才培养模式，提升了人才培养质量；注重打造数字校园，提升信息化水平；实施了"四融"党建，并以党建促进学校持续健康发展；实施"八化"德育，打造德育品牌；实施"三融"课堂，促进教育质量不断提升；建立了一体化人才培养的"立交桥"，与普通高校、高职院校联办"3+4"本科班、"3+2"大专班；国际合作办学有新突破，与新西兰北方理工学院联办"2+2"模式，输送学生到新西兰留学。学校还形成了以中职教育为主、中高职"3+2"和中职本科"3+4"衔接的一体化人才培养模式，构建了"就业有方、升学有路、出国有门"的多元化办学格局，正在为建成"走出海南、面向全国、走向世界"的中国现代职业教育名校而努力。

3. 海口旅游职业学校的社会荣誉

一所学校良好的社会声誉不是一朝一夕唾手可得的，而是经过多年办学水平、实力、人才培养质量、学校社会影响力等诸多因素的重视与投入而换来的。在25年的办学过程中，海口旅游职业学校明确发展思路，不断创新人才培养模式，注重师资队伍建设，坚持贯彻落实学校发展规划纲要中提出的“促进学校内涵发展，打造海南省国际旅游岛名校”的战略。近几年，学校的社会声誉大大提升，学生就业率每年都居高不下，用人单位对我校毕业生认可度和评价都很高，每年会吸引很多知名的大中型企业与学生签订用人协议。

1）毕业生受用人单位热捧，学校办学吸引力提升

学校一直以旅游办学为特色，非常重视学生综合素质的培养。在“三融”课堂实施以来，学生的整体素质有明显提升，学校的社会声誉良好，不仅在海南中等职业学校中有很大的影响力，而且在全国同类中等职业学校中也有很好的口碑。自 2012 年起，学校与多家知名企业签订校企合作发展战略协议，每年向企业输送一大批应届毕业生，企业对于学生的综合素质评价较高，学校的办学吸引力明显提升。海南龙泉集团董事长符史钦在接受《海南日报》媒体报道时说，龙泉集团已接收海口旅游职业学校的几百名毕业生，这些学生技术全面，整体素质高，用得舒心放心。“海口旅游职业学校烹饪专业学生不仅能做菜，还能核算材料成本。目前，龙泉集团下属各分店的大厨，很多来自海口旅游职业学校。”

除此之外，学校每年派往各单位的实习学生，也得到实习单位较高的评价。如，2016 年学校共有学生 812 人分别在省内的海口、三亚、博鳌及省外的上海、深圳等地的 42 家知名企业实习，学校还派出 8 名实习带队教师跟班进行实习和生活的日常管理。实习学生工作态度积极，专业素养较高，能够认真对待实习工作。这些实习的学生，礼节礼貌较好，能够服从工作安排；能遵守学校及实习单位的规章制度；工作认真负责，力求精益求精；服务意识强，能吃苦耐劳；自我管理能力较好，独立生活能力强，能很快融入到企业、社会生活之中；尊敬师傅及老员工，团结合作的意识较好。因此，各用人单位对我校学生的评价普遍较高，对我校的教育教学也给予了充分肯定，一致认为海口旅游职业学校的实习生在综合素质和综合技能方面都比较出色。

2）优秀毕业生成功案例和典型事迹

学校历年优秀毕业生在本职岗位上的突出表现，无形中也成为学校一张亮丽名片，大大提升了学校的知名度和社会声誉。从建校至今，已涌现出许多优秀毕业生，在各自岗位上兢兢业业、爱岗奉献。其中，很多优秀毕业生已经荣升为部门主管、骨干或经理，取得了非常优秀的工作业绩。在这些优秀的毕业生中，不

乏有很多成功的典型和事迹，他们在平凡的工作岗位上，经过持续不懈的努力与奋斗，做出了不平凡的业绩。给母校带来荣耀的同时，也让母校永远记住了他们的名字，并为学生的成功而感到骄傲。

3）媒体对于学校的宣传与报道

海口旅游职业学校的教学、人才培养、学风和教风建设都卓有成效，呈现出不少优秀的事迹，同时也获取了国家、省和市等诸多殊荣。每年师生所获的各种高水平奖项，通过媒体的大力报道与宣传，也为学校进行了很好的宣传与推销，尤其是省内电视、电台、报纸的积极报道，更给学校带来较大的社会影响力和良好声誉。

学校自建校至今，已为社会培养了 2 万多名合格毕业生，培训企业员工 4 万多人次，近 3 万人次获得不同种类职业资格证书。学校在海南当地具有很高的知名度，先后被评为海南省“先进民工组织机构”、海口市“先进社会力量培训机构”，被誉为“椰城职业教育的明珠”“南国旅游人才的摇篮”、为海南高星级酒店输送基础服务人员的“黄埔军校”。

4. 海口旅游职业学校的办学特色

海口旅游职业学校在 25 年的办学过程中，形成了自己鲜明的办学特色。

1）德育为先的办学特色

海口旅游职业学校始终坚持把“立德树人”作为根本任务，以“德育为先”的办学思想，实现“课堂育人、活动育人、岗位育人”，先后两度荣获“全国德育先进集体称号”，多次被评为“全国德育科研先进单位，是“全国五好基层关工委先进集体”“全国五四红旗团委”。

2）三段式的办学特色

海口旅游职业学校是全国首创“三段式”办学模式的中等职业学校，先后与 8 个市县职业学校开展了联合办学，培养了近 3000 名农村学生，并作为“海南经验”向全国予以推广。

3）集团化的办学特色

海口旅游职业学校是海南省首创集团化办学的中等职业学校。以海口旅游职业学校为龙头校，成立了有 42 家董事会成员单位的海南旅游职业教育集团，是全省规模最大、区域性最广、运作最规范的职业教育集团。

4）国际化的办学特色

海口旅游职业学校是全省较早探索开展国际化办学的中等职业学校，分别与奥地利萨尔茨堡应用科技大学和美国夏威夷卡皮欧拉尼社区学院签署了五个国际教育合作协议。2010年，卡皮欧拉尼社区学院加入了海南旅游职教集团，成为海南省唯一一家有境外职业院校参与的职教集团，学校也是海南省第一所引进“食品安全与卫生管理培训课程（HACCP）”国外行业标准资格认定的职业学校。与新西兰北方理工学院联办2+2模式，输送学生到新西兰留学。

5）市场化的办学特色

海口旅游职业学校围绕滨海度假旅游、海岛旅游、高尔夫旅游等产业，已开设13个与此相关的专业。2010年，又开发了游艇服务与管理、会展服务与管理等新兴专业，并按照“校店合一”的方式，加强了学校实训基地建设。

6）培训并举的办学特色

海口旅游职业学校积极开展各种职业技能培训和技能鉴定。近三年来，参加学校组织的社会培训人数约5500人次，接纳各类资格考证生3500人次，被海南省人力资源开发局评为“先进鉴定所”，被海南省民政厅评为“先进民工组织机构”。

二、海口旅游职业学校“十三五”发展规划

在海口旅游职业学校的发展过程中，学校积极抓住海南国际旅游岛发展的契机，制定了海口旅游职业学校“十三五”发展规划，启动了学校的新一轮发展。

1.“十三五”时期发展形势分析

1）发展机遇

A.《国家中长期教育改革和发展规划纲要（2010—2020年）》的颁布，进一步促进了教育事业的发展。《纲要》是指导我国教育改革和发展的纲领性文件，对教育改革发展的方向性、全局性问题做出了总体部署，提出了国家教育发展的总体战略、发展任务、体制改革、保障措施和实施要求，将有力地推进我国教育事业的加快发展。尤其是关于职业教育和继续教育的规划部署，为职业教育进一步改革和发展指明了方向，创造了加快发展旅游教育的历史机遇。

B.《国务院关于加快发展旅游业的意见》，促进了中国旅游教育新一轮改革创新。《意见》首次把旅游业提到了战略性支柱产业的重要位置。我国进入居民

消费升级、旅游消费大众化和多元化的时代。旅游业将成为国民经济战略性支柱产业和人民群众更加满意的现代服务业，成为我国重要的支柱产业、优势产业、绿色产业、民生产业和窗口产业。适应旅游业的发展，旅游教育将进入一个改革创新和快速发展的新时期。

C. 国家推进海南国际旅游岛建设的重大举措，为海南旅游教育提供了广阔的市场机遇。《国务院关于推进海南国际旅游岛建设发展若干意见》的颁布，将海南建设国际旅游岛上升为国家战略。海南省委、省政府接着颁布了《海南国际旅游岛建设发展规划纲要》（以下简称《纲要》），明确提出建设和谐旅游岛，要优先发展教育的战略目标。《纲要》指出要发挥海南特色优势，全面提升旅游业管理服务水平；大力发展与旅游相关的现代服务业，促进服务业转型升级。鼓励本省高等院校、职业学校根据海南国际旅游岛建设发展的实际需要，设置特色学科和专业。大力发展具有海南特色的职业教育，加快培养本省新兴产业发展急需的人才。

2）面临挑战

A. 旅游产业转型升级对人才培养提出新目标

国家推进国际旅游岛建设的意见，对海南旅游产业提出了转型升级要求。旅游产业作为海南的龙头产业和优先发展产业的地位，也得到了进一步的巩固。海南旅游业要走内涵式发展道路，实现速度、结构、质量、效益相统一；开发休闲体验旅游产品，培育新的旅游消费热点，实现旅游业特色化发展；坚持节能环保，合理利用资源，实现海南的可持续发展。如何适应海南旅游产业转型升级、改变人才培养目标和模式，是旅游院校发展面临的挑战。

B. 海南旅游教育普及浪潮对学校发展带来的新挑战

国家大力发展职业教育的政策及海南旅游业的快速发展，带来了海南旅游职业教育新一轮的发展热潮，全省中职（含技工）学校的办学水平均得到明显提升，特别是各学校旅游类专业普遍开设，竞争激烈。如何应对各学校间的竞争态势，突出办学质量和特色，是我校发展面临的挑战。

2. 学校“十三五”发展的指导思想与定位

1）指导思想

以习近平新时代中国特色社会主义思想为指导，深入贯彻落实科学发展观，积极实施《国家中长期教育改革和发展规划纲要（2010—2020年）》，紧紧抓住《国务院关于加快发展旅游业的意见》《国务院关于推进海南国际旅游岛建设发展若干意见》和中共海南省委海南省人民政府《贯彻实施〈国务院关于推进海南国际旅游岛建设发展的若干意见〉的决定》形成的战略机遇，准确把握海南国际旅游岛建设和海南未来经济社会发展趋势，以加快发展为主线、以改革创新为动力、以内涵建设为根本、以专业建设为抓手、以国际化办学为特色、以服务为宗旨、以就业为导向，深化校企合作内容，将学校建成特色鲜明、专业体系相对完整、在全省乃至全国具有示范作用的中等旅游职业学校。

2）办学定位

A. 办学目标：把海口旅游职业学校建成全省乃至国内的示范性旅游职业学校。

B. 教育定位：培养具有国际视野的应用型人才，为海南国际旅游岛建设和经济社会发展提供人才和智力支持。

C. 办学思路：学历教育和社会培训并举；做强中职教育，拓宽办学层次。

D. 办学模式：工学结合，顶岗实习，校企合作。

E. 专业类型：以高星级饭店运营与管理、中餐烹饪、西餐烹饪、旅游外语、美发与形象设计和会计等专业为主干专业，稳步推进导游、航空服务、计算机应用和商品经营等专业协同发展。

3. 学校“十三五”发展的目标和重点工作

1）发展目标

A. 总体目标

建成海南领先、全国示范的中职学校，打造全省产学研核心基地，实现在全省中职学校中的“五个领先”：综合水平领先、教育教学改革领先、专业建设领先、社会服务领先、国际合作领先，并在全省职业教育中起到示范和引领作用。

B. 具体目标

校园环境文明和谐。加强政治思想教育和职业德育教育，坚持“文明礼仪”和“卫生健康”教育传统；落实“酒店花园式”校园建设。“十三五”期间，继续“文化旅校”“人文旅校”的建设，校风、教风和学风再上一个台阶。

办学层次适度拓展。按照市场需求、受教育者需求，适度拓展办学层次。在政府政策支持下初步建起“职业教育立交桥”，逐步实现中、高职衔接。

专业结构优化整合。优化传统专业，建成品牌专业，适时发展新专业。学校新增西餐烹饪和电子商务等专业。

国际合作得到拓展。不断扩展国际合作办学的领域和方式，与境外学校合作项目达到 1~2 个以上。

办学质量全面提高。创新“工学结合”人才培养模式，毕业生首次就业率保持在 97% 以上。

办学条件更加完善。加快基础设施建设，不断改善办学条件，建设投资不断增加。教学仪器设备总值达到 2300 万元，建成 1 个高尔夫实训室、1 个 3D 导游模拟实训室及糖艺实训室。

教师素质明显提高。建设一支结构优、素质好、能力强的师资队伍，努力培养和引进一批专业带头人和教学名师。高级职称教师达到 80 人，专业教师中“双师型”教师比例达到 80% 以上。

实训基地齐全完善。加快实训基地建设，完善实训基地功能，创新实训基地模式。全校实验实训室的开出率达到 100%，仪器设备利用率达到 90% 以上。校内建成至少 6 个校店，校外保持 30 多个具有长期深度合作关系企事业实训基地，三分之一以上的专业做到一专业联结一企业。

科研实力稳步提升。坚持走产学研结合之路，大力开展科研开发和技术推广服务。争取和谐德育全国科研课题 1 项、省级科研课题 5 项。

体制机制改革创新。大力推进办学体制和管理机制的改革创新，实现办学模式多元化、学校管理现代化、决策信息透明化、激励机制绩效化、资金运营市场化，形成适应形势发展的现代学校管理体系、满足市场需求的教学科研体系。

服务能力明显增强。利用学校优势，主动服务国际旅游岛建设和海南社会经济建设。五年内，社会培训总量要达到 13000 人次。与区域内政府合作，建起 1 个农民转产培训基地，服务地方城乡一体化建设。

2）重点工作

A. 德育为先工程。扩大学校党组织的覆盖面，加强党风廉政建设；加强和改进师生思想政治教育，努力提高德育的针对性和实效性；加强师德师风和职业道德教育，建设思想过硬、业务优良的教师队伍；开展平安校园、文明礼仪校园、绿色校园、和谐校园建设，创建“文化育人”的良好环境。

B. 建成中职示范校。按照教育部和省教育厅的部署和要求，全力开展“全国中等职业教育改革发展示范学校”建设，尽快完善教学设备和基础设施；着力提高专业建设和课程改革，扩大精品课程；改善师资队伍结构，提高学历层次，培养“双师型”教师；加快人才培养模式转变和创新，积极推进校企合作、工学结合；改进内部管理，实施制度创新。

C. 教学名师工程。下大力气打造学科带头人和专业名师工程，制定培育、引进带头人和专业名师的政策以及实施方案，建立名师工作室，省级骨干教师达到6人以上，以名师带动教学科研团队建设，提高学校知名度和影响力。

D. 重点专业建设。加强学校重点专业建设，落实有关制度和经费，争取建设一批有影响、有优势的国家级重点专业、省级重点专业和校级重点专业，做到以重点专业建设促进示范性学校建设。

E. 扩大国际合作。进一步拓宽国际办学渠道，做到办学与国际接轨。与台湾高雄餐旅大学、新西兰北方理工学院的合作项目落地，努力将国际合作办学打造成为学校的一大特色。

F. 提升科研水平。总结、整合校内所有科研资源，大力提高科研水平，正式出版一批专业教材及管理成果。利用学校烹饪教学资源优势，与行会合作，共同开展“琼菜”研究，成果推上市场、服务社会。

G. 改善民生工程。切实关心帮助教工特困家庭，加强贫困学生的资助工作。继续建设和完善教学设施，改善教职工的工作、生活条件；利用校内“爱心基金”，完善校内学生资助体系，保证贫困学生顺利完成学业。

H. 不断改革创新。在人才培养、招生制度、办学体制和管理体制等方面进行持续的改革创新。充分利用省内外资源，优化和发展校际联合办学、校企合作办学等项目改革。扩大教职员工在学校管理中的参与度。

4. 学校“十三五”发展实施途径与保障

1）实施途径

A. 推进教育教学体制改革

成立专业教学指导委员会，校内以分管领导、职能部门为主，校外以企、行、会专家为主。专业教学指导委员会的主要任务如下。

推进人才培养模式的实施。继续推进学校、社会、行业、企业参与办学的政策制度，开展深度融合的工学结合、校企合作办学，进一步推进集团化办学、委托培养、定向培养、订单式培养的人才培养模式的实施。

深化教学课程改革和创新。实施“123”工程，即以“工作过程”为导向，以培养学生“职业能力”和“综合能力”为目标，实现“公共课与专业要求融合、专业课与岗位要求融合、德育与教学内容融合”的教学改革，课程建设突出学生职业能力培养。

加强专业教材建设的力度。理顺校内教材管理体制和选用制度，继续组织编写适应学校专业发展的校本教材，编著、出版一批专业教材。

实施教师素质提高工程。完善和实施创新型教学团队的建设方案，完善专业带头人、骨干教师、青年教师和双师型教师的培养与激励制度，制订并落实全员培训计划。

B. 推进国际合作办学改革

完善国际合作办学机构，成员以分管领导、职能部门、外事小组为主。其主要任务，一是建设留学生基地。建设留学生中国文化体验中心，利用基地平台扩大国际交流。二是推进国际合作办学项目的建设。发展国际合作交流项目，开展项目合作，扩大国际合作办学的领域。

C. 推进人事管理制度改革

推进人事管理制度改革的主要任务，一是实施岗位设置改革。对教学和行政岗位进行科学测定和设置，完善岗位聘任制度和岗位薪酬分配制度，在一定范围内实行合理的轮岗制度。二是实施绩效工资改革。以工作量为依据实施绩效工资，出台校内奖励性绩效工资分配方案，探索校长奖励基金和重要教育教学岗位奖励制。三是实施评聘分离改革。对教学职称岗位实行评聘分离，实施职称评定与岗位聘用分开的用人和薪酬办法。四是完善激励奖励制度。实施灵活合理的激励奖励制度，科学制定考评指标体系，建立人员能进能出、专业技术职务能上能下、待遇能升能降，有利于吸引人才、鼓励优秀人才脱颖而出的用人体制与机制。

D. 强化校园安全文明建设

以分管领导、职能部门、物业为主建立专门小组，其主要任务：一是协调并指导校园安全文明创建工作。制定工作标准和实施计划，负责全校安全文明校园组织工作，协调每年的学校安全文明校园迎评检查工作。二是切实维护校园的和谐稳定。加强安全教育和学校安全管理；加强校园周边治安综合治理；保障师生安全的工作、学习和生活环境；推进建设和谐校园、人文校园、绿色校园、安全文明校园。三是完善学校突发事件应急管理机制。完善校园矛盾纠纷排查化解机制；妥善处置各种恶性事端；建立突发事件快速应急体制和机制。四是积极开展校园文化活动。以特色鲜明的校园文化营造良好的校园感人育人环境；加强学生社团建设和管理。

2）保障措施

A. 加强组织领导和统筹协调。以邓小平理论和“三个代表”重要思想为指导，深入贯彻落实科学发展观，加强学校对规划实施的领导，贯彻落实校长负责制。学校要及时研究解决改革发展的重大问题和师生关心的热点问题，加强和改进组织建设、党风廉政和效率建设，积极推行校务公开，建立学校“十三五”规划实施的组织领导保障体系。

B. 加强和改进思想政治教育工作。依托校党总支、团、妇等组织，积极探索新形势下学校思想政治教育的新思路、新体系、新方法，思想政治教育要贴近生活、贴近师生、贴近实际，推进思想政治教育进课堂、进教材、进头脑，扩大和完善思想政治教育的队伍，建立学校“十三五”规划实施的思想政治保障体系。

C. 落实学校办学自主权。进一步落实学校办学自主权，建立多元化办学体制。学校层面重点落实专业和课程设置、管理体制、校内人事制度和招生制度改革自主权；发挥部系在人才培养、专业建设中的重要作用。做到以德育为首，以教学为中心，发挥教师的主导作用和学生的主体作用，建立学校“十三五”规划实施的办学自主性保障体系。

D. 构建科学决策制度体系。学校的发展工作和重大项目必须进入科学决策程序，以保持学校决策不仅具有科学化、民主化、法制化，还要具有程序性、创造性、择优性、指导性。建立校长领导下的科学决策系统，发挥教代会、职能部门和骨干教师在决策中的作用，提高教育决策科学化水平，建立学校“十三五”规划实施的决策保障体系。

E. 提高学校资金筹措能力。综合运用财政拨款、融资等方式筹措办学资金，通过利用政策、创新机制等方式探索多元化、多渠道的社会融资体系。提高办学经费的使用效率，保障学校“十三五”规划实施的资金使用效率。

F. 深入开展规划宣传教育。组织“十三五”学校发展规划的宣传教育活动，将规划列为教师教育培训的重要内容，提高广大教职员工对学校发展规划刚性要求的意识，建立教职员工积极参与规划实施的有效机制，营造学校“十三五”规划实施的良好舆论氛围。

三、海口旅游职业学校未来发展的设想

海口旅游职业学校未来发展的主要任务是：以习近平新时代中国特色社会主义思想为指导，坚持以科学发展观统领学校工作全局，进一步解放思想、实事求是、抢抓机遇、开拓创新，切实增强综合实力，提高核心竞争力，把学校建设成为“校企深度合作、产教紧密融合”的应用技能型的旅游职业学校。学校的重点任务是：以提升学校内涵为主攻方向，在专业建设和人才培养、师资队伍建设、科学研究、国际化办学、社会服务等方面取得新的突破。

1. 德育工作

1）目标

培养具有理想信念、公民素质和健全人格，具备旅游行业从业人员应有的职业素养、职业道德、服务意识和心理素质的毕业生。

具体体现在：

A. 以习近平新时代中国特色社会主义思想为指导，加强马克思主义中国化最新成果教育，引导学生形成正确的世界观、人生观、价值观。

B. 加强理想信念教育，坚定学生对中国共产党领导、社会主义制度的信念和信心。

C. 加强民族精神和时代精神教育，增强学生国家意识、民族情怀和改革创新精神。

D. 加强社会主义荣辱观和传统美德教育，培养学生守法、诚信、勤俭、感恩的道德品质和行为习惯。

E. 加强民族团结教育，弘扬中华民族优秀文化，开展世界多元文化理解教

育，增强学生民族文化认同感和文化沟通鉴别力。

F. 推进生命教育和生态教育，引导学生正确认识自然、自我、他人和社会。

G. 注重学生意志品质磨砺和团结协作精神培养，

H. 提高学生的生存能力、学习能力、实践能力和创新能力。

I. 加强学生作为旅游从业人员的职业道德和职业素养的教育和培养。

J. 加强学生作为旅游从业人员的服务意识和职业适应力的教育和培养。

2）德育工作措施

A. 发挥思政课堂教学主渠道作用，建设结合专业特点的德育课程体系，引导学生在学习中培养正确的情感、态度和价值观。课程建设要坚持贴近实际、贴近生活、贴近学生、贴近行业，注重知行统一。

B. 激活专业的德育教育内涵，强化全员育人，实施教育教学全过程育德。特别在专业课程中要进行旅游职业道德和职业素养教育，加强服务意识的培养。

C. 在学校日常对学生的行为规范和礼仪规范的管理中，通过行为的养成教育，进行社会主义荣辱观和传统美德的教育；注重守法、诚信、勤俭、感恩的道德品质和行为习惯培养；注重吃苦耐劳意志品质磨砺；注重职业道德和职业素养的教育和养成；注重服务意识和职业适应力的养成。

D. 完成旅游职业生涯规划教育课程体系的建设工作，使学校的职业生涯教育工作在同类学校中有示范作用。

E. 建立科学有效的学生心理健康教育和咨询工作体系。建立配备具有职业资格的心理健康教育专职教师的心理教育与咨询室。加强对学生的心理健康教育和心理健康咨询。健全由专职心理教师、辅导员和学生参与的群众性的心理教育和干预机制。

F. 突出实践体验，充分利用社会、行业和企业的资源，促进校外教育与课堂教学的有机结合。建立健全学生参与专业实习、志愿者活动、社会实践和勤工助学的服务和激励等机制。引导学生积极参与实践活动，促进德育内化。

G. 加强校园文化工作在学生思想政治教育中的作用。充分利用各种校园文化活动平台，寓教于乐，引导学生形成正确的世界观、人生观、价值观。增强学生国家意识、民族情怀。弘扬中华民族优秀文化，开展世界多元文化理解教育，增强学生民族文化认同感和文化沟通鉴别力。同时，充分调动学生自主策划组织校园活动的积极性，培养学生的实践能力和创新能力。

H. 德育教育师资队伍建设。注重思政教育师资队伍理论素养的提高和社会实践能力的提高。充分利用政府上级主管部门培训及社会培训和实践的资源，提高德育教育师资队伍的思想素质和工作业务能力。

2. 人才培养与教学质量工程内涵建设

1）目标

紧紧围绕毕业生在行业高度聚集的办学要求，培养适合各专业就业发展需要的优秀人才，使学校的人才培养与教学质量工程全面达到国家示范水平。

2）人才培养工作措施

A. 根据就业率和就业质量调整专业招生计划，对就业率较低的专业进行招生规模控制。进一步完善自主招生制度，改善生源的质量。

B. 践行“为了每一个学生的终身发展”核心理念，增强主动适应和服务海南经济社会发展的能力，让学生更具创新精神和实践能力。

C. 进一步探究校际合作、校企合作以及中外合作等多种联合培养方式，形成体系开放、机制灵活、渠道互通、选择多样的人才培养体制。

D. 重视基础课程教学，优化通识教育，增强学生人文精神和科学素养。加强实践教学环节，促进教学科研结合，增加创新实践活动。

E. 实施创新人才培养建设计划。加大专业和课程建设力度，开发和培育优质教学资源，每年遴选资助优秀教材、实验教学中心以及示范实习基地。

F. 鼓励学生积极参加国家、海南省、专业协会三个层面的职业技能竞赛，以赛促教、以赛促改，推动学校的教学改革，提升学生学习积极性。

3）教学改革与教学质量工程内涵建设措施

A. 健全学校的教学质量保障体系，强化过程监控，充分调动师生的积极性和主动性；建立健全教材质量监管制度，完善教材使用制度。

B. 大力推进信息技术在教育教学的实际运用，促进教育内容、教学手段和教学方法现代化，构建教育信息化公共服务平台，促进优质教学资源共享。

C. 继续实施教学资助与奖励项目，推动专业教学、课程教学和实践教学改革，开展优秀教学团队和教学名师奖的评选。努力培育质量工程，完成各专业核心课程的教材建设，完善以课程为核心的专业优质教学资源库建设。

3. 人才队伍建设与人事制度改革

1）目标

通过人才队伍建设，建立优秀的教学团队与管理团队，人才的专业、年龄结构和专业技术人才的比例趋于合理，人才队伍的整体素质明显提高，人才成长的环境进一步优化，队伍梯队结构合理，中年骨干教师引领行业，青年教师崭露头角，为学校的长远发展奠定坚实的人才基础。

2）措施

A. 推进师资队伍制度建设。结合学校实际，认真贯彻实施国家和海南有关法律法规，形成一套有关教师录（聘）用、培训、考核奖惩、绩效工资分配等规章制度和管理办法，完善岗位设置工作和教职工考核制度，初步建立适合校情的人事管理制度。

B. 加强“双师型”教师队伍建设。以国家示范性院校建设提出的比例为目标，加强“双师型”教师队伍建设。一方面从行业、企业中引进具备一定学历、技能强的“双师型”教师；另一方面加强对校内专业教师的培养培训，鼓励专业教师到企业挂职锻炼。

C. 加大专业带头人培养力度。评选一批在教学改革或产教融合方面业绩显著、勤奋工作、富有创新精神的专业带头人进行培养，充分发挥他们的引领、示范和辐射作用，带动师资队伍整体水平的提高。

D. 加快对中青年骨干教师的培养。重视培养中青年骨干老师，有计划地选派中青年骨干教师进修深造、赴行业顶岗挂职、职业资格培养和进行学术交流，鼓励优秀拔尖人才脱颖而出，完善对青年教师的传、帮、带制度，制订中青年教师的培养计划，注重师资队伍的梯队建设。

E. 建立高素质的兼职教师队伍。提高兼职教师队伍数量与质量，鼓励系部从企业中聘用实践经验丰富的名师专家、高级技师及能工巧匠担任兼职教师，探索系部兼职教师量化考核制度，确保队伍稳定。要进一步做好外籍教师的聘任和管理，发挥外籍教师在推进国际化办学中的特殊作用。

F. 加强师德建设。完善师德教育体系，在教师资格认定、年度考核、职务评聘、职务晋升等关键的环节中，强化职业道德。

4. 行业合作与社会服务能力建设

1）目标

实现“争一流、创特色、树精品”的远景目标。即学校的行业合作和社会贡献度达到国内同类旅游中职校的一流水平；行业合作的体制机制建设与实践教学形成鲜明特色；社会服务能力覆盖海口、辐射海南、面向全国。

2）措施

A. 强化行业合作办学优势，广泛聚集优质教育资源，加强学生实习基地建设，加大行业合作的范围和力度。

B. 利用办学优势，全方位开展教育培训和科技服务，组织师生积极参与重大活动的志愿者服务，加大对海南旅游职教集团下属学校支援的力度。

C. 大力推进学校的内涵建设，改进教学与管理模式，使学校的教育管理体制与机制更加适应日益增长的社会需求。

D. 继续拓展国际间合作与交流，建立稳定的相互交流的平台，提升教育的国际化水平，注重培养教师与学生的国际视野和国际交流能力。

5. 校园环境与公共服务平台建设

1）目标

校园环境建设的目标是根据现有的校园规模和资金预算，营造“景校合一、道业贯通”的校园环境，满足应用型旅游人才培养的各项要求。

2）措施

A. 根据“总体规划、分步实施”的原则来规划校园基本建设，以适应学校的可持续发展。把学校建设成为一个布局合理，功能完善，风格鲜明、环境宜人的旅游特色文化校园，为师生提供优良的学习、工作和生活环境，为建设海南一流、全国知名的旅游中等职业院校提供环境保障。

B. 加强校园信息化建设，实现数字化校园，建立能满足教学和管理工作等各方面需要的软硬件环境，开发各类信息库和应用系统，为教学内涵建设提供保障和支撑，同时为学校的管理及相关人员提供各类资料和信息服务。

6. 体制改革与机制创新

1）目标

学校体制改革与机制创新的目标是改善内部资源配置机制、优化动力机制、完善监督机制。内部管理体制是学校运行的内在基础，体制改革与机制创新的方向是增强行政工作的透明度，提高行政工作效率，强化行政执行力，为学校和谐发展创造良好的机制体制环境。

2）措施

学校体制改革与机制创新的具体措施体现在以下四个方面。

A. 教学管理体制改革

完善教学质量监控体系，统筹管理教学工作。为进一步加强教学质量管理，提高教学管理效能，教务处具体负责教学质量管理体系建设，进一步完善教学质量管理体制机制，负责教学质量管理体系的内部审核和外部审核的协调工作，负责教学质量宏观管理事宜和对教师教学业务宏观指导与评鉴等工作。

强化教学指导机构功能，提高专业建设质量。为深化教学体制改革，确保专业的规范与科学化，在专业建设中，学校将进一步开展调研工作，指导专业培养方案设计、课程建设与课程改革，为专业建设与发展确立科学、合理、有针对性的方案和路径，进一步提高专业建设水平和人才培养质量。

建立健全教育质量管理体系，构建教育信息化公共服务平台。为促进优质教学资源共享，学校将逐步实现课程中心的使用与完善，推动教育内容、手段和教学方法现代化，并在完善教学质量监控体系的基础上，探索建立教育质量管理体系来控制与改进教育教学质量，全面提高教育教学质量管理实效，提高人才培养质量。

B. 专业建设体制改革

实施全方位的专业建设与管理。加强专业带头人和教学梯队建设，调动全体师生的教学工作积极性；加强专业知识体系建设，积极鼓励教师研究与申报课题项目；建立健全责任制和激励机制，使专业建设规范化、制度化和科学化。

以专业群建设为重点，加强优势和特色专业建设。以社会需求为导向，贯彻实施专业布局结构优化调整方案，提升专业建设国际化水平；加强对学校专业建设的统筹规划，并在人、财、物与政策上予以支持。

C. 人事分配体制改革

落实岗位设置工作，实施分级分类考核制度，构建以岗位津贴为主的人事分配体系。建立健全各级绩效考核制度，实施分级分类考核；构建以岗位津贴为主的合理经济分配体系；适时适度地调整与平衡各群体的利益，完善分配激励机制。

D. 办学机制创新

全面推进校务公开制度，通过教代会、纪检与监察、财务与审计等多种监督机制完善学校的内部监督机制。

逐步完善校园网络办公系统，逐步实现学校信息化管理。有效增强行政工作效率，实现管理效益的最优化和最大化。

建立稳步增长的多元筹资体系，合理配置财力资源，为学校未来的发展提供强有力的经费支撑和资金保障。

建立和完善突发事件和复杂情况的应对机制，做好相应的策略以及资源准备，全面提高应急管理水平。

第二节　海口旅游职业学校日趋成熟的人才培养模式

《辞海》对“模式”的解释是:“可以作为范本、模本、样本的样式”，是人们可以进行模仿的样本。关于人才培养模式，1998 年教育部在《关于深化教学改革，培养适应 21 世纪需要的高质量人才的意见》中已明确指出:“学校为学生构建知识、能力、素质结构，以及实现这种结构的方式，就是人才培养的目标及实现方式。”教育部原副部长周远清也曾对此作过简明扼要的阐述:“所谓人才培养模式，实际上就是人才培养目标、培养规格和基本方式，即目标、规格、方式 3 个方面，可将目标细分为培养目标、培养规格；将实现方式进细分为培养过程、教育评价。”归纳起来，培养模式就是指在教育活动中以一定的教育思想、教育理论和教育方针为指导，为实现培养目标而采取的组织形式及运行机制。这个定义简约地概括了教育活动中培养目标、培养规格、培养过程和教育评价四个基本要素之间的规律性联系。

一、形成旅游人才培养模式的前提要素

探索旅游人才的培养模式，必须首先考虑几个前提要素。

1. 适应知识经济社会的要求

人类社会已进入以互联网技术为标志的知识经济型社会，旅游业也将是高度信息化、具有高度知识含量的、提供多样化、个性化服务的行业。对旅游从业者而言，职业变化可能性日益增大。所以，应使人才培养的能力目标在具有明确职业针对性的同时，着眼于知识经济社会对新一代人才的全面要求，重视对学生毕业后从事任何职业都需要的一些关键的或基本能力的培养，不能把培养目标的职业能力狭隘化、绝对化。

2. 适应经济国际化、全球化的要求

伴随日益开放的中国及其海南国际旅游岛的建设，经济产业必将全面融入国际经济产业体系，国际化、全球化将是中国及其海南省经济产业，特别是旅游产业的重要特征。应对国际化、全球化，外语能力等国际社会通用能力的培养当然重要，但更重要的是注重职业能力的国际化因素，培养国际通用的职业能力将势在必行。

3. 适应学习型社会的要求

知识经济社会必定是学习型社会，“一旦学成，受用终身”的教育已经一去不复返。从终身教育的观点出发，包括旅游职业教育在内的任何教育都不再是完成教育。旅游业的发展日新月异，知识更新的频率不断加速，学习能力、沟通能力、创新能力的培养，将是旅游职业教育的重要任务。

4. 适应劳动力市场的要求

海南定位于国际旅游岛，但制约旅游业发展的瓶颈十分突出：人力资源紧缺，海南旅游业发展急需的高素质、技术技能型人才严重不足。促进海南旅游职业教育的发展是突破这一瓶颈的重要途径之一，但旅游职业教育不能仅仅满足于解决就业问题，更需要提升劳动力的层次。学校要提升学生就业竞争力，培养应对职业更新、技术更加的能力，同时也必须培养学生的自主创业能力以及对职业转换的承受能力。

5. 克服普通教育弊端的要求

我国基础教育的本质是一种以升学为目的教育，升学竞争的意义大于教育本身的意义，在公民的基本能力培养方面存在着很大的缺陷。旅游职业教育有必要对此进行“补课”，通过基本行为规范教育、政治思想教育和道德教育，形成旅游从业者的基本职业素质。通过专业教育形成专业能力；通过探究问题、解决问题的教学实践方法形成创新能力。首先要培养符合新时代要求的“人”，在此基础上再将他们培养成为“职业人”。

二、海口旅游职业学校一体化人才培养模式的探索

海口旅游职业学校是海南省第一批职业教育改革及招生试点项目的试点学校。在长期的办学过程中，逐渐探索并形成了具有鲜明特色的人才培养模式。特别是从 2014 年起，学校积极探索了“一体化”人才培养模式，为海南区域旅游业的发展输送高素质的人才。目前，学校与海南师范大学联合开办了高星级饭店运营与管理“3+4”试点班，共有 3 个班；与海南职业技术学院联合开办了中餐烹饪“3+2”五年一贯制试点班，共有 4 个班；与海南经贸职业技术学院联合开办了“3+2”会计、“3+2”旅游外语试点班，共有 5 个班。海口旅游职业学校严格按照省教育厅的有关要求，和合作学校共同制订了“一体化”人才培养方案，并在实践中不断深化和拓展。

1. 招生情况

1）“3+4”试点项目招生情况

年份	总人数（人）	男生（人）	女生（人）
2014	36	男生 10	女生 26
2015	45	男生 16	女生 29
2016	50	男生 13	女生 37
2017	45	男生 11	女生 34

2）“3+2”试点项目（连读、分段）招生情况

年份	总人数（人）	男生（人）	女生（人）
2014	30	男生 27	女生 3
2015	81	男生 47	女生 34
2016	143	男生 69	女生 74
2017	150	男生 71	女生 79

自 2014 年起，试点班的人数逐年增多。我校试点项目的主要生源地在海口

市，而且这个比例呈逐年上升之势，说明海口市的家长和考生已经逐渐了解了海口旅游职业学校的试点项目，对此项目有前景看好。

2. 管理模式

试点项目实施以来，得到了联办院校领导的高度重视，给予了大力支持和配合。海口旅游职业学校从顶层设计出发，成立了试点项目工作领导小组、教学管理工作小组，构建了比较健全的贯通培养组织机构。

试点项目领导小组由赵金玲校长亲自担任，其他校级领导和相关专业部门负责人担任成员，专门负责项目的统筹协调工作。学校招生就业处具体负责试点项目的联系洽谈和招生工作；教务处和旅游管理系主要负责试点项目学生培养方案的制订和实施，并协调试点项目教学实施过程中的相关工作。德育处主要负责学生的德育教育工作。其他行政部门配合做好试点项目的有关工作。

3. 培养情况

1）结合专业学业实情，精心制订培养方案

试点项目是新生事物，没有可以参照的成熟模式。海口旅游职业学校本着一体化、职业化、特色化的基本原则，结合学生实际情况、高校要求和行业需求，就人才培养方案的制订，与海南师范大学、海南职业技术学院、海南经贸职业技术学院进行了多次的协调和沟通，最终确定了一体化的人才培养方案。该培养方案具有如下特色。

A. 分段明确培养目标

海口旅游职业学校坚持以人为本，德育为先，课岗融合，教学一体的原则，明确了促进学生知识、技术技能、综合素养的全面提高的目标，大力推进“文化素质 + 职业技能”评价方式改革，重点考核学生的文化基本素质和专业基础能力。学校制订了《“3+4”转段升学考核实施方案》和《“3+2”转段升学考核实施方案》两套转段方案。

以“3+4”本科班为例，海口旅游职业学校对学生整体人才培养目标定位为：培养适应社会主义市场经济需要，综合素质高，具有良好的职业道德、经济学与管理学理论功底、熟练的酒店服务操作技能，有较强的酒店管理能力和良好的国际视野，能在国内及国际酒店管理（集团）公司、高星级酒店、旅游管理机构等单位的管理部门从事相关管理工作，或者能继续攻读硕士学位的高级应用人才。

而针对不同的学段，人才培养目标又分解为：中职阶段着重培养一线岗位服务技能，突出中职教学过程的实践性、开放性和职业性，培养具有酒店服务操作技能的应用型技能人才；本科阶段则着重培养学生的运营管理能力、人际交往能力、应用外语能力，突出高等本科教育的理论性、前沿性，最终将学生培养成为具有扎实系统的管理基础知识与操作管理技能、较强的酒店管理能力的高级管理型人才。

B. 通识能力逐级提升

中职学生的学习能力是短板，虽然对试点学生有一定的文化成绩录取要求，但是依然与普通高中学生存在差距，会对后段学院在教学和人才后续培养上产生不利影响。因此，海口旅游职业学校在强调中职阶段职业技能、职业素养培养的同时，更加加强学生通识能力的培养。课程设置上，学校在参照教育部颁发的《中等职业学校教学计划设置原则》和《公共课基础课课程大纲》的同时，加大公共基础课的课时量和难度。由原有中职阶段30%公共基础课比例调整为45%，以保证学生后续学习的文化基础。尤其是语文、英语等核心公共基础课程，学校都在教学内容和课时上加以补充，以满足后段学习的要求。

C. 专业技能合理衔接

中职教育的特色在于校店合一，要求应在中职阶段打好基础专业技能基础。学校在中职阶段课程设置中，一方面重视学生基础服务知识和初级管理知识的学习，为后段相关学习奠定基础，另一方面结合各专业的教学标准，加强学生专业技能学习和训练，开设核心专业技能课程。如酒管“3+4”在中职阶段课程设置中，既重视学生基础服务知识和初级管理知识的学习，为后段相关学习奠定基础，又依据全国高星级饭店运营与管理专业教学标准，加强学生专业技能学习和训练，开设了核心专业技能课程，如前厅服务与管理、客房服务与管理、餐饮服务与管理，拓展专业模块咖啡服务、英式调酒、花式调酒、茶艺、插花等课程，学生在中职阶段的专业核心技能达到餐厅服务员、客房服务员、前厅服务员中级工水平，培养了学生专业技能的广度和深度。又如“3+2”烹饪专业开设的专业课程有：烹饪原料知识、烹饪营养卫生与安全、烹调工艺学、烹饪基本功、热菜制作、面点制作、食品雕刻、冷菜制作等，学生还可以在中职阶段选择与专业相关的职业资格考核，检验在校的学习成效。

2）重视教学效果，用心整合教学资源

A. 教学师资优良

海口旅游职业学校现有三届试点项目班级，其中“3+4”有3个班，“3+2”有6个班，共有任课教师70人。其中具有高级职称的老师32人，省级专家工作室主持人1名、省级骨干教师5人、高级技师5人、全国演讲比赛一等奖、二等奖辅导教师2名、省技能大赛金牌教练9人、校级学科教研员8人、校级干部3人、中层干部10人。学校在师资的配备上，起用了最为优秀的师资，以保证教育教学质量。

B. 教学内容改进

试点项目班级的学生专业要求和文化底子都与中职生有区别。在教材选用上，除了使用通用中职学校教材外，还根据各个专业特点，提出具体的目标，如酒管“3+4”、旅外“3+2”的英语课程教学全部采用全国英语等级考试教材，为大学英语等级考核奠定基础。旅游文化类课程丰富教学内容，增加人文知识，语文、数学等公共基础课程，适度加深课程难度，丰富教学内容，对接高等教育的语文及经济管理类教学的需要。在专业课程中，对初级管理知识适度增加，以对接本科教育中的酒店管理课程。

C. 专业实训丰富

海口旅游职业学校的试点项目专业实训室共有27间，能满足学生专业学习的实训要求；并建有专业语音室，保证学生英语听力、口语的训练。同时，有多家校企合作企业作为实训基地，大大增加了学生的行业实践机会。

D. 双校互动有效

试点项目的人才培养也是联办院校的共同任务。学校在中职阶段增强学生对本科教育阶段的了解，有利于学生确定学习目标，找到归属感。学校在新生入学之际，组织学生前往合作学校参观交流。如学校带领学生到海南师范大学参观时，海师大领导、教师们的谆谆教诲、海师大同学的现身说法、校园环境的幽雅、图书馆的丰富资源，都让学生对后段的学习充满热情和期待。又如，旅外“3+2”专业的同学在海南经贸职业技术学院与在校生和留学生的互动中，更清晰地了解了未来成长之路，学习的积极性普遍高涨。

3）强化职业教育特色，培养学生综合能力

试点项目作为一体化的人才培养模式，既考虑学生后续发展，也兼顾学生职业素养和综合能力的培养。在中职阶段，海口旅游职业学校开展了形式多样丰富多彩的专业活动，学生得到锻炼和提高。以2014级“3+4”班为例，很多学生取得了优秀的成绩：该班获得了学校技术节专业比赛中餐摆台二等奖，校级技术节优秀组织奖，校级年度优秀团支部，校级年度优秀班级，市级“五四红旗团支部”等荣誉；全班36人中有33人取得英语一级证书，11人取得二级证书，学生还全部考取中级餐厅服务员职业资格考证，20名同学取得计算机一级证书；在全省技能大赛中，该班武晓烁、黎子嘉、冯推彬、冯迎四位同学分别在客房、中餐摆台和英语口语竞赛三个项目中获取一等奖。武晓烁同学参加客房项目国赛获得二等奖，冯迎同学参加英语口语国赛也表现优秀。另外，徐晓晓同学参加全国“关工委”主办的“五好小公民”主题演讲比赛并荣获全国二等奖。这些成绩的获得，充分体现了学生在中职阶段的学习成绩和效果。1502班陈文婧同学参加了海南省中职“感恩”主题的演讲比赛并获得一等奖，陈泽宇同学获得市优秀班干称号，向悦、王思桐同学获得了海南省中职技能大赛中餐摆台的一等奖，尚梓煜同学获得了海南省中职技能大赛客房操作的一等奖。王思桐同学还参加了全国行业技能大赛，获得了全国二等奖的好成绩。这些成绩的获得，充分体现了学生在中职阶段的学习成绩和效果。1602班云子倩同学还代表海南省参加全国“五好小公民”演讲比赛，并荣获全国“三等奖”的好成绩。

三、海口旅游职业学校人才培养模式的质量保障

1. 专业动态调整

海口旅游职业学校是海南省第一批职业教育改革及招生试点项目的试点学校。学校积极贯彻落实国务院《关于大力推进职业教育改革与发展的决定》以及教育部《关于加快发展中等职业教育的意见》的精神，及时调整专业设置，不断优化专业结构，大力发展面向海南旅游服务业的专业，提高学校办学活力和吸引力。目前，学校与海南师范大学联合开办高星级饭店运营与管理“3+4”试点班（50人）；与海南职业技术学院联合开办中餐烹饪“3+2”分段试点班（50人）；与海南经贸职业技术学院联合开办“3+2”会计试点班、“3+2”旅游外语试点班

各一个专业，合计 100 人。首届“3+4”中职、本科班和“3+2”中高职大专班已转段成功。

2. 教育教学改革

海口旅游职业学校依据《教育部办公厅关于制定中等职业学校专业教学标准的意见》文件规定，严格按照公共基础课程和专业技能课程的比例开设各专业课程。公共基础课程开足开够，学时约占总学时的三分之一。文化课依照教育厅要求采用人教版、高等教育出版社的中等职业学校文化课教学用书。专业课教材采用公开发行常规教材、我校教师主编或参编公开发行教材以及校本教材。2017 年，学校对课程设置召开了专门的研讨会，根据专业能力培养需要，及时并有序地调整了“3+2”大专和“3+4”本科班的前段公共基础课教学课时量。中专阶段旅游大类专业增加了礼仪课教学课时量，计算机、会计专业调整了专业课程内容及课时，西餐专业进行了西餐、西点两个方向分模块教学的调整。美容美发专业调整了模块教学内容，使之更为丰富。学校建有校内实训基地 43 个，校外实训基地 54 个。其中，烹饪、计算机、电商的 14 间实训室正在升级改造；旅游管理系 6000 平方米新实训室（旅游体验中心）已经建设完成。学校不断在加强师资队伍的建设，2017 年开展了《教学创新研修班》专题培训，全校教师都参加了教学能力提升的培训。还开展了学校第五届读书节活动，提升教师文化素养。学校举办了以“深度融合信息技术，提升课堂教学质量”为主题的第十七届教学节信息化课堂教学竞赛及信息化教学设计评比活动，切实提高教师信息化教学能力及学校教学信息化水平；学校还组织教师参加海口市中职“创新杯”信息化教学竞赛，陈祥达、钱玲、王平康老师获得“课堂实录”赛项一等奖，邝晓鹏、郑璋老师获得二等奖，张春影老师获得“教学设计”赛项二等奖，周祖民老师获得三等奖。学校还与新西兰北方理工学院联办“2+2”大专培养模式，现正有 2 名学生在新西兰北方理工学院就读。

3. 教师培训进修

学校重视师资队伍建设，大力加强教师继续教育，重视教师的专业化和可持续发展。学校在 2017 年选派了 88 位教师参加省级骨干教师高级研修班、中等职业学校骨干教师省级培训、双师型、信息化能力培训等多项培训；组织了 79 人次教师参加海口市教培院组织的椰城职教大讲堂专题培训。学校还在校内开展了7次教师专题培训：由资深媒体人辛青峰主讲的《工作言语艺术》，赵金玲校长主讲的《协调推动海南全域旅游创新发展旅游教育》，杨英副校长主讲的《海南省中小学教师违反职业道德行为处理实施细则学习》，海口市教育研究培训院陈素梅副院长主讲的《中小学教师违法职业道德行为处理办法学习》，钱玲主任主讲的《提升教师素质迎接教育未来——第五届教师读书节专题学习》，海南省教育研究培训院邱天爽教研员主讲的《全国职业院校信息化教学大赛解读》，海南省农业学校安珏老师主讲的《在学习中成长，在实践中提高——班主任基本功大赛专题培训》。学校制订有完善的新任教师培养计划及考核方案，常态化开展"师带徒"活动，学校3对师徒结对培养的新任教师已顺利通过考核。

4.规范日常管理

学校围绕2017年"协调发展，突出质量"的工作主题，以规范日常管理为基础，完善教学管理机制，加强学风建设，营造校园良好教育教学氛围。学校在深化教学常规管理、规范教学行为中，加强了课堂"日巡查、周反馈、月公告"机制，进一步强化教风管理，促进学风建设。学校还以学生课堂准点到位率为抓手，督促任课教师加强课堂管理。学校开展了全校学生"经典诵读"学习活动，营造了良好的校园学习氛围。学校推广电子借阅机的使用，提高学生的阅读热情。学校还召开了教学管理工作研讨会，进一步完善了教师工作评价制度，拟订了《任课教师工作考核方案》（试行），客观公正地进行了教师工作量化考核，完善了教师专业竞赛辅导奖励制度，调动了教师的工作热情。2017年学校派出选手参加了全省酒店服务、美发与形象设计、职业英语技能、烹饪、会计、信息技术等6大赛项中的18个项目的角逐，共获得酒店服务类中餐宴会摆台2个金奖、客房西式铺床2个金奖、西餐宴会摆台1个金奖、烹饪类中餐热菜2个金奖、中西式面点2个金奖、冷拼与雕刻1个金奖、西式烹调1个金奖和美容美发类晚宴化妆•发型设计造型（真人模特）1个金奖等12个金奖，这些大赛成绩充分彰显了学校的教学和育人成效。

学校还强化了学生管理。以青少年思想道德建设为主线，结合学校"优化机制，强化管理，提升质量"的工作主题，以培养学生的职业素养为目标，以培养学生的职业行为规范和职业能力为重点，以文明礼仪教育为主线，以社团活动、主题活动为载体，以创建"德育示范校"为奋斗目标，确立了"大旅游环境育人观”的德育管理理念和“准星级酒店”为主的管理模式。学校在管理制度上不断完善，制定了《德育大纲》，编写了《德育实施纲要》《实施细则》《学生社会实践管理条例》《实习管理条例》《学生管理手册》《八化德育》和《德育故事》等系列德育指导用书，做到有章可循。学校还提出了一年级入轨教育、二年级定型教育、三年级成熟教育的管理体系，坚持德育为先，坚持以就业为导向，坚持多种专业结构下的统一德育管理，坚持“严、细、实”的德育管理模式。

学校严格按照政府财务管理制度，始终坚持收支两条线和刷卡收支办法，杜绝现金交易。学校根据政府资金使用计划预算要求，坚持年度资金统筹预算开支，确保学校资金使用合理与高效；项目资金的使用，严格按照政府的采购程序实施采购；坚持学校资金使用的定期公开，提高资金使用的透明化。学校非常重视安全管理，成立了学校安全管理机构，明确和落实安全管理责任；建立健全学校安全管理机制，建立和完善一系列的学校安全管理制度和安全防范预案；严格执行安全工作制度，坚持“谁主管、谁负责，谁主办、谁负责，谁检查、谁负责”的原则，针对学校安全工作勤研究、常督促、多检查与反馈；将校园安全工作与各处室、班级和每一位教职工考核相挂钩，实行安全责任事故一票否决，保证各项安全工作得到落实；加强安全设施设备的硬件建设和检查排查，确保安全设施的可靠性和完整性，发挥安全防范的最大实效；加强安全防范意识的教育和技能的训练，提高师生的安全防范能力；加强校园环境卫生的整治与饮食安全管理，建设健康和谐的学习、工作和生活环境，发挥最大的安全保障作用。学校的科研工作常态开展，2017 年度学校组织省级骨干教师申报省级职业教育专项课题项目，共有七个项目成功立项省级课题。

5. 德育工作情况

海口旅游职业学校严格根据教育部的规定，开设了“职业生涯规划”“职业道德与法律”“经济政治与社会”“哲学与人生”等四门德育课必修课程，并增开就业指导课程。对五年一贯制大专班（烹饪），按教育部规定开设了思教课程，“24 字核心价值观”深入课堂。学校通过丰富多彩的教学形式开展德育教学活动，将德育教育与专业培养融为一体，教学中充分运用信息化手段。

学校以“德育为先”，坚持“立德树人”。围绕践行“社会主义核心价值观”教育，学校以狠抓常规教育管理与开展未成年人思想德育主题教育活动紧密结合，提升学生思想道德素质和职业素养，提高了未成年人思想道德建设的成效。学生的思想政治素质和职业道德良好，得到用人单位等社会各界的肯定和喜爱，得到很好的发展。在德育教育工作中，学校一是加强禁毒及心理健康教育。开展“无毒海口·健康生活”禁毒主题教育活动：宣传毒品的危害、参观禁毒教育基地、举办“青春可爱不可艾”主题讲座等；落实《中小学心理健康教育指导纲要》，强化心理健康教育：完善心理咨询室建设，配齐心理咨询老师，举办了“做最美的自己”“公益计生、幸福海口”“呵护心灵、快乐成长”“拥有健康的心理”“沟通的秘密”“阳光心态、快乐生活”等6次全校性心理健康教育讲座。二是开展教育实践活动。开展向国旗敬礼、十八岁成人礼、学生创业实践日活动、法治宣传教育、防空疏散演练、消防安全知识讲座、“奋斗的青春最美丽”分享报告会；推进传统文化教育进校园，举办国学讲座、“我们的节日”教育、国学经典诵读。三是强化共青团建设。开展入团宣誓、“五四”主题团日活动、《不忘初心跟党走》团课、“学习十九大精神，做新时代中职生”讲座等，开展丰富多彩社团活动。学校举办了12期青年党校培训班。2017年4月，团中央第一书记秦宜智到海口旅游职业学校调研、指导，充分肯定了学校的团建工作。四是校园文化建设。学校结合新时代的精神、结合旅游行业的需求、结合中职学生的特点，极力打造“酒店花园式”校园，突出校园文化“职业化、专业化和企业化”特色。真正做到“文化入校、文化立校、文化强校”，达到以文化育人的目的。海口旅游职业学校的校训是“崇德敬业、勤学求真”，学校的精神是“合作、奉献、精细、引领”，这都是传统文化与职业育人的结合，是学校与行业的结合，是传统和时代的结合，是继承和创新的结合。学生们刚踏进校园就能接受这些精神引领，树立正确的价值观。

6. 党建情况

党政军民学，东西南北中，党是领导一切的。海口旅游职业学校注重党建工作，党建工作得到不断强化。学校创建了学习型党组织，实现“两学一做”的学习教育常态化、制度化；学校还深入组织教师党员学习、宣传、贯彻十九大精神，以党建带动学校建设，不断推动学校健康发展。一是加强学校班子建设。通过集体讨论、畅谈体会、专家辅导、参观访问等方式抓好每月中心组学习。学校建立了班子工作联系点，深入课堂听课，开展与学生“约吧”活动，密切联系师生，以“老师乐教、学生乐学”为工作目标，落实年度服务师生的十件实事。全校干部还分组进教研组、班级，全覆盖听取意见和建议，发扬党内民主，开好专题民主生活会，增强凝聚力。学校倡导大事讲原则、小事讲风格、集体议大事、认真履行党风廉政建设主体责任。以“上率下推”促进学校的“双创”工作。二是加强基层支部建设。增强党支部主体作用，健全党员信息系统，规范党费收缴，做到主动、按时、足额交纳党费；支部每月组织党员集中学习，支部书记上“微党课”，党员谈体会谈收获，撰写心得体会。三是加强普通党员教育。抓日常，严经常，扎实开展“两学一做”学习教育，谈体会、写心得。上微党课，人人有学习笔记，撰写学习体会。组织党日活动，参与“双创”志愿服务，参加文明交通劝导志愿活动。学校通过学做紧密结合，提高了党员的思想政治素质，有力带动了全校师资队伍师德修养的不断提高，促进了学校健康发展。学校党组织结构不断优化、党建工作水平不断提高，先后获得海口市“基层党建工作示范点”、海口市“先进基层党组织”等荣誉。赵金玲校长荣获“全国巾帼建功标兵”、谭蓉老师荣获“中国餐饮30年杰出人物奖”、杨颜菲老师荣获海口市2015—2017年度“精神文明建设先进教育工作者”、肖砾老师荣获“海口市优秀共青团干部”、肖砾和王平康老师分获海口市“双创”承担具体工作任务单位的先进个人、社会志愿者。

7. 社会服务

海口旅游职业学校全年开展了中式烹调师、西式烹调师、中式面点师、西式面点师、美容师、美发师、化妆师、海南点心制作和操持家务等9个工种的职业技能鉴定，涉及的人员有下岗失业人员、农民工、部队官兵和社会人士等1455人次。学校在2017年3月，还对海口市第九中学开展了校园文明礼仪培训活动，8月底对寰岛实验学校开展了教师文明礼仪培训活动，共有3000多人次教师和学生参加，取得了良好的社会效益。11月，还与海南省就业局共同组织80多人次的考评员认证培训和考试。学校在2017年还组织了2次共215人的全国计算机等级考试考前培训和523人的考试工作。学校还派出75名志愿者参加博鳌亚洲论坛2017年会高端服务工作，志愿者的出色表现获得主办方的高度赞誉，荣获博鳌亚洲论坛年会“志愿者战略合作单位”。学校还组织开展了“学雷锋”“全民公益”服务活动、“海口国际马拉松赛服务”“无偿献血”“青春绿化宝岛”“文明交通劝导志愿活动”和“公益端午”志愿服务社会活动，近5000人次参加了这些活动，荣获海口市“最佳志愿服务组织”。

8. 特色创新

特色一：“文明润校园，立德育人才。”海口旅游职业学校坚持以立德树人为根本，以学生为中心，积极培育及践行社会主义核心价值观。学校把未成年人思想道德建设和文明校园创建活动有机结合，紧紧围绕“六个好”，高起点、高标准做好文明校园创建工作。强化了班子建设，提升学校科学管理水平，学校的运行更民主、更科学、更顺畅；加强了师德建设，培养了一支专精结合师资队伍，打造了一批优师名师和金牌教练；狠抓德育教育，提高了学生思想道德素养，教育引导学生“扣好人生的第一粒扣子”；不断丰富活动载体，建设了立体的活动阵地，最大限度发挥其教育作用；努力打造文化品牌，“酒店花园式”校园不断发挥文化育人功能；优化了校园各项建设，大力营造优美怡人育人环境。特别是文明礼仪教育特色，更是海口旅游职业学校的一张文化名片，铸就了学校“文明窗口”和“国家级示范校”的品牌，培养了一届届优秀学子。学校还开发了“文明礼仪操”，在全市各学校进行了推广；学校还成功举办了海口市教育系统2017年文明礼仪教育首场活动，助力海口市成功创建了“全国文明城市”。

特色二：改革“大课间”，促进“阳光体育”。海口旅游职业学校长期坚持学生“身心健康”理念，贯彻落实“阳光体育”精神。学校的文体工作坚持贯彻“一生一体艺”理念，强化学生体育锻炼意识，促进学生身心健康全面发展。学校加强了学生的体育锻炼，努力增强学生体质，体育工作不断再上新台阶，为了保证国家规定的学生每天一小时的体育活动时间，学校对学生课间活动进行较大改革，引进“大课间”理念，拓宽原来的10分钟的活动内容和时限，保证每天上午有一个35分钟的大课间时间，全校学生进行大课间锻炼。在体卫艺处、德育处和图音体教研组的努力下，全校学生以最短的时间、最快的速度掌握了学校自编的“礼仪操”和“圆舞曲”。每天上午大课间音乐一起，全校2000多名学生放下手机、走出教室，整齐列队到棕榈广场做“礼仪操”跳“圆舞曲”。此刻，整个校园充满活力和朝气，洋溢着喜感和美感，蔚为壮观。在海口市教育系统2017年文明礼仪教育首场活动中，全市各学校观摩的师生代表对海口旅游职业学校的大课间活动赞叹不已，给予了高度认可。

第三节　海口旅游职业学校创建国家示范校的成功经验

从2010年到2013年，教育部、人力资源和社会保障部、财政部组织启动了国家中职教育示范校建设，以此带动全国中职学校深化改革、加快发展、提高质量、办出特色，推动新时期我国中职教育的科学发展。海口旅游职业学校成功申报并开展了国家示范校的建设。学校借助国际旅游岛建设的大好时机，紧跟区域产业结构调整，适应社会发展需求，确实提高办学质量，增强服务地方经济能力，发挥示范校的引领作用，努力把学校建设成培养国际旅游岛高端技能型人才的基地，在改革创新、提高质量、提升内涵、突出特色上实现新的跨越。

一、国家示范校建设的总体情况

海口旅游职业学校现有12个专业，5002名学生。学校确定“抓住新机遇、依托新校园、创建新体制、落实新举措、实现新发展”的基本思路，坚持“办有特色学校，育有特色人才”的方针，确定“酒店服务与管理、中餐烹饪、休闲服务、旅游外语”共四个重点专业和“职业教育集团、国际化办学”两个特色项目建设，各项任务指标均已圆满完成，达到预期效果。

1. 示范校项目建设完成情况

海口旅游职业学校遵照《国家示范校建设实施方案》和《国家示范校建设任务书》要求，把握示范校建设重点，推进学校内涵发展，取得了九大内涵建设成果。一是构建了四个重点建设专业工学结合的人才培养模式，有力地保证了人才培养的质量；二是建立了体现专业特点的课程体系，实现了精品课程资源共享；三是创新“三融合”的课堂教学理念，确实提高了课堂教学质量；四是建设了一批产学研训的实训基地，形成校企良性互动机制；五是打造了一支师德高尚、专兼结合、专业能力突出的师资队伍，促进了教师的专业发展；六是完善了集团化“三段式”办学模式，带头推进城乡职业教育统筹发展；七是率先在省内开展国际化合作交流，探索中职国际化办学的新路；八是率先探索与校际的合作模式，增强学校科研服务社会的能力；九是主动引领行业发展，推动琼菜文化建设，服务国际旅游岛建设。

国家示范校项目建设完成率

建设内容	预期任务	完成任务	完成率
重点专业建设	51 项	61 项	119%
特色项目建设	10 项	12 项	120%
辐射带动	带动 8 个非重点建设专业的发展，完善 4 个专业部建制		

2. 示范校建设的工作机制与成效

（1）示范校建设的工作机制

在“使每个学生成人、成才、成功”的理念指导下，在各级政府的关心领导下，海口旅游职业学校形成了学校、企业、政府“三位一体”的共建机制。学校严格遵照《国家示范校建设实施方案》和《国家示范校建设任务书》要求，成立专门机构，建立专门制度，确定专用场地，建设专题网站，发动学校教职员工全员、全程、全力参与示范校建设，保证了示范校建设工作程序规范、科学高效。

根据教育部、人力资源社会保障部和财政部批复的国家示范校建设方案和任务书，学校项目建设预算总经费为 1240 万元，其中，中央财政 1000 万元，于 2012 年到账，地方财政 240 万元。支出 1240 万元，完成率达 100%。学校建立了专项经费使用制度，对示范校建设经费实行专项、统一管理，资金支出符合规定。发挥资金使用的最大效益，做到管理科学化、规范化。

国家示范校建设资金到位及执行情况表

资金来源	预算金额	到位金额	资金到位率	实际执行金额	经费执行率
中央财政	1000 万元	1000 万元	100%	1000 万元	100%
地方财政	240 万元	240 万元	100%	240 万元	100%
合计	1240 万元	1240 万元	100%	1240 万元	100%

（2）示范校建设的成效与贡献

1）提升内涵，高质量服务区域发展

海口旅游职业学校在国家示范校建设过程中，采取“学历＋培训”的模式，为国际旅游岛培养了一大批实用型人才，两年培养毕业生 2912 人，成为区域经济社会又快又好发展的助推器。与东方市等市县政府合作，开展行业企业人员再培训、技能鉴定、社区服务等工作，社会培训总量明显提高，有效提高了旅游行业的服务水平。

社会服务汇总表

建设内容	预期任务	完成任务	完成率
劳动力岗前培训	1500 人	1700 人	113%
职业资格技能鉴定	2800 人	3120 人	114%
省级专业骨干培训	100 人	150 人	150%
集团内干部培训	80 人	165 人	206%
企业员工培训	2000 人	2065 人	103%

2）辐射带动，大力度促进城乡职教统筹

海口旅游职业学校在国家示范校建设过程中，通过规范管理，有效培训，增强合作学校的自主发展能力。两年内在促进城乡职教统筹方面投入 40 万元，统一了城乡职教德育标准和专业建设标准，统一了城乡职教的教学要求，有效地提高了市县职业学校的发展活力，在城乡职教统筹中起到带动作用。

3）引领探索，产学研结合推动行业发展

海口旅游职业学校在国家示范校建设过程中，与海南省烹饪协会、海南省文化遗产研究会、南海网联合，建立琼菜文化研究中心，挖掘“琼菜”文化，出版《海南滋味》一书，首开网络“美食讲堂”，建起了具有琼菜特色的实践基地，形成了“以研究促开发，以开发促产品，以研发促培养，以培养促人才，以人才促产业”的良性互动机制，在一定程度上引领了海南烹饪行业的创新。

4）创新模式，突破性开展旅游教育

海口旅游职业学校在国家示范校建设过程中，借鉴国际著名洛桑酒店管理学院的人才培养模式，建立了“前店后院、校店合一”的人才培养模式，学校教育教学质量大幅提高。多年来连续承办省中职酒店类、美发类技能大赛，还举办了全省家政大赛，全面服务区域经济发展，为区域经济建设提供不可或缺的人才支撑。

5）强化特色，大力度提升学校德育的实效

海口旅游职业学校在国家示范校建设过程中，坚持以“德育为先，教学为中心”的指导思想，坚持“八化德育”，德育工作有了新的突破。两年内，学校公开发行了《德育工作手册》等 3 本书籍，编写了《国旗下的正能量》等 2 本德育读本。承办了 2012 年全国德育年会和海南省职教学会。2012 年被评为百所德育示范学校和海南省德育先进单位，2013 年被评为全国“五好基层关工委”先进集体，是海南省唯一获此殊荣的职业学校。

由于学校的贡献与示范的突出成绩，引起社会广泛关注，新华社、中国教育报、南海网等 10 家媒体进行报道，吸引英国、新加坡等国外职业教育培训机构，北京昌平职业学校、西藏职教中心等国内兄弟学校到校相互学习交流。

示范校的建设，推动了海口旅游职业学校教育教学工作的全面改革，通过全员参与，教师的教育教学观念和教育教学水平有了明显的提高，取得了一些可以推广的经验和成果，发挥了比较好的示范引领作用。当然，在项目建设中还存在一些需改进的问题，如：项目建设成效还需要进一步提炼，项目的一些教改成果还有待实践的检验，校企合作的体制机制还需要进一步深化。海口旅校人有信心通过国家示范校的建设，更好地秉承“合作、精细、奉献、引领”的学校精神，培优学生、做精专业、做靓品牌，为海南经济社会的发展做出更大的贡献。

二、示范校重点专业的建设成效

海口旅游职业学校在国家示范校建设过程中，通过重点专业的建设，辐射和带动全校其他各专业的建设。在示范校重点专业建设过程中，实施了“123”工程，即以“工作过程”为导向，以培养学生“职业能力”和“综合能力”为目标，实现“公共课与专业要求融合、专业课与岗位要求融合、德育与教学内容融合”的教学改革。

1. 探索具有各专业特点的人才培养方案

学校通过企业调研和专家论证，四个重点建设专业根据职业发展要求，探索并形成了具有专业特点的人才培养方案，形成了工作过程导向的课程体系，优化了核心课程建设。

1）专业人才培养方案体现工学结合

——酒店服务与管理专业依托海口酒店协会，构建了“校店合一、能力递进、教学互长”人才培养方案，形成了工作过程导向的课程体系。在真实生产环境中开展情境教学，在实践中总结提炼教学案例，促进了师生实践能力共同提高。

——中餐烹饪专业依托海南龙泉集团和天佑大酒店，构建“产学结合、因材施教、开发引领、合作育人”人才培养方案，形成了工作过程导向的课程体系。

——休闲服务专业依托观澜湖球会和美辰高尔夫公司，校企合作制定了工作岗位标准，构建了“校企对接、双向交流、合作育人”人才培养方案，开发了工作流程课程体系。

——旅游外语专业依托珠江教育培训中心，构建了“学用结合、做说一体、分层教学”的人才培养方案，开发出了适合专业特点的“做、学、用”一体化课程体系。

2）课程体系建设关注职业能力培育

A. 开展了“融入专业要求”的公共基础课改革

各重点专业以“融入专业要求”为原则对公共基础课进行改革，完善公共基础课的教学要求和课时分配，达到公共基础课为专业课服务的目标。

B. 开展了“工作过程导向”的专业课程改革

各专业根据职业岗位标准，更新教学内容，推动专业核心课程建设。完成了8门精品课程、4个重点专业数字资源平台建设工作，开发了专业教材20部，完善了12个专业教学计划，编制了114门课程的课程标准。

——酒店服务与管理专业编制了《海南省中职学校酒店服务与管理专业建设标准》，并参与开发了国家共建共享计划西餐课程，探索“问题探究、合作达标”的教学模式，实现了学生职业能力提升的成效。

——中餐烹饪专业建立了“琼菜研究中心”，将课程延伸到生产实训场所，并率先开发了网络课堂，编写了2部一体化专业教材，实现了项目研发和课堂教学的对接。

——休闲服务专业引入行业企业技术标准，优化了6门核心课程建设，开发了中职学校的高尔夫教材，实现了课程教学与技能考核内容相对应的教学改革目标。

——旅游外语专业开发了工学结合的职业英语实训课程，探索分层教学的有效方式，开发了具有语言、专业和实训特点相融合的课程。

重点专业人才培养方案与课程体系建设情况汇总表

建设内容	预期任务	完成任务	完成率
人才培养方案	4 个	4 个	100%
专业课程标准	40 门	114 门	1002%
优质核心课程	7 门	10 门	142%
校级精品课程	8 个	8 个	100%
专业校本教材	3 本	5 本	166%
公开发行教材	6 本	15 本	250%
专业资源库建设	10 门	15 门	150%
辐射带动	新增 12 个专业的 114 门课程标准		

2. 培育一支专业能力突出的师资队伍

海口旅游职业学校在国家示范校建设过程中，以“多元合作、全面浸透、分层递进”的师资队伍建设思路，完善并建立了《教学常规管理》《外聘教师的管理制度》《师资建设方案》等 11 项教师管理制度，以点带面、以重点专业带动非重点师资建设，打造了一支师德高尚、专兼结合、专业能力突出的师资队伍。海口旅游职业学校在国家示范校建设过程中，新增校本教育丛书 14 部，公开发行 8 部教育丛书，超额完成了科研建设任务。有 11 篇教育教学论文获省级以上奖项，4 名教师参加了省级职业学校说课竞赛并获一、二等奖。

1）项目带动，多元合作

海口旅游职业学校在国家示范校建设过程中，借助国家、省、市继续教育培训、学校教师素质提高和专业教研等三个平台，加大与行业协会、企业、著名院校、省培训院的合作，以项目带动，开展菜单式及专项培训，先后派出百名教师赴同济大学、扬州大学、上海旅游高等专科学校等名校学习，提升了教师的教学能力和专业实践能力。

2）创新模式，全面浸透

海口旅游职业学校在国家示范校建设过程中，创新教师培训载体，实现全面浸透式培训。一是传统培训求“变”，借助教师职务培训的系统工程，把传统培训通过“培训内容”“培训模式”“评价方式”的变化，实现教师培训与学校发展及人才培养模式改革的统一；二是“双元”培训求“活”，学校每年委派专任教师下企业调研、顶岗实践，加深对行业的认识和企业规范化管理的了解，全方位提高了教师自身的业务能力；三是实践体验求“实”，教师在“大拇指”西餐厅和“潮江春”中餐厅等校店的实践基地中不断内化提升，实现了教学与生产无缝对接。

3）专家引领，分层递进

海口旅游职业学校在国家示范校建设过程中，率先在省内成立了专业教学指导委员会，保证企业进校园、专家进课堂，还多次邀请了国家教育咨询委员会委员陶西平先生、上海名校长王立刚等国内外教育专家来校进行职业教育理论和方法的专项指导，以分层递进的途径，开展新教师—双师教师—骨干教师—专业带头人—名师的阶梯式培养，迅速提升整体师资队伍建设。

师资队伍建设汇总表

建设内容	预期任务	完成任务	完成率
专业名师	4 名	4 名	100%
专业带头人	17 名	17 名	100%
骨干教师	63 名	63 名	100%
双师型教师	90 名	95 名	105%
兼职教师	33 名	33 名	100%
省学科带头人	无	1 名	新增 1 名
省烹饪大师	无	5 名	新增 5 名
辐射带动	新增技师 5 名，省级督学 1 名		

3. 开展适应行业特点的校企合作、工学结合运行机制建设

海口旅游职业学校在国家示范校建设过程中，通过与企业、行会、科研机构密切联系，形成了“产学研训结合、校企行会互动”的六种合作形式。

合作模式 1：企业全面参与教学改革的校企合作形式。酒店服务与管理专业与企业共同制定《海南省中职学校酒店服务与管理专业建设标准》；邀请了企业中高层专家到校讲学，引入了企业的最新技术、企业文化等，极大地补充了学校课程教学的内容。

合作模式 2：“订单式培养”的校企合作形式。人才培养方案按照企业的用人需求有针对性地实施，校企双方共同参与人才的培养。学校与海南观澜湖高尔夫球会、海南龙泉集团签订联合办学合作协议，建立了观澜湖高尔夫球班、龙泉烹饪班。

合作模式3："引店入校"的校企合作形式。学校建立了具有真实工作环境的实训场地，将行业企业对员工的技能要求转变成对学生技能训练的具体内容，实现一专业一校店。两年来合计有1200名学生以员工的身份参与了"校中店"的工作，专业教师参与实训达4人次/日。

合作模式4：共建实习就业基地的校企合作形式。学校根据专业设置和实习教学需求，本着"优势互补，互惠互利"的原则，与有发展前景又有合作意向的企业建立了30个实习实训和就业基地。

实习实训基地建设汇总表

建设内容	预期任务	完成任务	完成率
校内实训基地	7个	10个	142%
校内实训室	42个	43个	102%
校外顶岗实习基地	30个	30个	100%
鉴定工种数	12个	14个	116%
辐射带动	开发5S管理标准手册，建立5类基地建设标准		

合作模式5：集团化"三段式"的校企合作形式。学校通过创建集团模式开展"三段式"办学。由于校企合作和校际合作两种类型的融通，农村孩子在进城学习阶段可以直接享有企业的各种资源，学到最新的技术和技能，同时能够获得更多的就业机会。

合作模式6："三双两证一合"模式形式。"三双"，即指：双设计、双授课、双评价。"双设计"是指由校企双方共同设计本专业人才培养目标、人才培养方案、课程体系和教学计划等；"双授课"是指校企双方共同参与教学，共同对学生进行授课和指导；"双评价"是指校企双方共同参与对学生岗位能力的评估。"两证"，即指学生毕业时，不仅要获得由学校颁发的学历证书，还需获得由国家人力资源社会保障部门颁发的职业资格证书。"一合"，即指顶岗实习与学生就业相结合，学生实习的成绩和表现由学校和企业共同评价。

校企合作汇总表

建设内容	预期任务	完成任务	完成率
签订合作协议的企业	30 个	30 个	100%
签订校企合作的专业	12 个	12 个	100%
订单班	2 个	3 个	150%
辐射带动	新增合作企业 5 个，订单班 1 个		

通过两年多各专业的内涵建设，学生的综合素质大幅度提高，王润同学获 2011 年全国技能大赛果蔬雕刻项目一等奖，是目前海南省该项目的最好成绩。刘茗早同学是代表海南省唯一的中学生，参加 2013 年全国青少年“五好小公民”演讲，获二等奖，是海南省参赛六年以来最好的成绩。两年来，学校的师生共获国家级奖项 23 项，获省、市级奖项 65 项，在省内同类学校中成绩领先。毕业生就业率达到 97%，重点建设专业的学生就业率达 100%。

由于专业建设的突出成绩，酒店服务与管理所在的专业部获全国“巾帼文明岗”称号，中餐烹饪专业所在的专业部获海口市“工人先锋号”称号。海口旅游职业学校被海南省人力资源开发局评为 2011 年、2012 年度普通中等专业学校毕业生就业工作优秀单位，被誉为为海南高星级酒店输送基础服务人员的“黄埔军校”。

三、示范校特色项目建设的成效

海口旅游职业学校在国家示范校建设的过程中，还开发了旅游职业教育集团、国际化办学的创新项目，起到了很好的辐射和示范效应。

1. 职业教育集团创新项目建设

海口旅游职业学校在国家示范校建设的过程中，通过校际结合、校企结合、校行合作等多种方式深入推进职业教育集团化办学，增强集团化办学的针对性和灵活性。学校负责制定了职教集团内部规范标准，深化职教集团校企合作内涵，促进职教集团成员的交流培训，实现职教集团内部资源共享。

1）加强与职教集团内各企业的高度合作。与天佑大酒店、宝华大酒店、观澜湖球会等21家企业开展合作，引进企业文化、技术和师资，共同建设课程，共同开发项目。

2）加强与旅游行业协会的广度合作。与海口酒店协会、省烹饪协会、省职业教育学会等行会合作，促进了产学研训的基地建设。

3）加强与成员校的深度合作。采取"三段式"模式，加大了造血功能，促进成员校自主发展。学校投资建设了海南省白沙县中等职业学校的西餐实训室，并以扶持形式培训该校的师生。通过海口旅游职业学校的扶持，该校在2013年全省中职技能大赛中取得西餐项目三等奖，实现该县该项目零的突破。两年来，海口旅游职业学校承办了多次职教集团教师培训班，先后有165名干部与150名教师参加了培训，在海南九大职教集团中起到表率作用。

2. 国际化办学创新项目建设

海口旅游职业学校在国家示范校建设的过程中，开拓办学空间，引进国际优质教育资源，促进办学水平的提升，探索中职办学国际化新思路，2012年建成全省中等职业学校唯一的留学生培训基地，与珠江职业培训中心联合建立了海南省国际化语言环境建设暨旅游英语100句推广研发中心。

1）建立交流项目，促进深度合作。学校选派了24名优秀教师和学生赴新加坡ITE学院及马来西亚南方学院学习。

2）建立培训基地，开展特色活动。学校策划了一系列具中国文化特色的培训项目，开发了多门具有中国特色的课程资源。

3）开设专业特色教学班。学校常年聘请外籍教师担任英语口语教学工作，开展丰富多彩的英语角活动，并在旅游外语专业开展了双语教学。外籍教师使用《饭店实用英语》校本教材授课，实现了"语言＋专业"的成功对接，完善了学生的知识结构。外籍教师的聘用，在校内营造了良好的国际化办学氛围，拓宽了学生的国际视野。

海口旅游职业学校通过国家示范校的建设，不仅大大提高了自身的办学质量，形成了鲜明的办学特色，还以此带动了海南省中职学校的深化改革，为海南省旅游职业教育的发展，做出了较大的贡献。

四、国家示范校建设的经验分享

《国家中长期教育规划纲要》提出：到2020年，基本实现教育现代化，基本形成学习型社会，进入人力资源强国行列。进入人力资源强国是在实现人口大国向人力资源大国转变之后的第二个转变。实现这一转变，职业教育承担着重要的任务。实现这一转变，职业教育必须摆到更加突出、更加重要的位置。同时，海南国际旅游岛战略的提出，客观上也对职业教育提出了更高要求，需要职业教育提供大量的人才支撑和智力支持。这些，既是职业教育面临的新挑战，更是职业教育发展的新机遇。海口旅游职业学校抓住这一难得的历史机遇，大力推进学校的科学发展，并把加强内涵建设、提高办学质量作为学校的首要任务和发展基础。

1. 全面落实科学发展观，迫切要求职业学校加强内涵建设

这些年，各级各类职业学校规模迅速发展。但随着时代的发展和社会需求的变化，职业教育质量不高、培养粗放等问题也日益突出。这就要求职业学校必须以科学发展观为指导，既要抓规模扩张，更应抓内涵提升，实现规模效应和内涵质量的协调发展。这是时代赋予职业学校的使命和责任。

2. 提高核心竞争力，迫切要求职业学校加强内涵建设

千帆竞发，百舸争流，不进则退，谁的核心竞争力强，谁就有生存市场，谁就有发展希望。每年职业学校面临的招生问题，从表面上看是市场的问题，但实质上是核心竞争力的问题。职业学校只有在办学水平和教育质量上实现大的突破，形成差异化竞争，并努力成为职业教育的特色学校、品牌学校，才能切实提高核心竞争力，保证学校的可持续健康发展。这是新形势对职业学校提出的新问题和新任务。

3. 增强创新意识，迫切要求职业学校加强内涵建设

改革创新是教育发展的强大动力，也是职业学校发展的应有之意，没有创新意识的职业学校，注定是没有发展前景的职业学校。具有创新意识，进行创新思维，形成创新思路，深化教育教学改革，更新人才培养观念，创新人才培养模式，提高人才培养质量，使进入职业学校的每一名学生都能怀着希望来，在学校成才；带着自信走，在社会成功。这是每名学生、每个家庭以及全社会对职业学校的期盼。

由此可见，内涵建设是学校的首要任务和发展基础。它是一个发展的理念，是一门管理的艺术，是一项系统的工程。抓好内涵建设，应注重抓好下面四个关键环节。

环节一：创新办学理念，明确发展思路

一是要强化市场观念，树立经营理念。著名教育专家陶西平先生说过："要用两只手来推动教育的发展，'两只手'就是公办教育和民办教育、公共财政和社会投入、行政的手和市场的手。"职业学校经营的产品是职业教育服务，服务的对象是学生和社会，服务的目标是把学生培养成符合市场需求的高素质的技能型人才。为实现这样的目标，就要坚持"1234"，即坚持"质量第一"的原则，树立"以育人为本，以能力为本"的理念，实施"名校、名师、名专业"的战略，做到"四个围绕"即"学校围绕市场转、专业围绕产业转、教师围绕学生转、课程围绕就业转"。

二是要强化人本意识，提高竞争能力。学校应把建设素质优良、结构合理、专兼结合、特色鲜明的教师队伍作为提升学校竞争力的关键。建立学习型组织，引导全校教师通过团队学习，改变心智模式，不断进行自我超越；引导教师学会系统思考，顾全大局，把个人的学习与工作融入学校工作的大系统之中，把学生发展、教师发展和学校发展融为一体，增强工作幸福感；引导教师注意更新观念，采取项目教学、模块教学等多种方式，提高教学质量。国家示范校建设以来，海口旅游职业学校自主开发了特色课程 65 门，研发校本教材 17 本（其中 2 本已经分别由旅游教育出版社、铁道出版社公开发行），与旅游出版社合作 8 门专业课教材也正在编写中。目前，海口旅游职业学校专业课教师中"双师型"教师的人数已占专业教师总数的 91%。

三是要强化团队精神，确立共同愿景。学校应培育强烈的团队精神，确立共同愿景，并齐心协力地向这一共同愿景奋进。这是职业学校加强内涵建设、实现科学发展的强大驱动力。海口旅游职业学校把"建设全国示范性的中等职业学校"作为全校教职工的共同愿景，提出了"三个明确"，即：明确发展目标，形成学历教育与短期培训并举，职前教育与职后培训互补，中职与高职衔接，国内办学和开放办学结合，集团化办学和龙头校引领并重的新格局；明确发展规模，不求最大，但求最强。学历教育在校生要保持在 5000 人左右，各级各类培训每年达到 10000 人次以上；明确专业设置和基地建设，以服务国际旅游岛建设为宗旨，以酒店管理、烹饪、高尔夫、旅游英语为重点建设专业，坚持把优势做大做强做精，辐射带动其他专业，形成具有产业特点的专业群。

环节二：改革办学模式，奠定发展基础

一是推行集团化办学，形成合力。海口旅游职业学校是海南省首创集团化办学的中等职业学校，借助北京优质的职教资源，摸索了具有海南特色的“海口模式”。海口旅游职业学校作为龙头校，成立了有 42 家董事会成员单位（含设有旅游专业的中等职业学校、行业协会以及高星级酒店、高尔夫球会等企业）的海南旅游职业教育集团。集团定期送教上门，免费培训，互动交流，实现了集团活动的常规化、多样化和规范化。

二是探索校企联手，增强实力。海口旅游职业学校先后与上海唐宫（中国）控股有限公司、深圳潮江春餐饮管理有限公司、广东三正集团有限公司和深圳观澜湖高尔夫球会开展订单培养模式，每年开展订单培养的人数约有 730 人。学校与企业、行业单位实行订单培养后，实现了学校人才培养与市场需求、企业需求的无缝对接，畅通了学生的出口，深受广大学生和用人单位的欢迎和支持，就业率达 96%。

三是密切校会合作，增进活力。海口旅游职业学校利用行业协会专业性强、信息流量高、就业容量大、社会覆盖面广等得天独厚的优势，促进职业学校办学。海口旅游职业学校积极推动各专业的学科带头人和一些专业骨干加入本地区的行业协会，参加行业组织的各类竞赛及相关活动，促进职业学校师生综合素质的提高。目前，海口旅游职业学校是海南省烹饪协会、海南旅行社协会、海口酒店协会等协会的成员。海南省烹饪在海口旅游职业学校建立了琼菜研究中心。

四是强化内外联合，增加张力。海口旅游职业学校主动适应海南经济社会对外开放的要求，构建全方位、多层次、宽领域的教育对外开放格局，大力提升职业学校的国际化、现代化水平，培养一定量的服务海南国际旅游岛建设的国际化人才。学校和海口市旅游发展委员会与美国夏威夷卡皮欧拉尼社区学院联合开办了“食品安全与卫生管理培训课程（HACCP）”，主要面向海南各高星级酒店厨师长及高级厨师，是海南省第一所引进国外行业标准资格认定课程的中等职业学校。学校还获批准为全省唯一一所设立留学生培训基地的中等学校。为海口旅游职业学校进一步深化国际合作对外办学打开了通道。

五是注重中高衔接，实现借力。海口旅游职业学校建立健全职业教育课程衔接体系，鼓励毕业生和在职人员继续学习，拓宽学生继续学习渠道。同时，我校积极与省内外大专院校联合办学，搭建职业教育的“立交桥”，满足国际旅游岛建设对多样化人才的需求。

环节三：建设校园文化，优化育人环境

著名经济学家于光远说过，三流企业靠生产，二流企业靠营销，一流企业靠文化。企业文化是管理的最高境界，也是企业生存和发展的真谛，也适合海口旅游职业学校的发展。当今学校之间也是竞争非常激烈的，从表面上看是质量的竞争，深究是人才的竞争，本质上是文化的竞争。所以要思考和建设学校特有的文化。

一要树立先进的育人理念。海口旅游职业学校把尊重、关心、发展每一个学生，作为学校一切工作的出发点和落脚点。在全校师生中倡导“五个意识”，即：“尊重学生，树立平等意识；关心学生，树立服务意识；影响学生，树立师表意识；相信学生，树立民主意识；发展学生，树立价值意识”；坚持对学生进行时时、处处和人人的养成教育，把对学生进行职业道德教育贯穿始终。

二要创造和谐的人文环境。一定意义上说，环境也是生产力。和谐的人文环境，能够最大限度地发挥学校教职员工的聪明才智，最大限度地调动他们的工作积极性，更好地投身职业教育发展。海口旅游职业学校大力培育“三风”，即认真负责、优质服务的教风；博采众长、创新发展的学风；开放包容、健康时尚、尽职尽责、和谐奋进的校风，以影响和激励每一名师生，成为学校发展的强大精神支柱。正是这种精神动力，使全校师生携手努力，克服困难，取得了海口旅游职业学校发展的新突破。

环节四：完善管理机制，实现高效发展

管理机制是内涵建设不可或缺的有机组成部分。要实现学校的科学发展，教学质量是关键，学校管理是保证。必须坚持向管理要质量、向管理要效益，努力实现管理制度化，制度人性化，在学校管理上不断创新，才能在加强内涵建设、促进学校科学发展上收到事半功倍的效果。要强化“教书必须育人”“管理就是服务”等各个岗位的工作理念。

总之，内涵发展就是海口旅游职业学校可持续发展的动力和源泉。只有坚持走内涵发展之路，职业教育才能真正步入越好越快的发展轨道。

附录　海口旅游职业学校大事记

1. 1993 年 5 月，海南省海口市教育局与北京市西城区教育局签署联办海口旅游职业学校的协议书。
2. 1993 年 8 月，海口市人民政府同意将市三中改办成旅游职业学校。
3. 1993 年 9 月，海口旅游职业学校正式成立并开始招生。
4. 1995 年 6 月，海口旅游职业学校被评定为省级重点职业高中。
5. 1996 年 3 月，海口旅游职业学校被评定为国家级重点职业高中。
6. 1998 年，海口旅游职业学校在全国率先提出“三段式办学模式”，并先后与 8 个市县合作办学。
7. 1999 年 4 月，海口旅游职业学校被评定为海南省一级示范性职业高中。
8. 2000 年 5 月，海口旅游职业学校再次被确认为国家级重点职业高中。
9. 2000 年 7 月，海口旅游职业学校被评为全国中小学德育工作先进集体。
10. 2002 年，海口旅游职业学校荣获“全国职业教育先进单位”荣誉称号。
11. 2004 年，海口旅游职业学校与琼山职业学校合并，设立琼山分校区。
12. 2006 年，海口旅游职业学校被评为“全国德育科学‘十五’规划国家重点课题‘整体构建学校德育体系深化研究与推广实验’百所德育科研名校”。
13. 2007 年，海口旅游职业学校接受香港言爱基金会捐资 5000 万元人民币建设白水塘校区，接受香港唐宫饮食集团捐资 300 万元人民币建设白水塘校区学生活动中心。
14. 2007 年 1 月，原国家教育部部长周济到海口旅游职业学校进行教育调研。
15. 2007 年 6 月，海口旅游职业学校被确定为全国首批“中等职业教育德育工作实验基地”。
16. 2007 年 9 月，海口旅游职业学校荣获“全国教育系统先进集体单位”荣誉称号。
17. 2007 年 11 月，原省长罗保铭、省人大教文卫委员会陈莉主任等有关领导到海口旅游职业学校视察指导。
18. 2008 年，海口市政府同意划拨 225.5 亩地用于建设海口旅游职业学校白水塘校区。

19. 2008 年，海口旅游职业学校荣获全国“青年文明号”荣誉称号。

20. 2008 年 3 月，海口旅游职业学校与市一职中联合组成海口奥运班，50 名学生赴京为奥运会贵宾服务，并获得奥组委嘉奖。

21. 2008 年 8 月，海口旅游职业学校白水塘校区一期工程开工。

22. 2008 年 9 月，经省教育厅批准，以海口旅游职业学校为龙头校成立海南旅游职业教育集团。

23. 2009 年 8 月，海口旅游职业学校首批师生进驻白水塘校区。

24. 2010 年 1 月，海口旅游职业学校琼山校区整体移交市残联使用。

25. 2010 年 4 月，海口旅游职业学校在国内首次引进食品安全国际标准认证培训，与海口市旅游发展委员会和美国夏威夷大学卡皮欧拉尼社区学院（KCC）合作开办国际食品安全与卫生 HACCP 认证培训班。

26. 2010 年 6 月，海口旅游职业学校荣获“全国中等职业学校德育工作先进集体”称号。

27. 2010 年 12 月，海口旅游职业学校白水塘新校区一期建设工程建设全部完工。

28. 2011 年，海口旅游职业学校王润同学荣获全国职业院校技能大赛中职组烹饪类果蔬雕刻项目一等奖，实现了海南在该项目上金牌零的突破。

29. 2011 年，海口旅游职业学校率先编制了《海南省中职学校酒店服务与管理专业建设标准》。

30. 2011 年，海口旅游职业学校建起了省内第一个“琼菜”研究中心培训基地，启动了“琼菜”研究。

31. 2011 年 7 月，海口旅游职业学校被教育部确定为国家中等职业教育改革发展示范学校建设计划项目学校。

32. 2011 年 9 月，海口旅游职业学校实习专刊《前方》创刊。

33. 2011 年 11 月，中央第六巡视组到海口旅游职业学校调研，充分肯定了学校的办学成果。

34. 2012 年，海口旅游职业学校在烹饪、酒店管理、商品经营等 7 个专业推行“校店合一”的专业教学实践新模式，共建成 5 个校店实训基地。

35. 2012 年 8 月，海口旅游职业学校 25 名师生赴新加坡工艺教育学院和马来西亚南方学院交流学习，开创了海南省职业学校学生第一次走出国门、走向国际开展学习交流的先河。

36. 2013 年，海口旅游职业学校启动“三融课堂”三年建设行动计划。

37. 2013 年 1 月，海口旅游职业学校成立专业教学指导委员会，聘请企业专家担任教学指导委员会成员。
38. 2013 年 3 月，海口旅游职业学校荣获全国“巾帼文明岗”称号。
39. 2013 年 3 月，海口旅游职业学校与东方市旅游委员会签订服务合作协议，启动东方全市旅游从业人员培训项目。
40. 2013 年 4 月，海口旅游职业学校与海南龙泉集团合作，创立“龙泉烹饪订单班”。
41. 2013 年 5 月，京海教育合作暨海口旅游职业学校建校 20 周年庆典胜利举行，京海两地共同回顾办学历程，系统总结海口旅游职业学校办学经验和成果，携手共进。
42. 2013 年 9 月，海口旅游职业学校被评为全国五好基层“关工委”先进集体。
43. 2013 年 9 月，海口旅游职业学校成功通过国家中等职业教育改革发展示范学校建设省级验收。
44. 2013 年 10 月，海口旅游职业学校与北京市昌平职业学校签订合作协议，开展合作办学。
45. 2013 年 12 月，海口旅游职业学校与海口市美兰区政府联合创办“农民就业培训基地”，开展农民转产培训。
46. 2014 年，海口旅游职业学校启动海南省职业教育人才一体化培养项目，与高等院校合作，联办高星级饭店运营与管理专业“3+4”本科班和中餐烹饪与营养膳食专业“3+2”大专班。
47. 2014 年 6 月，海口旅游职业学校被确定为首批全国中等职业教育改革发展示范学校。
48. 2014 年 9 月，海口旅游职业学校教学成果“基于琼菜饮食文化传承的烹饪人才培养模式的创新研究”荣获国家级教学成果二等奖。
49. 2014 年 11 月，海口旅游职业学校四名学生被选拔参加北京 APEC 高端服务。
50. 2015 年 4 月，海口旅游职业学校参加全省职业院校技能大赛，取得重大突破，勇夺 8 个项目的全省“状元”。
51. 2015 年 5 月，海口旅游职业学校荣获“全国五四红旗团委”荣誉称号。
52. 2015 年 8 月，海口旅游职业学校与新西兰北方理工学院合作项目落地，韩超同学通过“2+2”模式到新西兰北方理工学院深造。
53. 2015 年 12 月，海口旅游职业学校与扬州大学旅游烹饪学院合作建立“中国琼菜联合研发基地”。
54. 2016 年 4 月，海口旅游职业学校承办全省文明礼仪骨干培训，近 400 名来自全省各级各类学校教师骨干分两期在我校培训文明礼仪，文明礼仪教育辐射全省。

55. 2016 年 6 月，海口旅游职业学校邓南程同学夺得全国职业院校技能大赛“中西式面点”一等奖，创下了海口市该项目“国赛”的最好成绩。

56. 2016 年 8 月，海口旅游职业学校通过网络推送的学校宣传片《人生不下课》，以非传统的录制风格短时间内赢得了高达 25 万次的点击率。

57. 2016 年 9 月，海口旅游职业学校成功注册中国烹饪（餐饮服务）大师、名师海南培训基地，也是海南省唯一的一所大师、名师培训基地。

58. 2016 年 10 月，在 2016（第二届）海南中职学校口碑测评中，海口旅游职业学校再次荣膺“海南十佳中职学校”。

59. 2016 年 12 月，中组部到海口旅游职业学校调研党员教育培训工作，对海口旅游职业学校由校级领导兼任各支部书记抓党建、从严从实开展“两学一做”学习教育的做法给予了高度评价。

60. 2017 年 1 月，全国职业教育集团化办学调研活动专家组到海口旅游职业学校调研集团化办学情况，肯定了海口旅游职业学校“善于思考，勇于实践，敢于探索”，在集团化办学方面所做出的成绩。

61. 2017 年 3 月，海口旅游职业学校志愿者出色完成博鳌亚洲论坛 2017 年年会高端服务工作，被授予博鳌亚洲论坛年会“志愿者战略合作单位”。

62. 2017 年 3 月，海口旅游职业学校荣获海口市第一批“文明校园”荣誉称号。

63. 2017 年 4 月，团中央第一书记秦宜智到海口旅游职业学校调研指导，充分肯定了学校的团建工作。

64. 2017 年 4 月，海口旅游职业学校领导和老师赴新加坡、新西兰北方理工学院开展友好访问，签订合作协议，“一带一路”国际化办学迈出了新的一步。

65. 2017 年 5 月，海口旅游职业学校荣获中国烹饪协会颁发的“中国餐饮 30 年桃李芬芳卓越奖”。

66. 2017 年 6 月，海口旅游职业学校被中共海口市委组织部授予“海口市基层党建工作示范点”。

67. 2017 年 9 月，海口旅游职业学校首届高星级饭店运营与管理专业“3+4”本科班学生，以优异成绩顺利通过高考、正式进入海南师范大学全日制本科学历学习。

68. 2017 年 10 月，海口旅游职业学校高星级饭店运营与管理专业被教育部、国家旅游局共同确定为全国职业院校旅游类示范专业点。

69. 2017 年 10 月，海口旅游职业学校参加全省班主任基本功大赛，获得 1 个一等奖、1 个二等奖和 4 个单项“十佳”，取得了学校历史上的新突破。

70. 2018 年 2 月，海口旅游职业学校入选国家旅游局职业教育校企合作示范基地。

第二章　产业发展与旅游人才需求分析

第一节　中国旅游产业的发展概况

现代旅游业产生于19世纪，在20世纪得到了前所未有的发展。特别是第二次世界大战以后，旅游业获得了相对和平与稳定的发展环境，迅速成为一个新兴产业。20世纪60年代以来，全球旅游经济增速总体高于全球经济增速，旅游产业逐渐发展成为全球最大的新兴产业，甚至已经超过石油和汽车工业，成为世界第一大产业。据世界旅游组织（World Tourism Organization）统计，20世纪90年代开始，国际旅游收入在世界出口收入中所占比重达到8%以上，超过石油、汽车、机电等出口收入，旅游业正式确立了世界第一大产业的地位并保持至今。据世界旅游协会预测，到2020年，全球旅游产业收入将增至16万亿美元，相当于全球GDP的10%；能够提供3亿个工作岗位，占全球就业总量的9.20%。

一、中国旅游产业的发展阶段

改革开放以来，中国旅游业经历了起步、成长、拓展和综合发展四个阶段，我国实现了从旅游短缺型国家到旅游大国的历史性跨越，奠定了以国民大众旅游消费为主体、国内与国际旅游协调发展的市场格局。

"十二五"期间，旅游产业全面融入国家战略体系，成为国民经济战略性支柱产业，2017年旅游产业对国民经济的综合贡献度达到10.8%；国内旅游、入境旅游、出境旅游全面繁荣发展，中国成为世界最大的国内旅游市场、世界第一大国际旅游消费国、世界第四大旅游目的地国家。

中国是世界上旅游资源最丰富的国家之一，资源种类繁多，类型多样。从旅游景区开发情况来看，截至2017年共有5A级旅游景区247处。

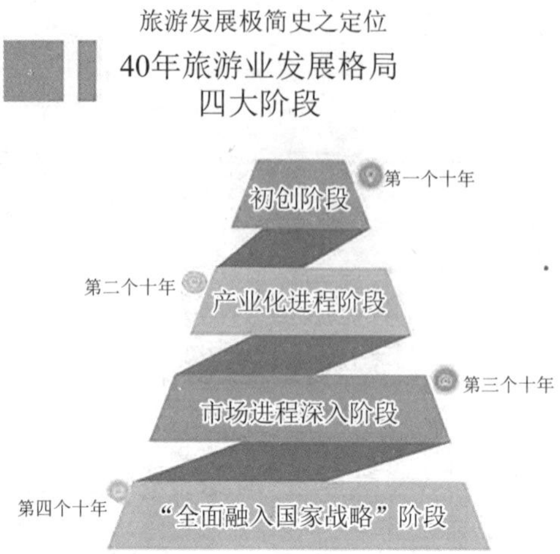

我国已开发的观赏游憩、文化娱乐的各类旅游景区情况

景区类型	数量（处）	面积（万平方公里）
国家级风景名胜区	225	10.36
省级风景名胜区	737	9.01
国家级自然保护区	429	93.00
国家级森林公园	792	—
国家级湿地公园	706	—
国家水利风景区	658	—
重点文物保护单位	4295	—

数据来源：公开资料整理

从旅游收入和游客接待量来看，根据国家统计局《2016 年国民经济和社会发展统计公报》，2016 年全年国内游客达到 44 亿人次，比上年增长 11.2%，国内旅游收入 39 390 亿元，增长 15.2%；入境游客 13 844 万人次，增长 3.5%。国际旅游收入 1200 亿美元，增长 5.6%；国内居民出境 13 513 万人次，增长 5.7%。随着全面建成小康社会持续推进，旅游已经成为人民群众日常生活的重要组成部分，我国旅游产业进入大众旅游时代。

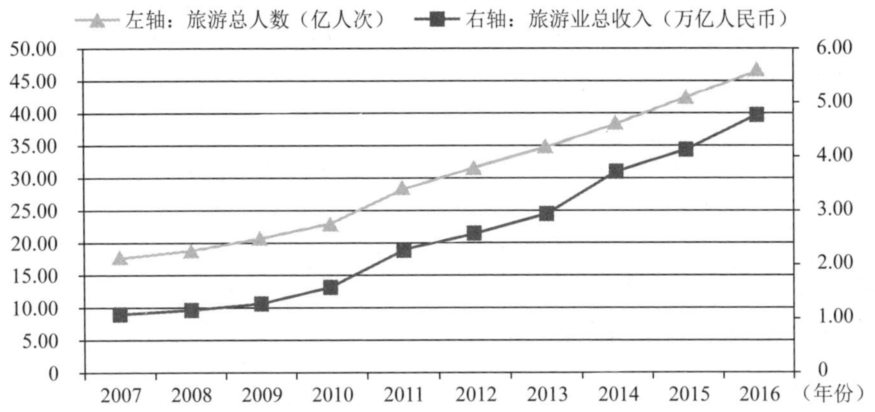

中国旅游总人次与旅游产业总收入（2007—2016 年）

数据来源：公开资料整理

从旅游业增长速度来看，最近十年来，除 2008 年受金融危机影响外，各年度中国旅游业收入增速均高于中国 GDP 增速。

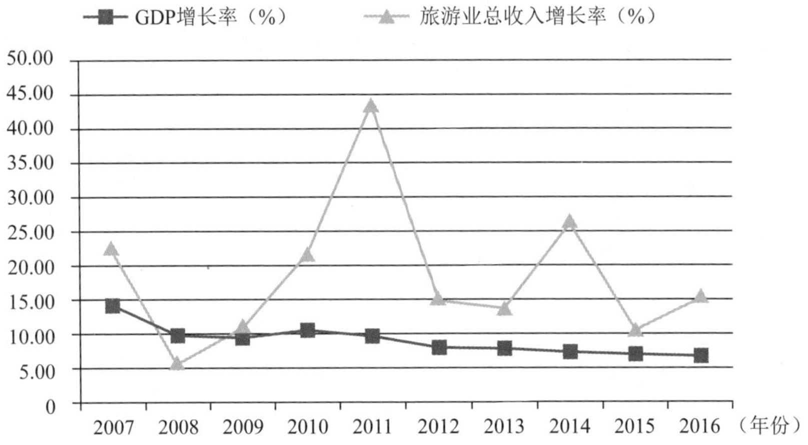

中国旅游业总收入与 GDP 增长速度对比（2007—2016 年）

数据来源：公开资料整理

根据旅游消费发展的规律，旅游消费将经历一个消费升级的过程，先后经历观光游—休闲游—度假游三个阶段，旅游业的发展阶段与消费特征如下。

人均GDP	发展阶段	旅游消费特征	旅游产品
1000~2000 美元	观光游	停留时间短；人均消费低	景区观光游
2000~3000 美元	休闲游	停留时间在 1~2 周；人均消费较高	商务会议游、奖励旅游、温泉旅游
3000 美元以上	度假游	停留时间在 1 个月左右；人均消费水平高	分时度假类、旅游地产

自改革开放以来，我国政府颁布了一系列旨在推动旅游业发展的政策，旅游业已经成为我国国民经济中发展速度最快和具有明显国际竞争优势的产业之一。

1. 我国旅游业发展起步晚，但发展迅速

我国旅游业起步较晚，在改革开放前的时期，旅游业基本处于停滞状态，旅游产业尚没有形成。自改革开放以来，随着我国经济持续快速发展和居民收入水平较快提高，我国旅游人数和旅游收入持续快速增长，旅游业已经成国民经济的重要产业，成为增长最快的居民消费领域之一。国家旅游局《中国旅游产业统计公报》数据显示，从 2006 年至 2015 年的十年间，国内旅游收入总体呈现稳步增长态势，收入从 2006 年的 6229.70 亿元上升到 2015 年的 34 195.10 亿元，年复合增长率达到 19.00%。

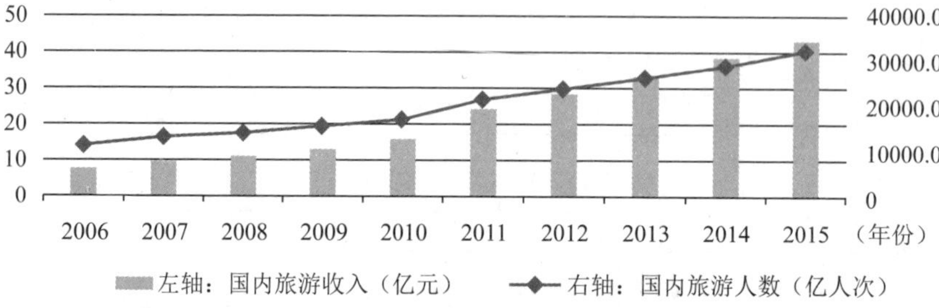

近十年我国国内旅游收入和出游人数情况

数据来源：公开资料整理

2015 年国内旅游总人数 40 亿人次，国内旅游收入 34195.10 亿元，入境旅游收入 1136.50 亿美元，中国已成为世界上第二大入境旅游接待国及第一大出境旅游客源国。

2. 旅游业已经步入爆发式增长期

研究表明，“当城乡人均收入超过 1000 美元，每增加 10% 会有 1% 用于旅游；

当城乡人均收入超过 3000 美元，每增加 10% 会有 2%~5% 用于旅游；一个国家或地区人均 GDP 超过 5000 美元时，旅游进入大众化日常性普遍消费阶段。2015 年，我国人均 GDP 超过 7000 美元，正处于旅游消费需求爆发式增长时期。”（智研咨询《2017—2022 年中国旅游产业市场供需预测及投资战略研究报告》）。

伴随着我国经济社会发展、居民收入增加、消费升级加快、“带薪休假”逐步落实，汽车时代全面来临，用于旅游的花费越来越高，旅游消费将成为一种刚性需求，旅游形式将由观光旅游向休闲旅游和度假旅游转变，大众旅游时代将全面来临。

3. 旅游消费尚待进一步升级

旅游业发展呈现阶梯性态势：在第一阶段，游客的旅游大体是观光，目的是看世界，丰富经历，出行方式大多是团队，选择的目的地主要是名胜古迹、名山名水，以拍照片为主，游客在此过程中往往较疲惫。第二阶段，游客旅游目的增加了休闲的需求，目的地不再局限于名胜古迹，城市周边、自然山水、农家乐园和休闲文化主题公园成为人们的徜徉之地，从容游玩日益成为一种爱好和时尚。消费程度加深，散客、家庭自助式、自驾游的比例大大增加，开始超过团队方式，出国旅游也日渐增加。到第三阶段，人们的休闲需求和消费能力日益增强并多样化，目的地选择更在乎环境的幽雅和设施的品位，停留时间大大增加，一地滞留型和第二家园式的休闲旅游日渐成为有消费能力者的爱好。其目的不再是为了猎奇或是长见识，而是休憩身心，尽享天伦和自然之乐，借以提高自己的生活品质。

近年来我国休闲度假旅游发展很快，但观光旅游仍处于主体地位，活动内容比较单一，享受型、文化型旅游项目比较少。就旅游的地域性和时间期限而言，一般以中短距离旅游为主，远距离旅游相对较少；旅游时间期限较短，一般多为二三天或三五天，“一日游”也占有很大比重，一周以上旅游的比较少。我国旅游业目前尚处于观光旅游向休闲旅游过渡的阶段，还没有真正进入休闲度假旅游时代。

4. 城镇居民与农村居民人均花费差距在缩小

2006—2015 年的十年间，城镇居民旅游收入与农村居民旅游收入基本保持在 8∶2 比例左右，城镇居民旅游依然是国内旅游收入的主要来源，下图为 2006 年至 2015 年我国旅游收入结构图。

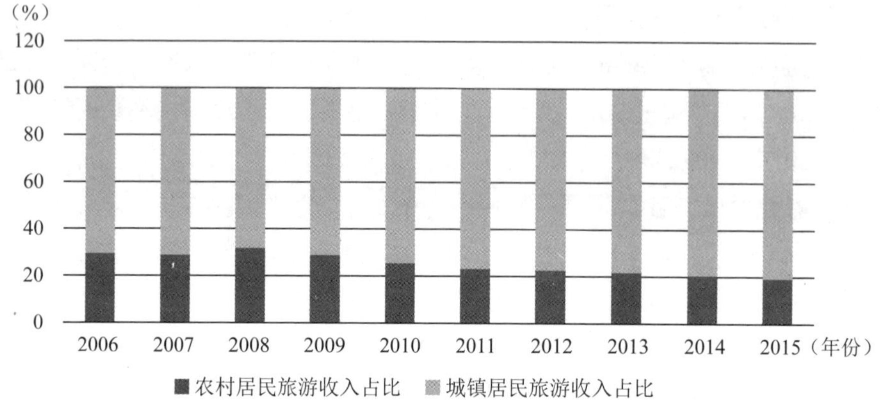

我国旅游收入结构

数据来源：公开资料整理

从人均旅游花费看，近十年来旅游人均花费保持快速增长，其中城镇居民旅游人均花费从2006年的766.40元上升至2015年的985.50元，增幅29.00%；农村居民旅游人均花费从2006年221.90元增长至2015年554.20元，增幅149.75%，农村居民旅游人均花费增长速度远超过城镇居民的增长速度，与城镇居民旅游人均花费的差距正在缩小。

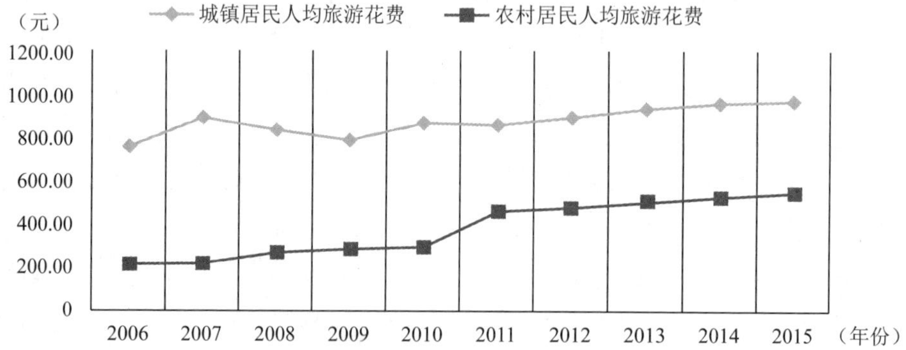

近十年农村居民及城镇居民旅游人均花费对比

数据来源：公开资料整理

随着农村居民收入的不断提高，农民对旅游的消费需求也不断增强，未来农村居民旅游人均花费将进一步增长，对旅游产业的贡献将不断增加。

二、中国旅游产业的运行状况

1. 旅游消费大幅度持续增长

随着我国经济社会发展、居民收入增加、消费升级加快，我国居民的旅游消费能力、旅游消费需求和旅游消费群体大幅度持续增长。统计数据显示，2017年我国居民人均出游超过2.5次，旅游市场规模38亿人次，我国旅游消费占居民消费总支出的12%；旅游行业就业占社会就业总量的8.4%。根据国家信息中心专家组测算，2017年我国旅游产业对GDP直接贡献达到8%，直接加间接贡献超过12%，旅游产业对GDP增长的贡献率超过10%。

2. 旅游投资增长势头强劲

在经济下行压力加大、投资增长乏力的情况下，旅游投资增长强劲，成为社会投资热点和最具潜力的投资领域。2017年全国旅游直接投资7053亿元，同比增长32%，高于同期全国固定资产投资增幅15个百分点；2017年一季度全国旅游直接投资1062亿元，同比增长35%，比同期全国固定资产投资增长率高21个百分点。全国60%旅游投资来自民营企业，160多个投资百亿以上的在建旅游大项目，投资主体都是民营企业。全国排名前5位的房地产企业都在投资旅游大项目，全国排名前10位的互联网企业中，有9家互联网企业投资旅游项目。

3. 旅游竞争力排名大幅提升

根据世界经济论坛发布《2015年旅游产业竞争力报告》，与2013年发表的上一版报告相比，中国的旅游产业竞争力指数排名从第45位跃升至第17位。报告指出，中国拥有惊人的文化资源和自然景观，每年举行的多个国际组织盛会带来为数众多的公务旅行者。中国在继续大力发展基础设施建设，尤其是机场等航空设施建设上取得了长足进步。

4. 旅游产业对GDP贡献度不断提升

年份	GDP（万亿元）	国内旅游总收入（万亿元）	国内旅游总收入占GDP比（%）
2006	21.94	0.62	2.83
2007	27.02	0.78	2.89
2008	31.95	0.87	2.72

续表

年份	GDP（万亿元）	国内旅游总收入（万亿元）	国内旅游总收入占GDP比（%）
2009	34.91	1.02	2.92
2010	41.30	1.26	3.05
2011	48.93	1.93	3.94
2012	54.04	2.27	4.20
2013	59.52	2.63	4.42
2014	64.40	3.03	4.70
2015	68.55	3.42	4.99

数据来源：公开资料整理

从我国国内旅游总收入占国内生产总值比重的变化趋势可以看出，随着我国对外开放程度的逐步深化，我国旅游产业快速发展，近十年来我国旅游总收入占GDP的比重整体呈上升趋势，但是比重值与中等发达国家相比，仍然偏低。在中等发达程度以上的国家，旅游总收入占GDP的比重约10%；以旅游为支柱或主导产业的国家，其旅游总收入占GDP的比重则超过20%。随着城乡居民的收入水平和改善生活质量需求的提高，尤其是随着中等收入阶层规模的不断增加，旅游消费预期会得到极大释放，旅游参与者规模将迅速扩大，旅游产业规模不断扩张。据世界旅游组织预测，到2020年，中国将成为全球第一大旅游目的地，旅游总收入将占国内生产总值的8%，未来增长空间较大。

然而，旅游业对GDP的贡献不仅仅在于其行业本身，实际上现代旅游业综合性强、关联度大、产业链长，已突破了传统旅游业的范围，广泛涉及并交叉渗透到许多相关行业中。据世界旅游组织统计，旅游产业每收入1元，可带动相关产业增加4.3元收入。据日本野村综合研究所的测算，在发达国家，旅游消费支出每增加一个单位，工业产值可扩大2.71倍，国民收入扩大1.36倍，投资扩大0.25倍。旅游产业能够影响、带动和促进与之相关联的110个行业发展。据国外学者研究表明，旅游从业者每增加1人，可增加4.2个相关行业就业机会。

5. 逐步从观光游向休闲度假游过渡

我国旅游产业经过几十年快速发展，正面临一个整体转型问题。目前旅游市场体系的结构仍然比较单一，观光型旅游“一枝独秀”，无论是入境旅游、出境旅游还是国内旅游，观光型旅游都占主体地位。未来一段时间，观光旅游仍会保持第一的市场份额，但随着我国中等收入家庭阶层的逐步扩大，其对闲暇旅游的需求越来越多，对生活的品质要求越来越高，将会选择以放松心身、体验生活的休闲度假类旅游产品。届时，休闲度假旅游将迅速崛起，其旅游体现形式也将多样化，旅游市场结构将逐步完成从观光游向休闲度假游过渡。

三、产业的区域布局和未来发展

1. 旅游产业布局状况

1）东部地区旅游收入总量远远高于中西部地区

根据 2017 年中国旅游统计年鉴数据，东部地区作为我国旅游发展较快地区，旅游收入 4486.1 万元，占全国旅游总收入 70.5%，而中部地区为 914.2 万元、西部地区为 962.9 万元，中和西部地区差距不大，分别占全国旅游收入的 15% 左右，远远低于东部地区旅游收入。

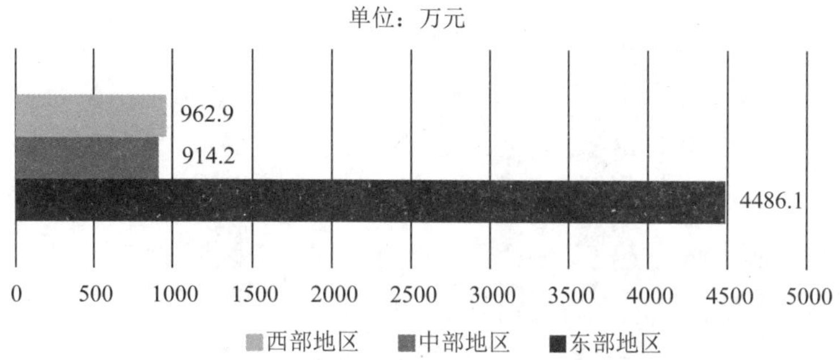

东、中、西部地区旅游收入结构对比图

2）酒店行业收入远远高于景区和旅行社行业

根据 2017 年中国旅游统计年鉴数据，以东、中、西部代表性的省市上海、湖北和四川进行对比分析。从图中可以看出，三个旅游子行业中酒店行业的收入最高、景区行业次之、旅行社行业最低。其中，四川省旅游总收入中，酒店行业所在比重较大。

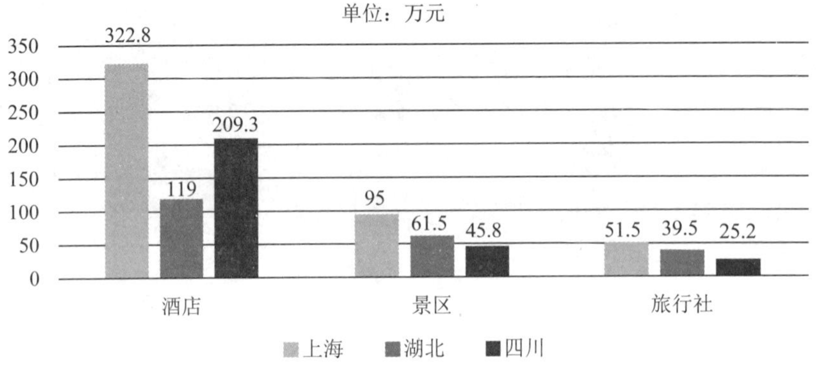

中国东、中、西部代表地区旅游收入结构对比图

2. 区域旅游发展状况

1）区域旅游发展呈现“两增一平”的总体特征

中国旅游研究院编写的《中国区域旅游发展年度报告》指出，中国区域旅游发展呈现“两增一平”的总体特征，客源地、目的地的出游和接待能力高速增长，游客旅游线路选择较为平稳。

2）客源地方面，区域出游能力差距变小

《中国区域旅游发展年度报告》显示，客源地方面，区域出游能力差距变小，中西部省份波动剧烈。虽然各省区的总体出游能力基本仍维持在“7 ∶ 2 ∶ 1”的比例关系，但从各年份变化来看，东部地区省份的出游能力已呈现一定程度下降，而中西部地区略有上升。中西部地区省份正处于区域旅游发展快速发展过程中，市场的不稳定性是这个阶段的主要特征。

3）目的地方面，国内旅游收入和人次高速增长

目的地方面，国内旅游收入和人次绝大多数保持 15% 以上的高增长率，旅游收入增速明显高于人次增速。研究显示，包括广东、甘肃、安徽、山西、四川、青海、湖北、云南、新疆等绝大多数省份的国内旅游收入均在研究年度实现了 30% 以上的增长。区域旅游发展已经涵盖了东中西所有区域，国民旅游已经成为普通民众最基本的生活方式，且人均旅游消费水平不断提高，旅游产业发展具备了更好的市场基础。

3. 旅游业未来发展展望

1）旅游业将成为新常态下经济增长新引擎

目前我国经济发展进入新常态，面对经济下行，投资、进出口增幅回落，产能过剩等，而旅游业逆势增长。中央政府因势利导，把旅游作为促进经济增长的重点领域，把提升旅游消费作为六大消费工程之一，出台了一系列促进旅游产业发展的政策措施。地方各级政府更加重视旅游产业，采取了更加有力的举措推动旅游产业为稳增长、调结构、惠民生服务。在巨大的消费需求推动下、有利的宏观政策引领下、良好的发展环境支撑下，旅游业将成为新常态下中国经济增长的新引擎。

2）旅游发展进入大资本、大项目带动新阶段

目前我国旅游发展进入大资本、大项目带动的新阶段，正在从资源依赖型向资本驱动型转变。大规模社会资本进入旅游业，创新了旅游资源、产品和产业形态，旅游资源的资本化、金融化、证券化不断加强，旅游成为资本市场热点，旅游企业兼并重组不断，各种资本相互融合协同、旅游投融资模式不断创新，旅游与金融的融合不断深化。根据《中国旅游产业投资报告》预测，2017 年，全国旅游投资将继续保持稳定增长的态势，预计全年旅游直接投资将达到 1 万亿元，我国旅游投资将正式步入万亿元时代。未来 3 年，我国旅游投资将超过 3 万亿元。

3）“互联网 + 旅游”为旅游业发展带来新变革

互联网时代的到来，旅游业发展正经历一场革命。OTA 企业在旅游领域竞相涌现，传统的旅游服务方式、经营方式、管理方式、消费方式正在发生大调整、大变革。随着“互联网 + 旅游”深度融合，以互联网为载体、线上的旅游 OTA 与线下的旅游企业融合互动，B2B 电商合作平台、B2C 产品营销平台和 OTA 电商合作模式不断创新，一部手机游遍天下的时代不再遥远。

第二节　海南旅游产业的发展概况

一、海南旅游产业的发展现状

1. 海南旅游产业的总体状况

2017 年，海南省旅游经济整体呈现大好局面，全年接待游客 6745.01 万人

次，同比增长 11.98%，实现旅游总收入 811.99 亿元，同比增长 20.8%，旅游经济发展质量效益显著提升，旅游收入增长明显高于接待游客数量增长比率。入境游提前 3 年完成接待百万人次的目标，全年接待入境游客 111.94 万人次，同比增长 49.5%，旅游外汇收入 6.81 亿美元，同比增长 94.6%。旅游业对国民经济的直接和综合贡献度分别达到 12% 和 28%。

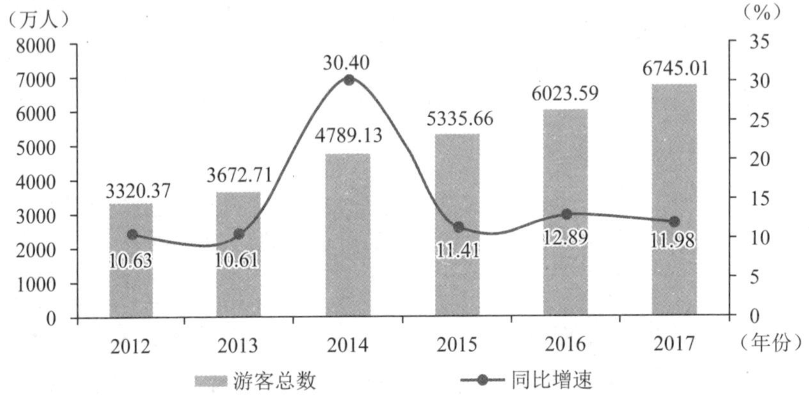

2012—2017 年海南省接待游客数量统计情况

数据来源：海南统计局

数据显示，2012—2017 年海南省旅游收入增长十分迅速，历年增速都保持在 13% 以上。2017 年旅游收入达到 811.99 亿元，跨越 700 亿元直接突破 800 亿大关，同比增长 20.81%。

2017 年海南省乡村旅游接待游客 951.43 万人次，同比增长 16.8%，实现乡村旅游收入 28.57 亿元，同比增长 26.2%；全省共签约旅游项目 55 个、签约金额 1954.67 亿元，超额完成 62.9%；全省 68 个重点旅游项目完成投资额 455.76 亿元；全省受理各类旅游投诉 767 宗，同比下降 23%。

海南将 2018 年旅游业发展预期目标设定为：全年力争接待游客人数 7400 万人次，同比增长 10%，其中入境游客人数 133 万人次，同比增长 22.6%；实现旅游总收入超过 900 亿元，同比增长 12%。2020 年预期目标为：旅游服务设施、经营管理和服务水平与国际通行的旅游服务标准全面接轨，旅游国际知名度、美誉度有较大提高，旅游产业质量和效益全面提升，在旅游综合管理、旅游投融

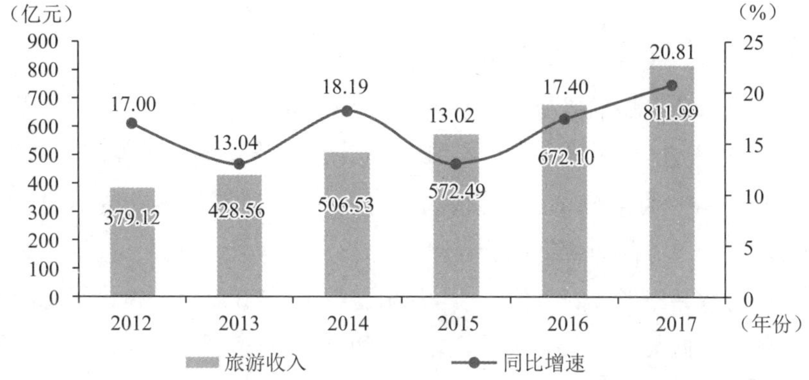

2012—2017 年海南省旅游总收入统计情况

数据来源：海南统计局

资、旅游产品供给、旅游市场监管等方面改革创新为全国提供实践经验，全面建成全域旅游示范省，基本建成国际旅游岛，初步建成国际旅游消费中心、中国邮轮特区和世界一流的海岛休闲度假旅游目的地，真正迈向优质旅游发展新时代。力争全年接待游客人数 1 亿人次，年均增长 14%，入境游客数量翻一番达到 200 万人次，年均增长 21.3%；实现旅游总收入 1300 亿元，年均增长 17%。

2. 海南旅游产业的区域状况

海南在全国旅游发展中处于中等水平。2016 年海南旅游总收入较 2005 年增长 5.4 倍，年均增长率约 18.31%，低于全国旅游收入的年均增长率 19.98%。海南国际化发展势头回升，2016 年接待入境游客 74.89 万人次，同比增长 23.09%，旅游外汇收入 3.5 亿美元，同比增长 41.13%，增速创五年新高。旅游业经济带动能力提升空间较大，与城镇化、农业现代化、新型工业化相融合，形成了旅游发展新亮点。旅游区域发展方面，东部地区旅游强势引领，中西部需依托生态优势和产业基础，推进旅游业升级发展，以反哺社会经济。旅游产业要素方面，旅游住宿基础较好，品质仍有提升空间；旅游购物优势突出，发展较为成熟；旅行社业初具规模，经济效益显著；旅游餐饮缺乏特色，品牌影响不足；旅游娱乐业态单一，缺乏文化创意。旅游产品、品牌和服务方面，依托滨海资源开发的旅游产品居多，产品多样性仍有待提升；品牌形象不突出，国际化营销缺乏；咨询服务体系尚不健全，内外交通通达性不足，旅游服务设施尚未完善，智慧旅游发展水平较低。

3. 海南旅游产业的优劣势分析

海南旅游产业发展的优势方面：享有生态环境、经济特区、国际旅游岛、海上丝绸之路战略支点、热带资源、博鳌亚洲论坛、海洋旅游、省域“多规合一”试点等八大优势。海南旅游产业发展的劣势方面：区域旅游发展不均衡，国际精品产品较少，服务品质较低，旅游产业带动不足。机遇方面，世界旅游蓬勃发展，亚太旅游兴起以及“21世纪海上丝绸之路”、国际旅游岛建设为海南旅游发展带来了新的发展契机。除此之外，省政府出台了众多利好政策，为旅游发展提供了政策支撑。挑战方面，国际上高性价比旅游海岛不断发展，国内各省旅游发展迅速，给海南旅游发展带来多方竞争压力。

二、海南旅游产业的发展趋势

1. 海南旅游产业的发展目标

海南旅游业发展的总体目标是：发挥“生态环境、经济特区、国际旅游岛”三大优势，抢抓“一带一路、消费升级、创新发展”三大机遇，坚持“创新、协调、绿色、开放、共享”发展理念，以海南国际旅游岛建设为总抓手，加快提升以旅游业为龙头的现代服务业，走“旅游+”融合发展道路，确立打造世界一流的国际旅游目的地总体定位。实施国际化、“旅游+”、陆海统筹、改革创新战略，实现“海南与全国同步建成小康社会，基本建成国际旅游岛，谱写美丽中国海南篇章”三大目标，真正把海南建设成为“全省人民的幸福家园、中华民族的四季花园、中外游客的度假天堂”，助推“美好新海南”目标实现。

近期（2017—2020年）：至2020年，基本建成国际旅游岛。将海南打造成我国旅游业改革创新试验区，创建全域旅游示范省。旅游服务设施、经营管理和服务水平与国际通行的旅游服务标准全面接轨；旅游国际知名度、美誉度有较大提高；旅游产业质量和效益全面提升；在旅游综合管理、旅游投融资、旅游业发展引导、旅游公共服务、旅游市场监管等方面取得改革突破。到2020年，旅游总人数超过8000万人次，年均增长7.4%；接待入境游客超过120万人次，年均增长12.5%；旅游总收入超过1000亿元，年均增长10.4%。

中期（2021—2025年）：至2025年，建成世界一流的海岛休闲度假旅游胜地。海洋旅游、康养旅游、文体旅游、会展旅游、乡村旅游、森林生态旅游、特色城镇旅游、购物旅游、产业旅游、专项旅游等 10 大旅游产品实现突破性发展；旅游基础设施和服务设施进一步完善；海南旅游管理和服务水平全面提升；旅游产业质量、效益达到国际先进水平。到 2025 年，旅游总人数超过 1.1 亿人次，年均增长 6.6%；入境旅游人数超过 200 万人次，年均增长 10.8%；旅游总收入超过 2000 亿元，年均增长 12.7%。

远期（2026—2030 年）：至 2030 年，建成世界一流的国际旅游目的地。国际高端休闲度假旅游项目体系成熟；旅游产品体系全面升级；世界一流的旅游休闲环境和服务环境全面实现。到 2030 年，旅游总人数超过 1.5 亿人次，年均增长 6.4%；入境旅游人数超过 300 万人次，年均增长 8.4%；旅游总收入超过 3000 亿元，年均增长 9.6%。

2. 海南旅游产业的战略定位

海南旅游的发展战略，近期以中国旅游业改革创新试验区、国际旅游岛建设、全域旅游示范省创建建设为目标，中期以建成世界一流的海岛休闲度假旅游胜地为目标，远期将海南打造成世界一流的国际旅游目的地。

国际化战略。积极打造世界级的旅游景区、度假区和旅游综合体，提升旅游产品的国际化水平。加快提升旅游服务、旅游环境和旅游管理的国际化水平，构建“国际化、标准化、信息化”的旅游服务体系。强化海南国际市场营销，增强国际影响力。

“旅游 +”战略。推动旅游要素提档升级，提高旅游业发展水平。加快旅游业与热带高效农业、海洋渔业、互联网产业、文化体育业、医疗健康业、金融业等产业融合，延长产业链条，形成较为完备的旅游产业体系。

陆海统筹战略。优先发展海澄文一体化综合经济圈和大三亚旅游经济圈，有序带动东部、西部国际化发展，稳步推动中部、三沙旅游崛起，逐步实现陆海资源综合开发、空间布局统筹优化、区域经济协调发展，形成合理的旅游业发展格局。

改革创新战略。积极推进旅游综合管理体制改革，争取在组织管理体制、旅游统计考核机制等方面实现突破。推进旅游投融资体制改革，加快建立旅游发展基金和平台。加强人才培养和环境保护等方面的改革创新，进一步优化旅游发展环境。

3. 海南旅游业发展的空间布局

海南旅游业发展的空间布局坚持“陆海统筹、生态优先、空间优化、重点引领”的理念，构筑“两圈、四组团”旅游空间布局。

1）优先打造两圈

海澄文一体化综合经济圈。包括海口、文昌、澄迈 3 市县。以推动建设海口国家级新区、打造“21 世纪海上丝绸之路”和环南海旅游经济圈的重要战略支点、建设南海资源开发服务基地和海上救援基地、海南国际旅游岛全方位对外开放核心区为目标，以海口市为中心，积极推动“海澄文”经济一体化发展。近期借助琼州海峡经济带和北部湾城市群发展契机，发挥海口便捷交通和综合服务的优势，强化区域旅游合作，将其建成国际旅游岛综合服务中心和重要旅游目的地，大力发展国际性商务旅游和城市休闲旅游，辐射带动文昌、澄迈在旅游装备制造、低碳休闲旅游基地、热带高效休闲农业和休闲度假旅游、航天科技旅游等方面实现突破发展。中远期在“海澄文”区域范围内实现基础设施、旅游服务、生态环保等方面的一体化。

大三亚旅游经济圈。包括三亚、乐东、陵水、保亭 4 市县。以建设“21 世纪海上丝绸之路”会客厅、创新型旅游特区、世界旅游精品区域、环南海经济圈中心区、南海文明传承创新示范区、海洋经济国际合作示范区为目标，加快推进大三亚旅游经济圈转型升级。近期以三亚市为中心，规划统筹区域旅游土地、岸线、景区资源，带动乐东、陵水、保亭旅游发展，突出滨海度假、黎苗风情度假、雨林风情度假等特色，共同打造海南度假旅游和旅游新业态发展的龙头片区。中远期做好“陆海统筹、山海互动、蓝绿并进”，推进区域内旅游产业发展、基础设施、公共服务和生态环保一体化，放大“大三亚”旅游品牌在区域发展中的影响和价值，致力将三亚打造成世界级滨海旅游城市。

2）着力发展东、西两组团

东部康养旅游组团。包括琼海、万宁 2 市。近期发挥当地特色产业和旅游资源优势，加强两市在健康养生旅游产品开发和旅游线路设计方面的合作，重点发展商务会议旅游、国际医疗旅游、滨海体育旅游、美丽乡村旅游和低空旅游。借助举办博鳌亚洲论坛、中非合作论坛以及兴隆华侨旅游经济区机遇，加强对外交流与合作，打造国际休闲外交旅游目的地。中远期大力深化旅游业与医疗健康产业、热带高效农业、海洋渔业、农产品加工业融合发展，促进产业链上下游延伸。

西部山海旅游组团。包括儋州、东方、临高、昌江4市县。近期着力建设以海花岛旅游度假区、东坡文化旅游区、昌江棋子湾度假养生区为代表的一批重点旅游项目，形成区域带动。中远期进一步提升旅游项目的国际化水平，打造以奇美西岸、原生态黎乡、历史文化为特色的西部旅游目的地。

3）稳步推进中部、三沙两组团

中部雨林旅游组团。包括五指山、定安、屯昌、琼中、白沙5市县。近期积极对接海口、三亚，重点发展热带农业旅游、森林生态旅游、民族风情旅游和民族工艺品制造。结合“田”字形高速路建设，将琼中打造成海南中部旅游服务中心。中远期通过示范项目带动、产业创新升级，逐步建成海南旅游新的增长极。

三沙海洋旅游组团。包括三沙市西沙群岛、中沙群岛、南沙群岛的岛礁及其海域。近期在保护生态环境前提下，扩大三沙旅游范围。加快完善三沙旅游基础设施，高水平开发特色岛礁精品度假旅游，开通三沙邮轮旅游新航线，培育多元化、主题化海洋旅游项目，建设西沙群岛海洋综合旅游区。中远期探索发展中沙群岛海洋观光旅游区、南沙群岛邮轮休闲旅游区，打造一批品牌引领型海岛度假旅游项目，将三沙建设成为“21世纪海上丝绸之路”海洋旅游合作区和国际热带海洋旅游目的地。

三、海南旅游产业的发展规划

1. 旅游餐饮产业

利用城市街区、风情小镇、热带乡村、滨海沙滩等特色环境，开发建设一批具有本地文化氛围、主题鲜明的美食文化街（区），实施“名片＋名菜＋名店”工程，引进不同菜系，丰富餐饮种类，强化海南旅游餐饮业发展氛围，重点打造海口骑楼建筑历史文化街区、博鳌美食街区、万宁老街等休闲美食街，形成特色餐饮片区。健全旅游餐饮标准化管理制度，加强卫生、质量与价格监督。整合美食资源，策划举办具有海南本土特色的美食文化节，加强市场宣传，打造海南美食文化品牌。

2. 旅游住宿产业

推进高端度假酒店集群化、品牌化发展，加快经济型酒店建设；挖掘海南特色乡村、民俗、雨林、海洋等元素，打造具有海南地方特色的主题酒店、精品民宿、乡村客栈等；鼓励发展房车露营地、帐篷酒店等住宿新业态。引入国际知名酒店品牌，提升酒店运营和服务的国际化水平。加大对星级酒店、民宿等住宿设施的规范整治，强化标准化建设。充分利用乡村、森林、城市、滨海、海岛等空间资源，形成多元住宿格局，加快构建结构合理、主题多元、布局科学，满足不同层次消费者需求的住宿体系。

3. 旅行社和旅游客运产业

鼓励旅行社做大做强，实现规模化发展。创新旅行社体验式商业模式，打造体验式旅行社集聚的旅游服务街区。积极拓展电子商务，开发针对邮轮游、乡村游、养生游、文化游等专项产品的服务，推出定制团、高端团等新型产品。鼓励加快旅游客运改革，积极落实《海南经济特区道路旅游客运管理若干规定》，完善市场准入与退出机制，积极培育旅游客运企业，全面实现全省旅游客运无障碍通行。支持培育大型租车集团，完善全省旅游租车服务体系，根据自驾游、亲子游、家庭游等散客市场的需求，积极鼓励推出个性化、定制化租车服务。

4. 旅游景区产业

实施精品带动战略，重点提升现有景区的规模和品质，高水平打造一批精品化、国际化景区，科学设计旅游线路，形成区域特色鲜明、山海互补的旅游景区发展格局。创新景区经营管理方式，探索旅游景区所有权与经营权相分离的市场化运营模式。全面开展 A 级景区综合检查和整治，健全 A 级景区动态监管机制。加强景区旅游基础设施建设，完善旅游服务功能，推进智慧旅游景区试点建设。建立景区门票预约制度，加强景区游客最大承载量控制，为游客提供安全舒适的旅游环境，促进景区可持续发展。

5. 旅游购物产业

加强免税购物吸引，优化免税购物政策，提升免税购物额度，增加免税商品种类，放宽购物数量限制，开通多个免税购物网点。合理布局旅游购物点，建设南北部中心购物区、西部边境购物区、黎苗特色购物区、产业主题购物区。

加强政策扶持，推动设立旅游商品开发专项经费，推进老字号的快速发展，设立旅游商品展销推广中心、旅游购物直销店。拓展宣传途径，鼓励举办年度性旅游商品设计大赛。借助国际旅游交流活动，开展旅游商品推介会、举办旅游商品博览会。继续办好海南国际旅游商品博览会、海南世界休闲旅游博览会等活动。

6. 旅游娱乐产业

构建全时娱乐产业，加快发展夜间经济，重点发展滨海夜景、夜间美食、夜间购物、夜间演艺等。打造主题文化娱乐片区。在充分挖掘本土特色文化内涵、打造海南特色娱乐产品基础上，有序引进知名企业，打造环球影城、乐高等国际娱乐品牌项目，提升海南旅游娱乐国际化水准。重点发展商业体验娱乐、主题酒店娱乐、赛车试驾娱乐、影视体验娱乐四类新型业态，形成一批时尚新业态娱乐消费项目。结合高新技术、创意元素，开发不同类型主题公园，进一步提升海南主题公园旅游功能的多元性和综合性，促进规模化发展。

第三节　旅游人才需求与供给分析

一、旅游产业的人才需求分析

1. 旅游产业人才现状的分析

基于趋势分析法测算，2017 年，全国旅游就业总人数（包括直接就业和间接就业）为 9530 万人，其中旅游直接就业人数 1695 万人，全国旅游就业总人数年增长率约为 5.12%，预测 2018 年我国旅游直接从业人数约为 2069 万人。

1）旅游骨干人才结构分析

旅游骨干人才主要包括旅游行政管理人才、旅游企业经营人才、旅游专业技术人才、旅游服务技能人才四支旅游人才队伍。

2017 年，在旅游骨干人才队伍中，旅游行政管理人才 7.5 万人，占总数的 2.2%；旅游企业经营人才 27.4 万人，占总数的 8%；旅游专业技术人才 31.6 万人，占总数的 9.3%；旅游服务技能人才 273.5 万人，占 80.5%，旅游人才结构呈金字塔形结构。

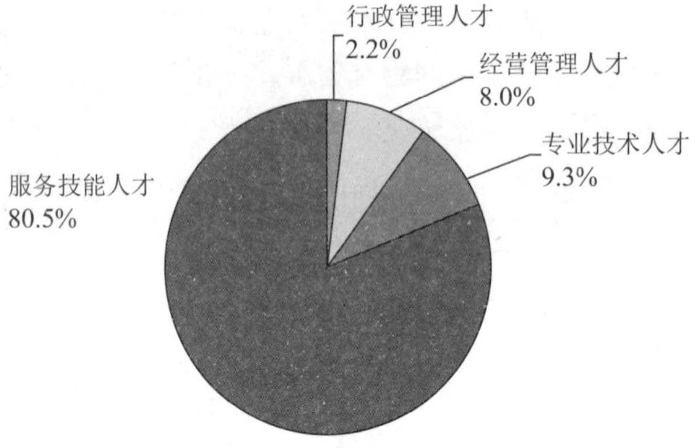

旅游骨干人才结构图

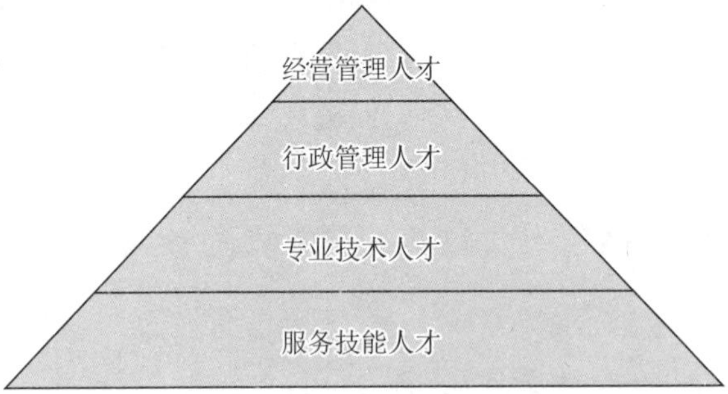

旅游人才层次结构

2）旅游企业人才结构分析

2017 年，旅游企业人才 330.6 万人，其中酒店业人才 104.1 万人，占旅游企业人才的 31.5%；旅行社行业人才 43.8 万人，占旅游企业人才的 13%；旅游车船公司行业人才 1.5 万人，占旅游企业人才的 0.5%；旅游景区行业人才 88.8 万人，占旅游企业人才的 27%；其他企业单位的旅游人才 92.5 万人，占旅游企业人才的 28%。从数据可以看出，旅游人才主要集中在酒店、旅行社、旅游景区、旅游车船公司等为主的旅游企业。

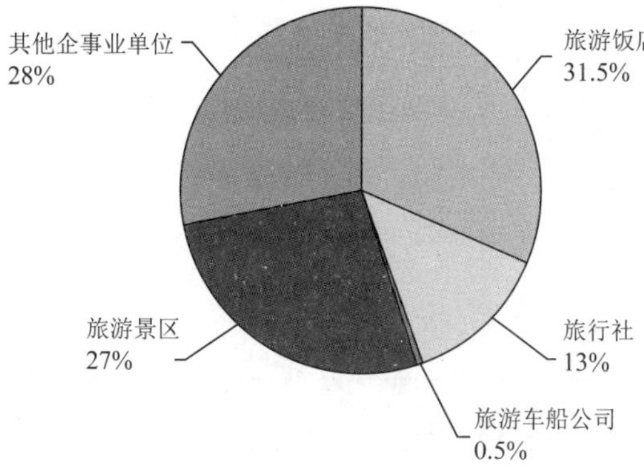

旅游企业人才结构图

3）旅游企业人才学历分析

旅游人才学历特征。2017 年，酒店及住宿接待业研究生及以上占 2%；本科占 16%；高职占 59%；中职占 23%。餐饮业研究生及以上占 0.5%；本科占 9%；高职占 36%；中职占 54.5%。

旅游会展业研究生及以上占 8%；本科占 23%；高职占 43%；中职占 26%。旅行社业研究生及以上占 3%；本科占 20%；高职占 45%；中职占 32%。游憩业研究生及以上占 5%；本科占 21%；高职占 46%；中职占 28%。智力行业研究生及以上占 36%；本科占 41%；高职占 13%；中职占 10%。旅游中职生学历人员约占旅游行业总人数的 30%，主要集聚在餐饮业、酒店业、旅行社业、会展业和游憩业。

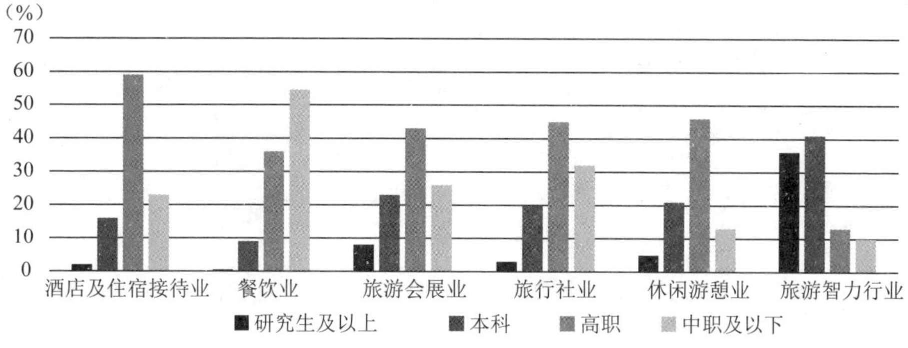

旅游人才学历结构图

旅游人才学历结构表

学历	酒店及住宿接待业	餐饮业	旅游会展业	旅行社业	休闲游憩业	旅游智力行业
研究生及以上（%）	2	0.5	8	3	5	36
本科（%）	16	9	23	20	21	41
高职（%）	59	36	43	45	46	13
中职及以下（%）	23	54.5	26	32	28	10

4）不同旅游企业人才素质结构

不同旅游企业人才素质结构

地区	旅游行业	旅游行业从业人员结构		
		管理类	专业技术人员	服务类
上海	酒店及住宿接待业	14.56%	40.01%	45.43%
	餐饮业	9.89%	38.57%	51.54%
	旅游会展业	12.21%	57.32%	30.47%
	旅行社业	24.32%	52.7%	45.09%
	休闲游憩业	10.43%	36.87%	52.7%
	旅游智力行业	13.54%	78.44%	8.02%
北京	酒店及住宿接待业	15.32%	36.25%	48.43%
	餐饮业	11.34%	35.45%	53.21%
	旅游会展业	15.21%	58.32%	26.47%
	旅行社业	18.54%	41.56%	39.9%
	休闲游憩业	11.65%	41.56%	46.79%
	旅游智力行业	14.43%	70.45%	15.21%
四川	酒店及住宿接待业	12.54%	43.81%	43.65%
	餐饮业	8.24%	35.22%	56.54%
	旅游会展业	16.65%	33.52%	49.83%
	旅行社业	10.09%	45.54%	44.37%
	休闲游憩业	14.54%	38.54%	46.92%
	旅游智力行业	9.98%	60.87%	29.24%

2. 旅游产业人才需求预测

1）旅游产业人才需求总量预测

随着旅游业的快速发展，旅游业对从业人员数量和质量上的需求也快速增加。以我国旅游就业总人数为例，2017 年我国旅游行业就业人数为 9530 万人（包括直接就业和间接就业），其中旅游直接就业人数 1782 万人。按照旅游从业人员每年增长 5%~6% 的速度计算，到 2020 年我国旅游从业人员人数将达到近两千万人。

2017—2020 年旅游从业人员总量需求预测表

年份	旅游从业人员总量（万人）	旅游从业人员增长率（%）
2017	1782	5.1
2018	1874	5.2
2019	1974	5.3
2020	2081	5.4

2）不同旅游业态人才需求预测

根据测算，2018—2020 年酒店及住宿接待业分别为 636 万人、670 万人、706 万人；旅行社业分别为 287 万人、301 万人、318 万人；景区行业分别为 294 万人、309 万人、325 万人；旅游会展业分别为 198 万人、209 万人、221 万人；餐饮业分别为 332 万人、350 万人、369 万人；旅游智业分别为 127 万人、135 万人、142 万人，如下表所示。

2017—2020 年旅游从业人员业态需求预测表（单位：万人）

旅游业态	2017年	2018年	2019年	2020年
酒店及住宿接待业	605	636	670	706
旅行社业	272	287	301	318
景区行业	279	294	309	325
旅游会展业	189	198	209	221
餐饮业	316	332	350	369
旅游智业	121	127	135	142
旅游从业总人数	1782	1874	1974	2081

3）旅游人才学历需求预测

结合我国旅游业发展态势和产业转型升级的情况，2020 年所需旅游人才 564.02 万人中，具有研究生以上学历的将占到 16.5%，总人数 93.06 万人；达到大学本科学历的将占到 32.4%，总人数为 182.74 万人；高职学历的将占到 35.6%，总人数 200.79；中职学历的将占到 15.5%，总人数 87.42 万人。

旅游人才学历需求预测（2020）

学历	人才需求量（万人）	比例（%）
研究生及以上	93.06	16.5
本科	182.74	32.4
高职	200.79	35.6
中职	87.42	15.5
旅游人才总数	564.02	100

二、旅游院校的人才培养状况

2017 年全国开设旅游管理类本科专业（主要包括旅游管理、酒店管理和会展经济与管理等 3 个专业）的普通高等院校 608 所，开设旅游管理类高职专业（主要包括旅游管理、导游、旅行社经营管理、景区开发与管理、酒店管理、休闲服务与管理和会展策划与管理等 7 个专业）的普通高等院校 1086 所，开设旅游相关专业（主要包括高星级饭店运营与管理、旅游服务与管理、旅游外语、导游服务、会展服务与管理等 5 个专业）的中等职业学校 947 所。

1. 旅游院校学生数量供给状况

1）旅游院校招生分布情况

根据《2017 年全国旅游教育培训统计》，2017 年全国旅游院校招生共计 27.71 万人。其中，旅游相关专业（方向）博士研究生全国招生 336 人；旅游相关专业（方向）硕士研究生全国招生 2832 人；本科旅游管理类专业全国共招生 5.9 万人；高职高专旅游大类全国共招生 11.30 万人；开设旅游相关专业的中等职业学校全国共招生 10.20 万人。

2017 年全国旅游院校招生分布情况

学历层次	招生数量（万人）	比例（%）
博士研究生	0.03	0.11
硕士研究生	0.28	1.01
本科生	5.90	21.29
高职生	11.30	40.78
中职生	10.20	36.81
招生总数	27.71	100.0

2）旅游院校毕业生分布情况

2017 年全国旅游院校毕业生共计 24.67 万人。其中，旅游相关专业（方向）博士研究生共毕业 311 人；旅游相关专业（方向）硕士研究生共毕业 1390 人；本科旅游管理类专业共毕业 4.90 万人；高职旅游大类共毕业 11.60 万人；开设旅游相关专业的中等职业学校共毕业 8 万人。

2017 年全国旅游院校毕业生分布情况

学历层次	毕业数量（万人）	比例（%）
博士研究生	0.03	0.12
硕士研究生	0.14	0.57
本科生	4.90	19.86
高职生	11.60	47.02
中职生	8.00	32.43
招生总数	24.67	100.0

3）旅游院校在校生分布情况

2017 年全国旅游院校在校生共计 88.28 万人。其中，旅游相关专业（方向）博士研究生全国在校生 1428 人；旅游相关专业（方向）硕士研究生全国在校生 5923 人；本科旅游管理类专业全国在校生 23.10 万人；高职旅游大类全国在校生 39.05 万人；开设旅游相关专业的中等职业学校全国在校生 25.40 万人。

2017 年全国旅游院校在校生分布情况

学历层次	在校生数量（万人）	比例（%）
博士研究生	0.14	0.16
硕士研究生	0.59	0.67
本科生	23.10	26.17
高职生	39.05	44.22
中职生	25.40	28.78
招生总数	88.28	100.0

2. 旅游中职教育的情况分析

旅游中等职业教育为旅游行业提供了大批实践性、技能型旅游应用人才。截至 2017 年年底，全国共开设旅游相关专业的中等职业学校已达上千所，已涌现出一大批知名度高、办学质量好、办学效益高的中等职业学校。旅游中职院校的培养目标清晰、硬件设施、实训条件、师资队伍均有所增强，为培养旅游业的初级和中级服务人才以及基层管理人才方面做出了不凡的贡献，毕业学生深受旅游企业的喜爱。

1）在校生情况

2017 年旅游中等职业学校在校生数为 25.4 万人。其中高星级酒店运营与管理专业在校 5.7 万人，占在校生总数的 22%；旅游服务与管理专业在校 11.8 万人，占在校生总数的 46%；旅游外语专业在校 6225 人，占在校生总数的 5%；导游服务专业在校 9306 人，占在校生总数的 3%；会展服务与管理专业在校生 1056 人，占在校生总数的 0.5%；其他专业 6.5 万人，占在校生总数的 25%。

2）毕业生情况

旅游中等职业学校毕业生数不足 8 万人，其中高星级酒店运营与管理专业毕业 1.7 万人，旅游服务与管理专业毕业 3.4 万人，旅游外语专业毕业 3832 人，导游服务专业毕业 5700 人，会展服务与管理专业毕业 387 人，其他专业毕业 1.8 万人。

3）招生情况

2017 年全国旅游中等职业学校招生数为 10.2 万人，其中高星级酒店运营与管理专业全国共招生2.2万人，占招生总数的22%；旅游服务与管理专业全国共招生4.7万人，占招生总数的46%；旅游外语专业全国共招生2122人，占招生总数的2%；导游服务专业全国共招生5766人，占招生总数的5.7%；会展服务与管理专业全国共招生647人，占招生总数的1%；其他专业2.4万人，占招生总数的23%。

三、人才需求与供给的比较分析

1. 旅游人才需求与供给数量的比较分析

根据趋势预测法预测，结合我国旅游业发展态势和产业转型升级的情况，2020年所需旅游人才564.01万人中，具有研究生以上学历的将占到16.5%，总人数93.06万人；达到大学本科学历的将占到32.4%，总人数为182.74万人；高职学历的将占到35.6%，总人数为200.79；中职的将占15.5%，总人数为87.42万人。即使考虑目前旅游行业在职从业人员的存量部分，我国旅游人才供给仍远远不能满足产业发展对人才的需求。

旅游从业人员需求与供给数量对比情况（单位：万人）

		人才需求预测（2020年）	人才供给现状（2017年）	人才供给预测（2020年）
旅游人才需求总量		564.01	108.81	159.31
旅游从业人员层次	研究生及以上	93.06	0.84	1.23
	本科	182.74	27.96	40.94
	高职	200.79	39.57	57.93
	中职	87.42	40.44	59.21

2. 旅游人才需求与供给质量的比较分析

1）旅游从业人员素质要求

所谓旅游从业人员的素质，是指从事旅游职业的工作人员的气质、性格、兴趣、风度、知识和技能等方面的综合品质。旅游从业人员的素质应该是性格、品德、智慧、教育和经验的综合，同时还应具有人际沟通与社交能力、表达能力、专业技术能力、领导组织能力等基本技能。具体来说，应该包含以下几方面的内容。

A. 旅游从业人员应有较高的政治觉悟和良好的职业道德

一是良好的政治素质，其主要表现在爱党、爱国、爱人民、爱生活，处处维护国家和民族的利益与形象，在旅游服务中，体现国格和人格。二是无私的奉献精神。其主要表现为热爱旅游事业，志向坚定、兢兢业业、忠于职守等。三是高度责任感和顽强的意志力。其主要表现为工作自主性和创造性，高度的事业心、责任感和应对各种问题的意志力。四是良好的劳动观念与服务意识。其具体表现工作中吃苦耐劳和全心全意为客人服务的精神。五是较强的法律法制观念。其主要表现在工作中能够知法遵法守法，运用法律维护客人和自身的合法利益。

B. 旅游从业人员应有较好的文化知识修养

旅游服务的对象是人，是受过各种不同程度的教育和各类文化熏陶的“文化人”。这就要求服务者首先是一个有较高文化层次的、与旅游业相适应的知识结构的“文化人”。这些文化知识涉及政治、经济、地理、历史、心理、艺术等众多领域，同时包括从事旅游职业的理论知识、实践知识以及信息化时代下的旅游新兴产业相关知识结构体系。

C. 旅游从业人员应掌握必要的服务技能和管理技术

旅游业是一个综合性的行业，包括旅行社、酒店、交通运输、饮食、游览娱乐等行业，这些行业既相互联系又相对独立，每个行业有着不同部门、岗位，这些岗位有着不同的特性、不同的服务技能与管理技术，掌握这些服务技能和管理技术是旅游从业人员职业生存与发展的必要条件。

D. 旅游从业人员应有较强的职业能力

能力是知识与经验的集合。旅游业作为一项应用性操作性比较强的行业，要求旅游从业人员在服务接待和经营管理中，具备实际操作能力、沟通与信息获取能力、综合知识能力、竞争能力、创新能力以及终身学习能力，从而应对旅游工作中各类问题与挑战。

E. 旅游从业人员应有宽广的国际视野和较高的国际交往能力

旅游是一种社会经济现象，更是一种文化交流过程。旅游活动促进了不同国家与地区之间社会、经济、文化相互交流，同时也促进了旅游行业的国际化。旅游行业国际化，要求旅游从业人员具备较强的国际意识和宽广的国际视野，了解不同国家与地区的历史文化，尊重不同国家与地区的文化传统与风俗习惯，熟悉和遵守旅游行业国际规则，具有较强的国际交往能力和国际竞争能力。

F. 旅游从业人员应有良好的心理素质和健康的体魄

健康良好的身心素质是旅游从业人员实现社会价值与人生价值的基础，它包括人的气质、性格等心理素质和健全的体魄。旅游业具有服务性的特点，面对来自不同国家地区、有着不同文化背景和个人爱好的旅游者及其旅游服务需求，面对多种多样的旅游活动，面对非常态的工作时间与强度，面对纷繁多变的工作环境和要求，旅游从业人员必须具备良好的身体和心理素质。

2）旅游院校人才培养质量分析

通过对旅游企业人才状况的抽样调查，不同培养层次旅游从业人员能力结构，如下表所示。

不同培养层次从业人员能力结构一览表

能力结构		研究生	本科	高职	中职
理论素养	专业知识、基础理论等	强	较强	较弱	弱
职业素养	职业礼仪、沟通能力、信息素养、职业认同等	弱	较弱	强	较强
专业技能	专业实践能力等	较弱	较弱	较强	较强

由上表可知，不同培养层次从业人员的能力结构存在着较大的差异。其中研究生及本科培养层次的理论素养相对较高，但专业技能、实践能力、职业素养等方面相对较弱。高职、中职层次情况正好相反，其理论素养相对较弱，而专业技能方面相对较强。

3）旅游职业院校人才培养的问题与建议

2014 年 5 月，在《国务院关于加快发展现代职业教育的决定》中，明确提出了五个对接，其中第一个对接就是专业设置与产业需求对接。因此，在旅游职业院校人才培养中，专业设置是旅游职业院校办学的一项重要工作，是衡量旅游职业院校办学特色、办学水平和办学质量的一项重要指标。

我国旅游中职院校专业设置存在的问题：

A. 专业设置与产业发展需求对接不够。有些旅游中职院校在开设专业过程中，对旅游行业人才需求趋势缺乏应有的调研，而是仅仅依靠现有的专业师资结构来进行专业设置，所设专业严重与旅游行业人才市场需求相脱节，缺乏可持续发展，导致专业越来越难办下去。同时，缺乏旅游行业新业态、新产品的关注，不能及时开展相关专业设置、调整的市场调研与专业论证工作。

B. 专业设置缺乏整体规划。有些旅游中职院校对专业发展规划不够科学完善，哪个专业热门就设置哪个专业，短期行为较为明显，只求一时适应旅游行业人才需求，忽视长期发展的要求。在专业设置过程中，较少考虑旅游行业最新动态，较少顾及区域经济文化特点，也较少思考设置专业特色，随意性强，缺乏科学性。

C. 专业培养目标与方向定位不够明确。相当部分旅游中职院校对专业培养目标把握不准，缺乏对旅游业态及其职业岗位调研分析和科学论证，致使专业方向模棱两可，培养对象层次出现结构性失衡，培养出的学生与旅游从业人员的要求有一定的差距。

D. 专业培养方式缺乏行业参与和特色。旅游专业具有很强的综合性和实践性，需要培养的人才应是理论与实践相结合的应用型和技术技能型人才，然而大部分旅游专业脱胎于传统学科专业，专业背景具有浓厚的学科性，在培养方式与课程设置上，缺乏与旅游行业企业紧密合作，导致培养模式单一，专业缺乏特色。

E. 专业办学条件缺乏应有的保障。有些旅游中职院校师资力量、实验实训条件、实习基地、课程设置、教材建设等办学条件与教学资源保障，整体上满足不了旅游专业人才培养的需求，办学投入不足，专业软硬件缺乏，具有实践经验的“双师型”教师匮乏，课程设计与教材开发缺乏行业企业参与，导致教育质量难以保证，造成毕业生结构性过剩和大量教育与社会资源浪费。

旅游中职院校专业设置改进的建议：

针对以上旅游中职院校专业设置存在的问题，调整旅游专业结构布局，推动旅游教育多样化发展，促进旅游人才培养结构与旅游产业结构的匹配度，已成为当务之急。旅游中职院校专业设置，需要学校自身努力外，同时要积极争取政府政策支持和行业企业充分参与。

A. 优化专业类型结构。按照旅游行业发展和不同业态人才需求，旅游中职院校在专业设置规划中，除了把中高星级酒店运营与管理、旅游服务与管理、旅游外语、导游服务和会展服务等专业作为重点专业进行设置和布局外，增设适应区域发展和产业转型升级需要的专业或专业方向，形成各具特色的专业布局结构。

B. 优化专业层次结构。按照旅游人才需求对旅游人才培养的要求和旅游中职院校人才培养定位，科学合理设置不同层次的旅游专业。旅游中职院校应按照旅游应用技能型人才培养要求，在满足专业办学基本条件下，结合区域旅游产业结构，增设新专业或专业方向。

C. 优化专业招生规模结构。按照旅游行业发展对人才层次的需求，保持中职生现有招生规模，满足区域旅游行业一线服务人员的基本需要。旅游中职院校在办好现有的旅游服务与管理、高星级酒店运营与管理、会展服务与管理等专业基础上，可以适度增设烹饪、休闲、康体等新专业。

D. 优化专业设置区域结构。旅游中职院校专业设置主要围绕专业结构布局完善展开，重视传统产业，关注旅游新业态、新产品，加快增设满足区域旅游经济发展需要的相关新专业。

3. 提升旅游院校人才培养质量的探索

1）明确专业人才培养定位，办出专业特色

旅游产业发展和转型升级对旅游专业人才培养提出了更高要求，因此，旅游中职院校要以服务旅游产业发展为宗旨，以学生就业与职业发展为导向，明确办学定位和人才培养定位，科学合理布局专业结构。在办学过程中凸显专业区域特色，错位发展，构建多元化专业建设机制，优化人才培养层次结构，努力构建适应区域经济社会发展和旅游产业需求的结构合理、优势突出、特色鲜明的专业格局。

2）完善校企合作办学机制，创新专业人才培养模式

旅游中职院校应坚持产教融合、校企合作、工学结合，积极探索办学治理结构改革与创新，通过成立校企合作理事会、职业教育集团和专业建设指导委员会等形式，构建政行企校相结合的办学体制机制，为专业建设和人才培养搭建平台与提供保障。同时，针对旅游应用技能型人才培养的特点与要求，强化教学、学习、实训相融合的教学活动，积极推进半工半读、工学交替、顶岗实习人才培养创新模式，营造前店后校、校中店、景校合一等全真教学环境，推行现场教学、

项目教学、任务引导教学、案例教学、工作过程导向教学等教学模式。积极开展旅游企业见习观摩、校内技能训练与生产性综合实训、校外顶岗实习等实践教学活动，强化以育人为目标的实习实训考核评价，积极推进学历证书和职业资格证书“双证书”制度。积极推进订单培养与现代学徒制试点改革与实践，构建校企合作育人机制。

3）对接旅游职业标准，构建专业课程体系

旅游中职院校应积极开展旅游企业调研，针对不同业态和企业，开展旅游职业分类研究，并结合不同职业岗位（群），展开基于工作过程的岗位能力分析，适应旅游产业升级和技术进步需要，建立专业教学标准和职业标准联动开发机制，校企合作制订人才培养方案、合作开发课程和教材。积极推进专业设置、专业课程内容与职业标准相衔接，深化课程改革，开发课程资源，更新教学内容，优化课程设置，构建并形成紧扣产业、特色鲜明、动态调整的旅游职业教育课程体系。按照旅游专业人才培养对素质教育的要求，强化旅游专业学生职业精神、人文素养和职业养成教育。

4）打造“双师型”专业教师队伍，满足应用型专业人才需要

师资是学校核心竞争力。教师队伍建设是旅游中职院校人才培养、专业建设和教育教学改革的关键。为此，旅游中职院校应结合旅游专业应用技能型人才培养的要求与特点，重视和加强“双师型”教师队伍建设，建立和完善旅游专业教师资格准入制度，健全分类指导、分类管理的教师绩效考评体系和专业技术职务（职称）评聘制度。制定倾斜政策和建立约束机制，大力推进旅游专业教师企业顶岗实践制度，提高专业教师的实践能力和应用水平，提升“双师型”教师比重。积极开展校企合作交流，结合学生实习就业基地建设，推进和旅游大型企业共建“双师型”教师培养培训基地。聘请具有实践经验的旅游企业管理人员、专业技术人员和能工巧匠担任兼职教师，积极开展校企双专业带头人和大师工作室试点，建立“技能名师”和“企业专业教师信息库”，建设一支双师素质、专兼结合的专业教学团队。制定优惠政策，支持教师与旅游企业合作开展技术研发和创新，鼓励教师在岗离岗创业。

5）加快推进信息化，培养适应产业转型升级专业人才

基于网络的信息技术已经对旅游产业结构造成了重要影响，“互联网＋旅游”

开辟了旅游专业新的领域，也对旅游专业建设和人才培养提出了新的要求。旅游中职院校要把信息化作为现代职业教育体系建设的基础，加快信息化基础设施平台建设，实现宽带和校园网全覆盖，推进旅游专业教学资源库开发与建设，实现优质教育资源校内、校际和校企覆盖与共享。加快数字化专业课程体系建设，利用信息技术改造旅游专业课程，使每个学生都具有与旅游职业要求相适应的信息技术素养，并将信息技术课程纳入所有专业，以适应旅游行业发展和旅游产业信息化要求。同时，加强对旅游专业教师信息技术应用能力的培训，以适应旅游专业教学和旅游产业转型升级对人才培养的需要。

6）重视职业养成教育，培养和提高学生职业精神与就业能力

职业精神与职业素养是旅游专业学生从事旅游工作的必备条件。旅游中职院校可以通过开展形式多样的实践活动来强化学生的职业精神与职业素养的培养。如举办和开展专业技能大赛、旅游文化节、职业活动周、礼仪文明月、志愿者服务等活动，锻炼学生的职业技能，培养学生的职业素质，激发学生的职业意识和职业自豪感。除了课堂教学和第二课堂活动以及社会实践外，旅游中职院校还要注重对学生日常生活行为的职业养成教育，学校日常内部管理、校园文化建设、优秀教师人格魅力都是学生职业素质养成的有效途径和平台。旅游中职院校还可以通过更新学生就业择业观教育，合理规划专业课程，让学生在离校实习或就业前具备旅游职业精神、职业素养和职业技能，从而提高学生就业能力。

7）加强国际交流和合作，打造中国旅游教育品牌

旅游业是改革开放后我国率先与国际接轨的一个行业，也是与国际交流和合作最密切的一个行业。随着旅游活动与旅游产业的国际化，特别是国际旅游品牌企业进入国内市场和国内旅游品牌企业走向国际市场，国际化的旅游专业人才需求量巨大。因此，旅游中职院校要完善中外合作机制，积极引进国（境）外高水平专家和优质教育资源，开发与国际先进标准对接的专业标准和课程体系，按照国际标准培养适应中外旅游企业需要的国际化人才。同时，旅游中职院校也要积极开展与国外旅游院校教师互派、学生互换，大力推进中外旅游院校合作办学项目，实施“走出去”发展战略，开展到国（境）外办学试点，在国际旅游教育舞台上，打造中国旅游教育品牌。

8）加强专业评估，完善人才培养质量评价体系

旅游中职院校应结合专业建设要求，通过人才需求调研、内涵建设、质量监控与评价、毕业生就业跟踪调查等方式，加强专业内部评估，适时调整专业培养方向和课程设置，建立健全专业随产业发展动态调整的机制，完善人才培养质量评价体系。同时，旅游中职院校可以通过第三方组织评价和监测，以检验专业设置合理性、专业建设科学性和人才培养有效性，从而及时修正和调适旅游专业配置。

9）通过政府宏观指导和政策支持，推进旅游职业院校科学合理设置专业

政府可以根据旅游行业发展要求，对旅游职业院校给予宏观指导，引导旅游中职院校正确定位办学目标和人才培养方向，加强专业结构布局优化，有效配置经费投入，重点支持符合旅游产业发展规划需要的专业领域，切实解决专业设置盲目无序和专业同质化现象。教育部门应完善职业院校专业设置相关政策法规和管理办法，规范职业院校专业设置工作；适时制定和发布专业结构与布局规划，为旅游中职院校专业设置提供指导和依据。旅游部门应编制区域性旅游人才发展规划，建立旅游人才需求预测预报制度，及时发布旅游行业发展新动态和区域旅游人力资源状况及需求等信息，并配合教育部门，积极引导旅游中职院校专业设置，加强对旅游中职院校办学和人才培养工作的行业指导与监督。

10）通过产教融合，激发企业参与院校人才培养内在动力

旅游中职院校有着丰富的人力资源，旅游企业应积极主动与旅游中职院校开展校企合作，通过校企合作理事会、职教集团和专业合作委员会等形式，建立健全校企合作机制，实现产教融合。校企合作教育是一种以市场和社会需求为导向的运行机制，是学校和企业双方共同参与人才培养过程的教学模式。根据旅游中职院校和旅游企业优势互补、合作共赢原则，旅游企业的技术和管理人才可以有效地参与旅游中职院校的专业设置、培养方案制订、课程与教材开发、质量评估、人才质量标准制定以及教学过程等各个环节，可以有效地把企业市场周期性和院校人才培养的长远性结合起来，满足旅游企业长远发展需要，增强旅游企业竞争力。

第三章　中外旅游职业教育的比较研究

第一节　中国旅游职业教育的发展概况

改革开放以来，中国的旅游职业教育取得了长足的进步。根据教育部发布的《中国职业教育发展情况介绍》，目前全国职业院校开设近千个专业、近十万个专业点。中职毕业生就业率连续十年保持在 95% 以上，高职毕业生半年后就业率超过 90%。职业院校毕业生成为支撑中小企业集聚发展、区域产业迈向中高端的生力军。与此相应，我国旅游中等职业教育也快速发展，培养了大批技能型人才和管理服务人才，2017 年全国开设旅游管理类相关专业（主要包括高星级酒店运营与管理、旅游服务与管理、旅游外语、导游服务、会展服务与管理等 5 个专业）的中等职业学校有 947 所，为提高旅游从业人员素质、推动旅游经济发展和促进旅游就业做出了重要贡献。

一、旅游职业院校人才培养的基本模式

中国旅游职业院校在发展过程中，逐渐形成了“工学结合”“前店后院”“T 形”和“订单式”等几种成熟的人才培养模式。

1.“工学结合”的旅游人才培养模式

“工学结合”旅游人才培养模式是一种以实践性、应用技能型旅游人才培养为主要目的教育模式。“工学结合”人才培养模式在广义上讲是利用学校、社会两种教育资源和教学环境，在学生学习期间交替安排学校专业理论学习和校外顶岗工作，对学生进行“知识—能力—素质”培养的一种教育模式；狭义上讲是：“校、企、师、生”四方紧密融合、全方位护航的长效人才培养模式。“工学结合”旅游人才培养模式重点就是把实践性应用型旅游人才的培养与旅游企业紧密联系起来，在旅游工作实践中打造实践性应用型旅游人才。

2.“前店后院”的旅游人才培养模式

“前店后院”的“后院”即课堂，指课堂上的理论教学；“前店”即课堂理论教学之外的其他教学成分，分为“校内生产性实训基地”和“校外实训基地”。“前店后院”就是以旅游行业的雄厚资源为平台，以培养应用型、技能型人才为目标，以理论教学和实践技能密切结合为原则，以教师与学生“双重角色”的交叉互换为手段，以产学研结合为途径的人才培养模式和教学运行模式。

3.“T形”的旅游人才培养模式

“T形”的人才培养模式以“创新精神、实践能力”培养为主旨，培养基础较为扎实、操作能力较强，具有良好的职业道德与服务意识的高级应用型人才，既强调学生岗位操作技能的培养，又注重学生基础理论的教学。“T”字上面的“乛”表示学生一般能力的横向拓宽，以增强学生的就业适应性，“T”下面的“丨”表示专业能力的纵向深化，以加强学生就业的岗位针对性。T形模式的“乛”和“丨”密切联系，互为支撑，“乛”是学生发展的基础、前提，“丨”是由“乛”生长而来的。学生专业能力的发展水平受到一般能力和基本素质发展水平的制约，而专业能力的发展又有利于提升一般能力和基本素质。

4.“订单式”的旅游人才培养模式

“订单式”人才培养模式要求旅游职业院校与用人企业针对社会和市场需求共同制订人才培养计划，签订用人订单，通过“工学交替”的方式分别在职业学校和用人单位进行教学，学生毕业后直接到用人单位就业的一种产学研结合的人才培养模式。该模式将企业直接引入职业教育，让用人单位直接参与人才培养全过程，整个教育活动都是围绕协议而展开。“订单式”人才培养模式利用职业学校和企业的两种不同的优质教育资源和教育环境，采取课堂教学和有企业参与的实践教学，把职业学校与社会两个育人环境、两个育人主体有机地结合起来，这种培养模式使旅游人才的培养过程走出课堂、走向社会、走向生产经营岗位。在与企业的互动中不断更新办学思路，调整专业设置和课程体系，从而使教育教学有的放矢，校企双方共同确定培养方案、知识结构、能力结构，并共同进行教学设计。校企资源共享，优势互补，互利双赢。实行订单式培养，使学生更适应社会需求。该培养模式为提高学生的全面素质、综合职业能力和就业率开拓了更广阔的空间，同时企业能从毕业生中选拔到最优秀人才，实现了校企双方的共赢。

二、中等旅游职业教育的发展概况

2017 年全国开设旅游相关专业（主要包括高星级酒店运营与管理、旅游服务与管理、旅游外语、导游服务、会展服务与管理等 5 个专业）的中等职业学校有 947 所，共招生 10.2 万人。其中高星级酒店运营与管理专业全国共招生 2.2 万人；旅游服务与管理专业全国共招生 4.7 万人；旅游外语专业全国共招生 2122 人；导游服务专业全国共招生 5766 人；会展服务与管理专业全国共招生 647 人；其他旅游类专业全国共招生 2.4 万人。旅游中职教育的规模，超过全国旅游教育总量的三分之一。

1. 人才培养目标和培养方式

1）培养目标

中等旅游职业教育是以培养旅游业一线从业人员为主，兼顾初、中级管理岗位的职业教育。据有关资料显示，在全国 2641 所开设旅游相关专业的院校中，开展旅游中等职业教育的学校有 947 所，占 36%。但是，多年来，旅游中职教育主要围绕酒店服务与管理和汉语导游两大专业展开，教学中多注重行业规范教育和服务技能的掌握。随着形势的发展，这种教学模式在激烈的就业竞争中逐渐表现出明显的不足。

中等旅游职业学校旅游专业传统的培养目标一般为：培养拥护党的基本路线，适应生产、建设、管理、服务第一线需要，德、智、体、美等方面全面发展，职业素质和人文素养良好，专业技术和技能较强，市场意识和创业精神较为突出，在相关旅游企业如旅行社、酒店、旅游景区等第一线从事接待、导游、旅游服务与管理等工作的技术应用型专门人才。旅游学校毕业生主要面向的职业岗位为：旅游酒店前厅、客房、餐厅等部门服务与管理工作；旅游业行政管理部门工作；旅行社及导游业务与管理工作；景区景点讲解服务与管理工作。

2）培养方式

中等旅游职业学校普遍注重实践教学。大多中等职业学校在突出实践教学环节方面进行了大胆尝试，如实行“新三学期”的政策。第一个实践学期主要用于“思政课”社会实践及专业的认识实习，对所学专业有初步认识，为学生今后的学习确立明确的目标和努力方向；第二个实践学期主要用于专业见习与调研；第三个实践学期主要用于专业实践及岗位实习。每学期的授课中，加入实践内容，使理论与实务并举，强化实践教学。

充分利用校内外实训实习基地和实验室。校内外实习基地是培养、提高学生职业能力的主要途径。职业能力培养不只是操作技能或者动手能力的培养，也包括知识的应用、技能的掌握、经验的积累、职业意识和习惯态度的养成以及职业创新等。校内全仿真模拟实验室是培养学生实践动手能力的基础。旅游专业人才除具备基础理论知识外，还应具备应用能力，特别是酒店服务技能、导游讲解能力、旅行社管理能力和旅游企业软件使用能力。实验室可以为这些能力和技能的培养提供空间和条件。

产学结合，校企合作。产学结合，既符合人才培养目标，又满足社会需求。通过合作教育，学生能力和素质得到提高，学生对行业和社会进行零距离接触，专业意识不断增强，专业技能和就业能力得到锻炼和提高。

建立教师挂职服务机制。教师挂职服务是指有计划地安排专业对口方向的教师在实训基地挂职，参与实习基地工作，承担实习基地相应课题研究，并实地负责实训学生的管理监督和实训成绩的鉴定。

邀请社会行业、职业领域中具有代表性和权威性的成员加入教学指导委员会。该会是由对教学工作进行研究、咨询、指导和服务的专家组织，对教学建设、教学改革、教学管理、教学研究与质量控制等方面提出建议和意见，为专业地建设发展决策提供科学分析和指导。

引进并设立资格证书考试考点。与政府有关部门联合，把职业资格证书考试引进学校，组织学生参加相关技能比赛，在学校设置各类资格证书考点。

2. 师资队伍与教材建设

1）师资队伍

至2017年，全国旅游中等职业学校专职教师数为2.1万人，具有副高以上职称的教师约为2800余人。从职称结构看，具有初、中级职称的人数超过70%，具有高级职称的人数比例较低。从年龄结构看，专任教师中，31~40周岁的教师比例最高，占46%；其次是40周岁以上教师，占45%；30周岁以下的教师占9%。可见中、老年教师仍然是中职学校教师队伍的主力军。中职学校文化课教师比例偏高，占专任教师总数54%，专业课教师和实习指导课教师比例偏低，只占 46%。说明专业课教师和实习指导教师短缺。在专任教师中只有 2% 是“双师型”教师，总体比例偏低。培养“双师型”教师是今后中职学校教师队伍建设中一项重要的任务。同时，低学历教师所占比重较高，是目前中职院校普遍存在的问题。从师资来源看，大部分来自语文、政治、历史、外语专业，甚至音乐、体育专业的教师改行教授旅游专业，极少数来自职业技术师范院校或企事业单位的专职教师。

2）教材建设

近 20 年来我国旅游中等职业教育教材建设情况，大致可分为两个阶段：第一个阶段，在 20 世纪 90 年代中期前，课程标准及教学模式受本科教育影响较重，教材建设以学科体系为主，基本为本科教材的压缩；理论偏深偏难，内容相对陈旧；实践教学不能与理论教学有机结合，且比例较小；教材品种较少，不能满足教学实际需要。第二个阶段，1999 年第三次全国教育工作会议颁发的《中共中央国务院关于深化教育改革全面推进素质教育的决定》中，调整了职业学校的培养目标和基本学制，淡化了中专学校、职业高中、技工学校和成人中专四类学校的界限，淡化了培养“（技术）员与工（人）”的界限，为制定统一的中等职业学校（技工学校除外）的教学计划、课程教学大纲和编写统一教材打下了基础。

在教材管理与教材建设方面，教材主要包括国家规划教材及配套用书、教育部推荐教材及配套用书、地方课程教材、校本教材、行业企业培训教材等。从“以就业为导向职业教育课程和教材改革的研究与实践”课题组的《中等职业教育教学改革现状的调查研究报告》分析可以看出，职业学校教材的选用是多种多样的。在德育、文化课教材方面，大多首选国家规划教材，除心理健康课程外，语文、数学选用国家规划教材的比率均为 70% 以上，英语也超过 65%；其次是教育部推荐教材和省编教材。许多学校还开发了校本教材。对专业课教材，有 83% 的学校选用了国家规划教材，42% 的学校选用教育部推荐教材，还有 15% 的学校选用省编教材，21% 的学校开发了校本教材。对专业实践课教材，66% 的学校选用了国家规划教材及配套教学用书，39% 的学校选用了教育部推荐教材，16% 的学校选用了省编教材，39% 的学校开发了校本教材。当前职业学校需求最迫切的教学材料是职业技能实训指导方案，占需求 76%。

3. 旅游中职教育存在的问题

经过多年的改革和有益的尝试，我国旅游中等职业教育取得了令人瞩目的成就，但还存在一些亟待改进的方面。

1）人才培养目标有待进一步明确

缺乏市场调研，没有主动跟踪市场需求的变化以及毕业生的就业去向，学校培养的毕业生与人才市场岗位标准脱节，学生技能训练与企业就业岗位需要难以对接，没有按照不同专业制定不同的目标，人才培养目标总体不够明确。

2）专业设置、课程体系与行业需求错位

职业学校的专业设置，在专业大类框架不变的情况下，各分支专业每年都在按照市场需要、招生情况进行调整，但是专业课程设置、课时比例、教学内容以及教学大纲的调整往往滞后，专业教学体系条理性不强，没有体现专业特色。大量的课程和高职院校课程设置重复，会导致到高职继续深造的学生对高职课堂教学兴趣不大，为学生的后续发展留下隐患。

3）职业岗位能力有待提高

人才培养目标的定位缺乏对职业和岗位进行系统的分析，强调学科知识的传授，对实践性和应用性课程的重视不够，学生的生存能力、技术水平、创新能力不强，忽视非智力性因素的培育，学生人文素养较低，就业竞争力不强。

4）实践教学环节薄弱

在课程设置上没有摆脱“重体系、轻技能、大而全、小而全”的思维模式。实施过程中忽视技能的常态化训练及人文素养、职业素质的培养。应用型课程的比例过小，学生的实践能力不强，导致学生“学”不精、“术”不专，学生的核心竞争力很弱。

5）教学模式、方法陈旧，课堂教学缺乏有效性

部分教师停留于按照传统的教学进度来完成任务，忽视学生的实际情况，忽视社会、行业发展对人才素质的要求，教学远离学生与行业，教学效果低下。教学中过多地强调了“专业对口”，没有向拓宽专业口径、强化各学科互相渗透、增强适应性转变；在课程建设上，过分重视单门课程功能，没有向同时重视课程整体功能转变。这种无特色的教学很难适应社会需要、适应科技发展。

6）“双师型”、高水平师资队伍短缺

近年来，旅游中职学校在专业教师的考证上有了一定突破，但拥有“双证型”的教师还是偏少。在平常的教育教学工作中，教师忙于应付繁重的理论教学任务，难以顾及学生实践能力的培养，加之许多教师自身动手能力不强，在教学内容、教学方法和教学手段等方面难以达到职业技术教育的要求。

三、海南全域旅游背景下人才培养模式研究

随着全域旅游的发展，海南旅游业迎来了快速发展的机遇，这对旅游人才提出了更高的要求，给旅游职业教育的发展带来新的契机。

1. 海南全域旅游背景下的旅游人才观

1）全域旅游人才的需求分析

全域旅游是以满足游客体验度为目标，更加关注旅游过程游客的体验度和满意度，通过旅游服务质量的提升来满足游客的旅游需求，进而最大程度地满足游客的旅游体验。旅游服务质量的提升最终依托旅游人才数量和质量，旅游人才数量是提升旅游服务质量的基础，旅游人才质量是提升旅游服务质量的关键，全域旅游的发展既需要一定规模数量的旅游专业人才，更需要一批高质量的旅游专业人才。根据《国家中长期人才发展规划纲要（2010—2020年）》中关于人才的有关定义，旅游人才可以概括为在旅游行业之中工作，具有一定的旅游相关专业知识或者专门的旅游技术技能，参与旅游活动各环节的专业人才。当前，制约旅游业发展的核心因素是缺乏高素质的旅游专业人才，随着全域旅游的推进，高素质旅游人才缺乏这一困境会越发地明显。

培养适合全域旅游发展的专业人才是各旅游中职院校需要思考的问题，旅游职业教育也不可回避全域旅游人才培养问题。作为旅游中职院校，在旅游人才培养的过程中需要注意人才的技术技能和职业精神培养问题，技术技能是职业教育的生命线，职业精神是职业教育的魂，旅游人才的培养要立足行业发展，培养出旅游市场需要的专业服务人才。旅游人才培养对于全域旅游发展的重要性体现在三个方面：一是旅游行业缺乏人才，各个层级的旅游人才都相对匮乏。全域旅游的发展对旅游人才提出了新要求，需要具有丰富的旅游知识以及相关的外延知识的专业人才；二是旅游行业缺乏专业性人才。旅游的行业属性决定了旅游人才

专业性强，作为人才密集型的服务行业，旅游人才要求具有抗高压、高强度工作的能力，同时旅游地域性、专业性的特点需要专业能力过硬的人才；三是旅游人才培养具有针对性。旅游中职院校培养的旅游人才需更加重视实践能力和动手能力，能够紧密结合旅游行业发展培养专业人才，其培养的旅游人才更具有针对性，能够实现社会服务的无缝对接。

2）全域旅游背景下的人才困境

随着海南全域旅游的推进，旅游人才的匮乏会更加凸显。旅游人才是支撑全域旅游发展的核心因素，全域旅游发展的最大制约瓶颈就是旅游人才的匮乏。海南全域旅游背景下的旅游人才困境主要表现在四个方面：一是技能人才的构成结构失衡，高技能人才缺乏。旅游服务行业的属性决定了人才需求以技能型为主，各行业主要以中、初级技能型人才为主；二是旅游企业技能型人才的流动率较高，旅游行业提供的岗位往往是初级、低端岗位，这决定了旅游行业人才的流动性加大，旅游企业需要花费大量的时间和精力去处理人才流失问题；三是技能人才培养体系不健全，主要表现在技能人才培养公共资源不足、职业院校的作用发挥不好、企业对技能人才培养重视程度不够，影响了旅游技能人才的培养；四是技能人才激励机制不健全，主要是技能要素占工资分配的比重过小，导致技能人才素质提升和专业技能提升动力不足，缺乏提高职业技能本领的动力。

2. 适应海南全域旅游发展的人才特征

目前，旅游人才已经成为制约海南全域旅游业发展的重要因素，旅游人才培养还不能适应现有的旅游产业发展需要。作为培养技能型人才的旅游中职院校面临着同样的难题。全域旅游的发展给旅游职业教育带来发展机遇的同时，也对中职旅游院校人才培养提出了更高的要求，全域旅游背景下的旅游人才呈现出一些新的特征。

1）旅游人才的跨行业属性特征明显

旅游的天然属性是融合，这决定旅游人才的跨行业属性。全域旅游视野下，“旅游 +”成为新的发展趋势和方向，旅游融合发展突破地域、行业、产业限制，依托旅游产业链的延伸，通过旅游资源、旅游要素的整合，形成区域整体性竞争优势。全域旅游强调的是旅游业与其他产业的融合，要求旅游业与其他行业的人才相互流动、相互渗透、相关影响。旅游人才的跨行业属性对旅游人才提出了更高的要求，旅游人才不能仅掌握某一项技能或仅熟悉某一领域，而是要求各个行业的知识都要知道，成为具有旅游意识、旅游思维、旅游知识的德才兼备复合型人才。具体而言，旅游人才需要具有“旅游 +”意识，特别是全域旅游背景下会催生出新的旅游业态，需要旅游人才具有创新意识，将旅游服务贯穿于旅游的全过程，提高游客旅游过程的体验感和满意度。

2）旅游人才知识和技能的通识属性特征

人的知识或技能可以分为通用的和专业的，通用知识及技能是可以跨越行业和职业的普适性能力；而专业知识及技能与某一行业、职业或岗位紧密相关，难以迁移至其他行业、职业或岗位。全域旅游视野下的旅游人才应具备旅游专业知识或专门技能，用专业化的服务满足游客的体验需求。在全域旅游发展模式下，对于从业人员的素质要求更高，人才知识结构要多元融合，在懂得旅游专业知识的同时，还需要了解其他相关行业的知识。

3）旅游人才专业水准的国际视野属性特征

全域旅游的发展离不开旅游的国际化，需要培养一批具有国际视野的旅游人才服务全域旅游的发展。培养具有国际视野的旅游人才，需要旅游中职院校对人才培养目标具体化、科学化和规范化。随着全域旅游的推进，旅游的边界越来越模糊，地域的概念变得越来越模糊，取而代之的是区域一体化发展，这对旅游人才的专业度要求越来越高，特别是具有国际化视野的旅游人才将成为旅游行业发展和全域旅游发展的重要推动力量。旅游人才视野的国际化和前瞻性，要求旅游人才能够在交叉、多元知识体系中寻找匹配的专业度，培养具有国际化视野和跨文化交际能力的旅游人才。

3. 海南全域旅游背景下人才培养模式思考

全域旅游背景下，“旅游 +”成为未来的发展趋势和主流方向，旅游产业的融合性和综合性将得到进一步的扩大和发展，从这个层面上来讲，未来的旅游产业发展将需要更多德才兼备的复合型性人才。这对于旅游中职院校的人才培养来说既面临着新的发展机遇，也面临着诸多未知的挑战，一方面旅游中职院校既要抢抓发展机遇，扩大办学规模、培养输送更多旅游人才；另一方面旅游中职院校要加强内涵建设，提高人才培养的质量，这就需要旅游中职院校要站在国际的视野、国家的战略、全域旅游的格局来思考旅游人才的培养。

1）重视内涵建设打造特色专业

旅游中职院校的课堂教学环境要兼具“职业性”和“实践性”两大基本特征，因此，旅游中职院校的人才培养应注重内涵建设，继续打造优质专业，在人、财、物及相关政策上给予大力支持，提升人才培养的核心竞争力。同时，加强各专业间的交叉融合和专业结构的优化组合，科学合理地规划和调整专业布局，以优质专业带动其他学科专业的发展，真正形成旅游中职院校自身的优势和特色。一是以重点、特色专业建设为抓手，全面推进专业建设的各项工作；二是加大专业建设经费投入，制定相应的专业支持措施，优化专业结构，扶持优势专业，打造重点专业，培育特色专业，建立以重点专业和特色专业为核心的专业群；三是逐步形成有特色的专业建设梯队，提高人才培养的核心竞争力。

2）校企联动创新人才培养模式

旅游人才的培养与社会、企业、行业的需求密不可分，旅游中职教育的发展也离不开企业、行业的支持。校企联动创新人才培养可从三个方面着手：一是深化校企合作、产教融合，深化“订单式”人才培养模式，推进校企合作向更深层次发展，促使专业发展从发展目标、培养模式、师资队伍、实践训练等各方面能够满足社会及企业的需求；二是聘请具有企业、行业背景的专业人士为学生授课，了解行业发展现状；三是加强学生实习实训管理，提高学生的服务意识，旅游中职院校要积极与企业联系合作，为学生提供实践的平台，使其充分锻炼和强化自身的服务能力。

3）产教融合培养复合型旅游人才

全域旅游背景下，要求旅游人才培养要关注学生跨界复合知识能力的提高，强化学生创新创业能力的培养，引导学生关注行业发展新动向。一是以产教融合为主线，构建复合型旅游人才培养体系，复合型旅游人才首先要具备专业的技能，专业技能是旅游业对复合型人才基本素质的要求。二是进一步深化教育教学改革，提高旅游人才培养水平，根据市场变化和市场需求升级教学课程，构建满足全域旅游新兴业态的课程体系。三是随着全域旅游的推进与发展，要求旅游人才掌握更广泛更新的知识和技能，以提升技术人才的创新服务能力，为旅游产业发展培养更多具备通用知识和技能的旅游人才。四是丰富、完善文化和职业素养方面的旅游专业知识，提高专业教师和毕业生在旅游行业企业的影响力，增强旅游中职院校师生服务旅游文化产业发展的能力。

第二节 国际旅游职业教育的发展概况

旅游教育发源于19世纪末的欧洲，以1893年瑞士洛桑旅馆学院（后更名为洛桑酒店管理学院）的成立为标志。20世纪70年代以前，旅游教育是由旅游企业与旅游机构自发组织的职业培训性质的旅游初级教育。因此，重视实践、操作性强成为该时期旅游教育的特点，但缺乏相应的理论支撑。20世纪70年代后，随着欧洲旅游业的飞速发展及行业竞争的加剧，旅游从业人员素质的要求也相应提升，社会性培训学校应运而生，开设了管理及服务接待方面的理论课程。20世纪80年代后期，随着欧洲旅游行业的发展速度加剧，从业人员仅掌握单一的服务及管理技能无法满足日益庞大的旅游市场的多样化需求，市场急需具备多样性能力的综合型人才。在此背景下，欧洲建立了从职业教育到研究生教育的旅游教育体系，旅游职业教育得到了迅猛发展。

一、国际旅游职业教育的成功模式

随着旅游产业的高速发展，跨学科、多学科背景的综合性旅游教育体系逐渐形成。由于各国经济发展水平、产业结构、文化背景、管理方式等方面的差异，不同国家的旅游职业教育体系也各异。相对而言，瑞士、加拿大、德国和澳大利亚的旅游职业教育较为先进，已形成了较为成熟的人才培养模式。

1. 瑞士旅游职业教育

1）瑞士旅游职业教育的概况

瑞士的旅游教育处于世界领先水平，比较重视职业技术教育。目前，瑞士的旅游教育主要侧重于酒店管理教育，课程分为证书类、文凭类和学位类三大类。

洛桑酒店管理学院（EHL）创建于1893年，是世界上第一所专门培养酒店管理人员的学院，1998年被瑞士联邦政府列入高等职业院校序列，是迄今为止得到联邦政府承认的唯一一所酒店业职业大学，培养具有高水平工作能力的国际酒店高级管理经营人才。瑞士联邦政府与州政府为学院提供约30%的经费补助，政府官员也是学校董事会成员。洛桑酒店管理学院是获得我国教育部认可的唯一一所瑞士的酒店管理学院。

瑞士洛桑酒店管理学院目前的在校生近2000名，来自近百个国家。学院培养的数万名毕业生分布于世界100多个国家，工作领域涉及酒店资产及经营管理、企业财务、咨询及审计、法律法规、房地产、资源开发及信息管理、人才管理等。

2）人才培养模式的主要内容

A. 培养目标

洛桑酒店管理学院的培养目标是培养能胜任酒店任何职位的人才。因此，学院在招生时，侧重对学生综合素质的考察，强调学生学习能力和经历。学院对学生能力的要求可大致概括为，具有科研潜力（Academic potential）、动力（Motivation）、从事酒店业必须具备的能力（Talents needed for the hospitality industry）、领导潜力 / 团队协作力（Leadership potential / Teamwork skills）、国际视野（International outlook）。

B. 项目及课程设置

在课程设置方面，洛桑酒店管理学院采用定制化方式设计不同层次与类别的课程，针对不同学生的需要提供三种课程。第一种是适合未来担任酒店部门经理或总经理的人员学习的为期18个月的酒店运作管理证书课程；第二种是适合科研人员学习的授予科学学士学位的国际酒店管理课程；第三种是适合期望未来成为酒店业领导者的学生学习的授予国际酒店管理硕士学位的课程。具体而言，分为五类项目。

（A）Certificate In Food and Beverage Management（餐饮管理证书）

包括5个月的理论学习和4~6个月的带薪实习。所学课程有：餐饮服务管理，餐饮服务实践，食品生产管理，食品生产实践，餐饮管理，厨房演示，饮料与酒吧，销售学，计算机研究，会计学，旅游与酒店研究，商业交流，个人发展，法语或德语。

（B）Swiss Diploma In Hotel Operational Management（瑞士酒店运作管理文凭）

包括两个5个月的理论实习和4~6个月的带薪实习。具体课程有：前台及房务部管理，前台运作，客人账目系统，客房管理，客房运作，房务项目，销售学，计算机研究，会计学，旅游学，宴会及会议，商业交流，多种文化交流，法语或德语。

（C）Swiss Higher Diploma In Hotel Management And Tourism（瑞士酒店旅游管理高级文凭）American AH&MA Hotel Association Diploma（美国酒店协会文凭）

包括5个月的理论实习和4~6个月的带薪实习。具体课程有：餐饮管理，房务管理，酒店与旅游管理，接待业销售，人力资源管理，金融管理，管理原则，管理项目，建筑物管理，餐饮管理，旅游发展，经济，计算机研究，接待业法，接待业实例分析，商业及文化交流，法语或德语。

（D）BA（Honours）Degree in Hospitality Management（酒店管理学士学位）

在学生取得了酒店与旅游管理高级文凭之后，再经过5个月的学习，便可拿到学士学位。课程有：第一线管理，高级管理文化，消费者行为，接待业策略方式，未来接待业问题的解答等。

（E）Masters of Arts in International Tourism Management（国际旅游管理硕士学位）

学生拿到学士学位之后，再经过24个星期专业课的学习和6~10个月论文准备期（此期间，学生可全职工作），便会拿到硕士学位。所学课程：管理旅游环境，旅游业的发展，管理自我与他人，旅游管理技巧，服务销售与管理。

洛桑酒店管理学院严把学生质量关，实行严进严出的制度。在入学前，所有申请者除了具备高中毕业证书外，还要求提供在酒店或餐馆连续工作一年以上的相关证明材料。洛桑酒店管理学院重视教学的国际化，以英语和法语为教学语言，来自近百个国家的学生可以选择英语或法语学习；培养方式多样性，不仅有第一学位、第二学位，还提供资格证书考试。学院强调学以致用的教学效果。开设了证书、文凭、学士、硕士等相关课程，学生毕业时可以获得瑞士、美国和英国三个不同国家的文凭与学位。

C. 师资队伍

在师资方面，洛桑酒店管理学院强调理论与实践的结合，因此师资配备也遵从这一原则，拥有“双师型”师资队伍。绝大部分任课教师都有在酒店相关岗位工作的经验，不少人还曾担任过高层管理人员。为使教师队伍保持高水平状态，学院对教师实行高薪制，并积极鼓励教师一专多能，在企业挂职，以保证教师不脱离行业。

3）瑞士旅游职业教育的主要特点

A. 行业协会的倡导及引领

作为世界上最早开展正规酒店教育的国家，酒店教育是瑞士旅游教育的重点。1882 年成立的瑞士酒店协会（SHA）是代表瑞士酒店业的官方组织，非常注重教育及培训。1893 年，该协会创建了瑞士洛桑酒店管理学校；随后，协会在瑞士国内陆续建立了 20 多家培训酒店，后又根据行业发展需要，创立理诺士及 THUN 两所酒店学校。

除瑞士酒店协会外，瑞士酒店学校协会、英语教学酒店学校瑞士协会等也发挥了积极作用。瑞士的行业协会既保证学校与行业的密切联系，也积极推动瑞士旅游职业教育的发展。

B. 店校合一，强调理论与实践的结合

店校合一是瑞士酒店学校的最大特点，也是为行业培养高素质专业人才的客观需要。课程设置上，既注重理论，更强调实践，实践课程所占比重更大。洛桑酒店管理学校的实践课包括操作练习课、模拟分析课、研究调查课。大量的实践操作课穿插于理论课之中，培养学生的职业素养及专业能力。

C. 注重国际化办学

作为世界最大的酒店管理教育输出国之一，瑞士的酒店类院校办学目标更加注重国际化，面向国内外招收学生及培养人才，走国际化发展路线，力求培养具有国际意识、能适应多元文化背景下国际竞争的高素质酒店人才。因此，在办学方针、课程设置、师资配备、生源结构等方面都不拘泥于瑞士国内，而是从全球出发，结合旅游专业综合性特点，形成国际标准，培养国际化的专业人才，以适应各个国家的旅游人才需求。例如，洛桑酒店管理学院招收来自世界近百个国家的留学生，授课语种分为英语和法语，为学生创造各种行业交流及国际交流的机会，提供最新的行业国际动态，在全球范围内选择实习地点，通过教学实践与国际接轨。

瑞士的酒店管理学院也非常重视知识更新及继续教育。瑞士酒店的中级管理者必须受过技工教育，并且在实际岗位上工作一年以上；高级管理者必须经过中级培训，并且在中级岗位上工作数年。在每次晋升之前，都必须返回学校进行知识更新及培训。

2. 加拿大旅游职业教育

1）加拿大旅游职业教育的概况

加拿大旅游职业教育的特色即 CBE（Competency-Based Education），一种强调能力本位的教育，这个模式目前已在 30 多个国家和地区推广。CBE 模式是以能力培养为中心，具体而言：第一步骤，根据社会要求确定开设的专业科目，组织顾问委员会制定职业能力分析表，并且组织委员会每年对能力分析表进行一次检查；第二步骤，根据职业能力分析表制定学习包、建立学习信息资源室；第三步骤，运用已有的资源指导学生制订学习计划，按照每个学习包的指导采用不同的学习方式；第四步骤，学生自我评价，导师考核打分，不及格者再次回到上一步骤重新制订学习计划；最后按照职业能力分析表要求完成学习计划考核，并结业就业。因此，学生是教学活动的中心，以学生能力培养为本设计教学方案。

2）人才培养模式的主要内容

A. 培养目标

CBE 人才培养模式以“Competence”（能力）为本，因此根据行业 / 职业发展需要，以培养学生综合专业技能及职业素养为目标。

B. 课程设置及培养方式

在课程设置方面，根据行业的发展变化及国际发展的现状，从职业岗位需要出发，层层分解，制定从事该职业需要具备的能力目标，以能力目标设置课程，通过有代表性的企业专家组织的课程开发委员会，首先制定课程标准（DACUM 表），其次编写教学计划，组织教学内容，最后考核是否达到这些能力要求。因此，要打破传统的公共课、基础课、专业课为主导的课程设置模式，引入职业的实际需要，强调以行业实际需要的职业能力为培养目标，动态调整教学方案。

CBE 模式兼顾学历教育与非学历教育，全日制教育与继续教育。加拿大旅游职业教育强调对学生服务意识及职业素养的培养，教师采用启发式教学，教学与实践结合，培养模式根据人才类型不同而多元化。

C. 师资队伍

师资方面，由专职教师和兼职教师组成。专职教师必须具备大学以上学历，5 年以上行业工作经验，并具备教学技能考核结业证书。兼职教师均为具备丰富行业工作经历的业界人士，兼职教师占教师总人数的 80%。专职教师需要不定期回到行业挂职锻炼，保证教学相长，理论与实践紧密结合。

3）加拿大 CBE 模式的主要特点

A. 以能力为本位的培养目标

以能力为基础的教育，以能力培养为中心。旅游行业专家在进行课程设计专业时，先综合分析行业发展状态及发展需求，通过职业分析确定培养的重点和目标。

B. 教学灵活、管理科学

CBE 模式强调根据行业发展需求制定职业能力计划表，开发各种长短不一的项目及课程体系，对学员的要求也根据职业种类不同而各异。学生可以灵活选择学制及学习方式，采用个性化的职业能力定制，但是需要组织顾问委员会参与培养方案的设计，并根据职业需求的变动每年审核、修订方案。有了这样的科学管理体系做保障，教学方式的灵活多变才能得以实现。

3. 德国旅游职业教育

1）德国旅游职业教育的概况

德国旅游职业教育的特色就是“双元制”模式，其前身是大工业时期对技术工人的训练方式及手工业行会制度。1937 年，德国统一职业学校的名称，中央政府制订统一的教学计划，规范职业学校的赞助规定和培训基金的管理办法等，确定学生参加职业学校的学习为全国性的业务教育，统一职业教育的教学时间，并以法律形式保障职业学校的培训。1974 年，德国政府建立联邦职业培训研究所（即联邦职教所），颁布官方认可的培训职业。形成从学徒培训到中等、高等职业教育以及在职培训的完整体系。

“双元制”，即职业教育的受训者在企业中接受实践技能培训，同时又在职业学校接受与职业相关的专业理论教育和文化教育。把学校的职业教育训练与企业培训结合起来，使学生在正式工作前掌握一门技术或某种专业技术。德国的双元制是一种国家立法支持、校企合作共建的办学制度。“双元制”具体表现为：学习地点包括企业和职业学校，受教育对象包括学生和学徒，师资分为实训教师和理论教师，教学内容包括职业技能培训和专业理论教学，考试形式分为实训技能考试和专业知识考试，证书包括考试证书和培训证书等。

德国旅游教育课程体系分为职业类、学术类两大块。旅游职业教育涉及职业技能的传播，旅游学术教育涉及学科技能的传播。德国的旅游职业教育已相当完善，根据旅游行业的岗位类别不同，主要包括初级旅游职业培训、服务业职业培训、旅游中介及旅游协会的职业培训、旅游交通职业培训、旅游与酒店服务职业培训几大块。德国旅游教育仍以职业教育为主，带有浓烈的“双元制”特点。

2）德国“双元制”模式的主要内容

A. 培养目标

“双元制”模式是以实践为导向的人才培养模式，能力本位为培养目标。除了重视基本从业能力的培养，“双元制”还注重关键职业能力的训练，包括独立计划、实施、控制与评价的能力。

B. 课程设置

以职业活动为核心开展教学，采用分段教学、阶梯训练型课程模式。一方面，设置了文化课、专业课及实训课三类课程，突出职业技能学习；另一方面，采取综合设课方式，注重知识的实用性及知识之间的联系，拓宽学生的专业知识面，平衡文化课与专业课之间的比重。学制上，分为基础学习和主体学习两个阶段。基础学习阶段为期 3~4 学期，主要学习基础理论，不涉及专业技能学习，该阶段学习结束要举行学位预考（中间考试）；主体学习阶段为期 4~5 学期，完成专业教育和专长教育层面教学，学生可选择不同专业方向，在各专业上可选择用于专业深化的专门课程（专长教育）。在基础学习阶段，各专业方向开设相同的理论课程，到主体学习阶段才分成不同的专业方向，开设课程才各有侧重。此外，为期 2 个学期的实习也安排在主体学习阶段，第一个实习学期一般安排在主体学习阶段的第二、第三学期，目的是在理论学习的基础上使学生的技能和能力得以应用和拓宽；第二个实习学期安排在最后一个学期，学生在完成毕业考试后，要求做毕业设计，课题一般来源于实践，帮助企业解决实际问题，从而使学生理论与实践结合，培养了学生发现问题、分析问题和解决问题的能力。

C. 培养方式

“双元制”教学模式以职业活动为核心，企业培训为主，职业学校教育为辅，校企结合。按照培训章程，大企业多数拥有自己的培训基地，并配备具有理论知识及专业技能的培训教师。培训教师均通过德国国家统一考试取得相关资质，职业技能娴熟，具有教育学、社会学、劳动法等方面的知识储备。除在工作岗位培训学生外，许多企业都有专门的培训基地，能提供良好的硬件设备，提供全面和多样化的职业培训。在经费、设备投入和师资配备上，企业提供教师工资、实习学生津贴、设备与材料购置费等其他与学习相关费用。

教学功能方面，学校与企业的差异逐渐缩小，学校是终身学习机构，企业是学习型企业。德国的旅游职业培训也趋于专业化和高度完善化。企业会对入职申请者进行为期 3 年的学徒培训，并让其在初级职业学校或中等职业学校进行脱产学习。职业学校教育可以每周 1 次，也可以根据个人情况进行全职培训，一年后中期考核，考核分为理论和实践两部分。若取得高等级的教育资质，可缩短培训期限。学徒经过初级职业教育培训后，工作 5~7 年，便可参加旅游、酒店等职业的高级技工资质考试。通过完整的职业培训，学校与企业相配合，使学员掌握扎实的专业技能。

D. 考核方式

为保证公平、公正、规范，职业教育的考试由独立的行业协会承担。行业协会成立由雇主联合会、工会及职业学校教师三方代表组成的专门考试委员会，制定或组织考试考核。

3）德国“双元制”模式的主要特点

A. 政府支持及法律体系的保障

德国“双元制”模式的推广得益于联邦政府的大力支持。从 20 世纪 30 年代以来，德国政府先后颁布了系列有关职业教育的法律法规；并设立了包括立法、司法、行政和社会监督在内的职业教育监督体系，以法律的形式规范职业教育的运行及管理，保障德国职业教育的健康、良性发展。

此外，德国于 1969 年颁布的《职业教育法》，对入职前和入职后培训、培训企业与受训者关系、双方的权利义务、培训机构与人员资质、监督与考核、组织管理及研究等做出明确规定。随后，又相继出台《企业基本法》《培训员资格条例》《职业教育促进法》《实训教师资格条例》等系列法律法规。使得职业教育在培养目标、专业设置、学制、办学条件、经费来源、教师资质、考核办法、管理及监督等方面得到明确的界定。完善的法律体系也为“双元制”模式的广泛推广提供法律保障。

B. 通识教育与职业教育的贯通

由于德国十分重视职业教育的发展，因此德国的教育体制一大特点为，通识教育与专业职业教育的互通，二者之间可以灵活转换。在基础教育结束后，学生可以选择在任一阶段转入职业教育学校学习；同时，学生在职业教育培训后，经过一段时间的文化课学习，可以申请进入高等院校接受学术性的专业学习。

C. 校企结合，企业发挥主体作用

校企合作，以企业为主、学校为辅，充分调动企业参与办学的积极性和能动性。学习根据各州教学计划开展理论课程教学，企业根据联邦培训规章制度开展实践课程培训。“双元制”是校企双赢的职业教育模式，企业通过参与职业教育可以获得高质量稳定的技术人员资源，再加之法律法规的规范要求，企业愿意支持并实施“双元制”教学模式。

D. 以市场及行业需求为依托，提供就业指导

“双元制”模式凸显了政府的宏观调控及管理，也凸显了企业、学校及行业协会的联动效应。由于教育体制与就业体制紧密衔接，市场需求及行业动态能实时体现在职业培训中，因此，培训与就业挂钩。同时，政府每年更新“国家承认的职业培训”名录，组建“职业资格早期检测系统”，重视职业咨询和指导，为职业资格标准的确定和就业方向提供信息指导。

4. 澳大利亚旅游职业教育

1）澳大利亚旅游职业教育的概况

澳大利亚旅游教育由职业教育发展而来，在职业教育与普通教育两个不同教育类型之间建立了教育和谐与教育平等的互通互认机制。

澳大利亚旅游职业教育是以终身学习理念为基础、以能力为本位、以就业为导向的 TAFE（Technical and Further Education）模式，即技术与继续教育模式。TAFE 能提供多级证书，一般分为 6 级：初级证书、操作技能证书、技术证书、高级技术证书、文凭证书、高级文凭证书。其中 1~4 级证书，要求达到本专业领域中特定岗位较强的动手能力；而 5~6 级文凭证书，则要求在上述能力的基础上，具备一定的技术分析、设计能力和解决实际问题的能力。不同等级的证书，是通过学分制逐步积累完成的。一般能找到合适的工作至少需要拿到 3 级证书。这种全国统一的资格证书体系不仅使学员所受的教育质量得到保证，同时，也使

TAFE 的办学更加合理、规范。

2）澳大利亚 TAFE 模式的主要内容

A. 培养目标

TAFE 模式以能力为本位，以就业为导向，其理念基础是终身学习理念。TAFE 模式以学生的能力培养为核心目标，既注重学生专业技术能力的培养，也注重学生各种综合能力的培养。

B. 课程设置

课程设置以旅游行业组织制定的职业能力标准和国家统一的证书制度为依据，具体内容和安排由企业、专业团体、学院和教育部门联合制定，并根据劳动力市场变化情况不断修订。课程类别包括基础课、核心课和选修课。其中，基础课、核心课全是关于学生实际能力培养的课程，每门课程的考核都是以职业能力标准和国家统一证书制度为依据，最终根据考核结果授予不同等级的职业资格证书。TAFE 教育围绕能力培养和就业导向，课程设置上体现出“宽口径，厚基础，重实务”的特点。例如，澳大利亚新南威尔士大学商学院旅游管理专业的学生，除了学习经济类基础课程之外，还要学习三个关联专业的主干课程，包括旅游接待、营销学两个专业及选修一个商科专业的课程。在理论学习之外，学生还要接受实务培训，同时进行不低于 250 小时的行业实践。这种培养方式使学生具备旅游管理学、经济学等方面扎实基础和行业经验，同时掌握了管理及沟通技巧。

C.“双师型”师资队伍

由于 TAFE 学院主要为社会和企业培养“蓝领”，即技术性工人，因此，对教师的要求也较高，要有理论知识，同时更要具备过硬的实践操作经验的“双师型”教师。文化理论课教师要具有大学本科以上学历，并受过一年师范训练；实践课教师必须要在本行业工作 5 年以上，且受过师范训练；要取得 TAFE 学院的专职教师，还至少有 3 年实践经验，以保持其能及时了解最新的专业知识和技能。在整个 TAFE 学院的教师队伍中，兼职教师的比例较大，约占教师总数的 2/3。因此，学院一般不会直接招聘应届大学毕业生。这些硬性规定使得学院中的年轻教师较少，大多数教师年龄在 35 岁以上。此外，教师还需具有人际沟通能力及基本教学技能。TAFE 学院的一个理念就是“只有教师具备了工作能力，才会教给学生工作能力”。

TAFE 学院特别注重教师的专业化发展，有的受聘教师还要到教育学院接受 1~2 年的进修，获得教师资格证书。为激励教师自我完善，在教师的聘任上TAFE 学院一般采用合同制，需要定期考核，而不是采用终身制。TAFE 学院与企业联合倡导教师与企业员工之间的双向互动。TAFE 要求在职教育者定期去企业进行技术实践，从而确保学院教师的教学不脱离企业实际，每年任课教师会回到行业工作 2 周，企业吸纳教师成为行业协会会员。同时，学校邀请业内人士担任兼职教师、组建顾问委员会，指导案例开发及实务操作。

D. 培养方式

TAFE 教育既然是技术与继续教育，对生源没有年龄限制，并鼓励学员不断学习，建立了“学习—工作—再学习—再工作”的循环式终身教育体系。澳大利亚联邦政府建立国家职业资格构架，规范就业市场，规定技能要求高的工作岗位必须持有职业证书才能就业，旅游专业学生只有取得 TAFE 证书才能从事旅游相关专业的技术性工作，证书成为就业的必备条件，以国际认证制度的建立来实现旅游从业人员的职业化。

3）澳大利亚 TAFE 模式的主要特点

A.“立交桥”式的教育通道

澳大利亚的旅游人才培养，既重视学历教育，又重视职业教育。大学和TAFE 学院相同课程的成绩互相认可，大学的学生如果想获得专业技能证书，也可进入 TAFE 学院学习专业技能，TAFE 学院的学生凭学习成绩也可考入大学。很多修读 TAFE 学院课程毕业的学员可以根据 TAFE 学院与大学的课程衔接与学分互换协议，获得学历资格的认可，直接升入大学的相关专业学习，并可免修一些科目。免修程度则根据该 TAFE 课程本身的程度以及与该大学课程的相关性而定。澳洲的教育是终身制，而教育终身制最大的特色就是 TAFE，澳洲的教育体制允许高等教育与职业教育的相互转化。通过不同种类和层次课程的相互关联和学分互认，基本形成了互相连接的教育通道和就业渠道，使职业教育不仅是国家教育体系的有机组成部分，同时也是劳动力市场的重要内容。

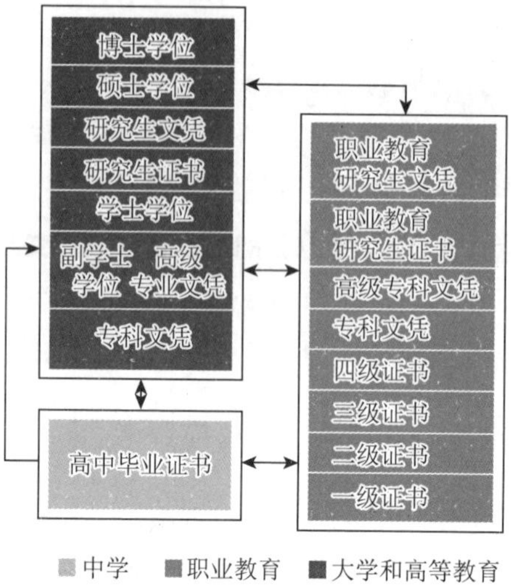

澳大利亚 TAFE 职教体系与高等教育的贯通

B. 以市场为导向的专业细分

澳大利亚旅游与酒店管理专业会根据市场需求进行专业细分。澳大利亚不单独开设旅游或酒店管理专业，而是根据市场需求，将旅游酒店管理专业细分为旅游管理、酒店管理、休闲管理、会展管理等细分专业。专业细分不仅可以保证课程设置的专业性和具体性，也可以帮助学生掌握具体的专业技能，明确就业方向。

C. 建立健全的职业资格体系

澳大利亚联邦政府建立并健全了职业资格体系，使得 TAFE 模式能够成为世界旅游职业教育的典范。通过建立的国际认证制度来促进旅游从业人员的职业化过程。并明确规定技能要求高的岗位必须具备职业证书，旅游与酒店相关专业的学生必须获得 TAFE 证书后才能从事旅游或酒店行业的技术岗位。

二、国际典型旅游职教体系的比较分析

1. 国外旅游职业教育体系的分析

通过对瑞士、德国、加拿大、澳大利亚等国家旅游职业教育体系的资料梳理，可以较为清楚地了解旅游教育发展的历程及人才培养模式的特点。因国情不

同，各国在旅游职业教育发展的策略及方针上也各异。通过对国际典型旅游院校培养目标、课程设置、师资队伍、培养方式及模式特点的分析，可以为我国旅游职业教育体系的构建起到一定的借鉴作用。

国外旅游职业教育体系分析表

典型代表	课程设置	师资队伍	培养方式
瑞士洛桑模式	以人为本，用定制化方式设计不同层次与类别的课程，可提供三种课程和五类项目	“双师型”教师梯队，注重职业素养及知识更新，教师不定期去行业挂职	严进严出的招生及毕业审核制度，注重综合能力的评价
加拿大CBE模式	围绕职业的特点和行业实际需要的职业能力动态调整教学方案	专职教师、兼职教师并存，行业技能必备	侧重服务意识及职业素养的培养，启发式教学，教学与实践结合
德国“双元制”模式	以职业活动为核心，采用分段教学、阶梯训练型课程模式；分为基础学习和主体学习两个阶段	“双师型”教师梯队	企业培训为主，职业学校教育为辅，校企“双元”结合
澳大利亚TAFE模式	“宽口径，厚基础，重实务”	“双师型”教师梯队	“学习—工作—再学习—再工作”的循环式终身教育体系

从上表中可以看出，虽然各国旅游职业教育发展的道路不同，旅游人才培养方式上有一定的差异，但在师资团队、课程设置及培养方式方面仍有许多相似之处。具体而言，师资团队方面，都强调配备“双师型”教师梯队，重视教师的知识更新及行业经验；模式特点方面，强调政府及行业协会的引导作用，突出产学研相结合的人才培养方式，重视与行业的紧密合作，坚持理论与实践相结合的人才培养道路。以上这些国家在旅游人才培养方面积累了丰富的经验，建立了独具特色的人才培养模式，成了国际旅游职业教育的典范，值得我们学习和借鉴。

2. 典型国家旅游职业教育的特点

通过对国际上成功的旅游职业教育模式的分析，可以较为清楚地了解国际旅游职业教育体系的发展情况。各国旅游人才培养的定位不同，其旅游职业教育发展的特点也不同。

典型国家旅游职业教育的特点

典型代表	培养目标	特点
瑞士洛桑模式	培养能胜任酒店任何职位的人才	行业协会的倡导及引领；店校合一，强调理论与实践的结合；注重国际化办学；注重继续教育及职业素养的培养
加拿大 CBE 模式	以能力为本，以培养学生综合专业技能及职业素养为目标	能力本位，教学灵活、管理科学
德国“双元制”模式	以实践为导向，以能力为本位	政府支持及法律体系的保障；通识教育与职业教育的贯通；校企结合，企业发挥主体作用；以市场及行业需求为依托，提供就业指导
澳大利亚 TAFE 模式	以能力为本位，注重专业技能及综合能力的培养	“立交桥”式的教育通道；以市场为导向的专业细分；健全的职业资格体系

三、国际旅游职业教育的经验借鉴

国外主流旅游职业教育体系在旅游人才培养方面积累了丰富经验，建立了独具特色的人才培养模式，成为各国旅游职业教育学习的典范。

1. 充分发挥政府及行业协会的促进作用

各国政府及旅游行业协会在促旅游人才培养方面发挥了引导、支持和规范的积极作用。以德国和澳大利亚的政府为例，德国建立完整的职业教育发展体系，颁布配套的《职业教育法》，构建包括立法、司法、行政和社会监督在内的职业教育监督系统。澳大利亚建立了立交桥式的职业教育资格体系将培养高素质的旅游人才，推进旅游职业教育的发展上升到国家层面的高度。我国现代旅游职业教育体系的建立，不能仅局限在微观层面的院校建设范畴，而应上升到国家制度层面的高度，通过政策法规明确制度体系的框架结构，帮助旅游中职院校规范人才培养的模式及方案。

2. 通过校企合作，强调理论联系实际

随着旅游业在全球经济地位的逐步提高，加拿大、德国、瑞士等国相继制定政策，通过促进院校与企业的联动，以保障旅游人力资源的开发利用。瑞士是店校合一的最典型代表，前店后校的办学模式，将人才培养的职业性发挥到最大化。澳大利亚的 TAFE 教育就是强调为企业培育需要的操作性、职业性人才。德国以企业为核心，“双元制”要求企业设有培训基地及培养师资，配合职业院校

的职业化人才培养。

3. 注重国际合作，走国际化办学道路

旅游教育应注重走国际化道路，借鉴欧美各国的优质经验。在旅游人才培养目标上与国际接轨，以培养具有国际意识、能适应多元文化背景下国际竞争的高素质旅游人才为目标。在课程设置上体现教育的国际化，为学生提供海外游学及海外实习的机会，纳入教学学分。此外，突破教育在空间上的国别限制，开展联合办学等国际项目，为学生提供广泛的国际交流与学习平台。

第三节　现代旅游职业教育体系的构建

一、现代旅游职教体系的概念与框架

职业教育的培养目标是“培养具有一定理论知识和实践能力的技术技能型人才”，它的兴起和发展就是为了满足社会对技术技能型人才的需求。在市场经济发展的大背景下，旅游职业教育也必须紧随经济发展而发展，构建适应社交及旅游产业发展的现代旅游职业教育体系，适应大环境变迁下对人才需求的变化。

1. 现代旅游职业教育体系的概念

现代旅游职业教育体系是指适应经济发展方式转变和产业结构调整要求、体现终身教育理念、旅游中等和高等职业教育协调发展，满足人民群众接受旅游职业教育的需求，满足经济社会对技术技能人才需求的教育系统。现代旅游职业教育体系以各级各类旅游职业院校和职业培训机构为主要载体，具有适应需求、有机衔接、多元立交的特点。适应需求，就是适应经济发展方式转变、现代旅游产业体系建设和人的全面发展要求，遵循技术技能人才成长规律，实现各级各类旅游职业教育的科学定位和布局；有机衔接，就是统筹协调中等、高等旅游职业教育发展，以课程衔接体系为重点，促进培养目标、专业设置、教学资源、招生制度、评价机制、教师培养、行业指导、集团化办学等领域相衔接，切实增强人才培养的针对性、系统性和多样化；多元立交，就是指推动旅游职业教育与普通教育、继续教育相互沟通，实行全日制教育与非全日制教育并重，搭建旅游职业教育人才成长“立交桥”。

2. 现代旅游职业教育体系的框架

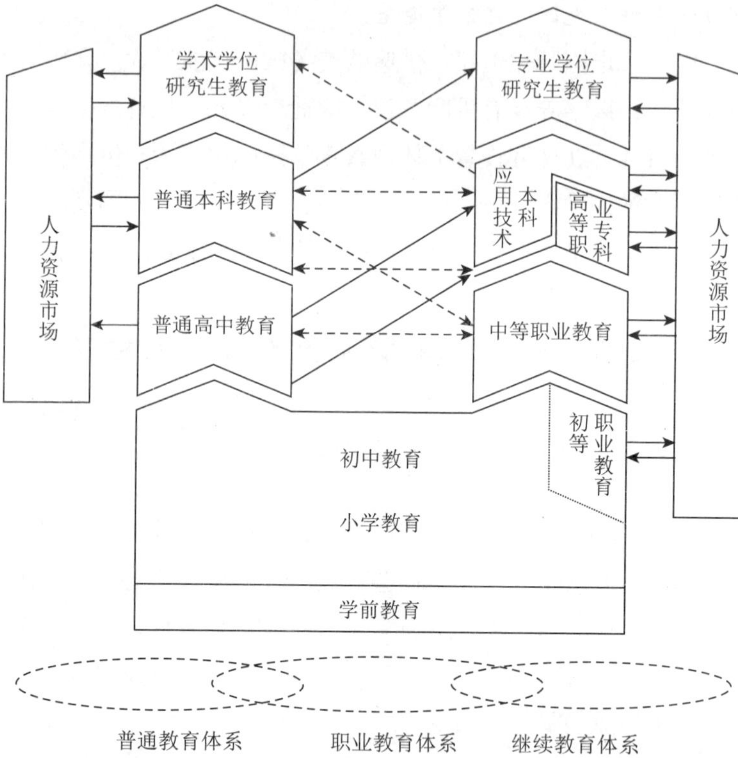

职业教育体系基本框架示意图

来源于《现代职业教育体系建设规划（2014—2020年）》

现代旅游职业教育体系是我国现代职业教育体系的重要组成部分，既包括办学的层次与内容，也包括办学的体制与机制。办学的层次与内容，就是要与现代旅游业发展业态与技能型人才需求相适应，上下贯通和有效衔接的多层次职业教育体系，能够满足各层次的旅游职业人才需求。办学的体制与机制，就是办学制度和人才培养模式的具体实施。现代旅游职业教育的特点首先是职业性，即培养的人才要满足旅游行业或职业的需求；其次是应用性，即人才培养的规格是应用型人才；再次是开放性，办学的方式对社会开放，对行业企业开放；然后是终身性，即职业教育是促进全体劳动者可持续发展的教育；最后是地方性，即旅游职业教育主要立足于服务区域旅游发展和地方经济社会发展需要。

3. 旅游中职与高职教育的衔接

目前的中高职旅游教育衔接只是解决了形式上的衔接，内部还存在许多问题，而最核心的问题是人才培养目标界定不清晰以及课程设置缺乏层次和梯度，主要表现在内容重复及层次不清。旅游中等职教和高等职教是同一类型教育中的两个不同的层次，它们在课程结构方面有很大的相似之处，职业技术课程都占很大的比重，都非常重视实践性教学环节。但是，无论是专业理论知识的深度和广度，还是实践能力的性质和范围，旅游高等职教都应比旅游中等职教高一个层次。然而现实情况且是旅游高等职业教育的很多课程设置和课程内容与中职严重重复。以旅游管理专业为例，重复率达到30%。

旅游管理专业中职教育与高职教育主干课程设置

培养层次	人才培养目标	主干课程
中职	培养面向旅游旅行社、酒店、企事业单位服务和管理第一线的应用型人才，培养具有良好的旅行社服务与管理知识，掌握旅行社、旅游酒店各岗位基础知识和专业技能，并具有综合职业能力的高素质（技能）人才。	导游基础知识、导游语文、导游业（实）务、导游政策与法规、旅游学概论、旅游资源学、旅行社经营管理、旅游营销与策划、旅游地理、旅游服务礼仪、商务旅游、旅游商品与导购、旅游职业道德与职业指导、客源国概论、市场营销、景点模拟导游、旅游景区服务、旅行社业务等。
高职	培养适应社会主义经济发展需要，德、智、体、美、劳全面发展，熟悉旅游管理专业基本理论知识，培养具有旅游休闲企事业机构（如大型度假区、星级酒店、旅行社、会所俱乐部及相关行政管理机构）相应岗位必备的服务与管理能力，多元文化沟通技巧、外语与计算机应用能力，能胜任旅游休闲企事业单位基层管理岗位的高素质技能型专门（应用型）人才。	导游基础知识、导游业务、法律与道德、现场导游、客房服务与管理、餐饮服务与管理、饭店管理实务、饭店英语、旅游礼宾礼仪、旅游经济学、旅游企业财务管理、旅游市场营销、酒店管理概论、旅行社经营管理、宾客服务沟通技巧、旅游英语、旅游电子商务、管理学原理、财务管理、旅游心理学、旅游概论、旅游资源开发、旅游景区管理、中国旅游地理、前厅经营与管理、酒店连锁经营管理、人力资源管理。

二、旅游中职院校办学体制的创新

自改革开放以来，我国政府、学校和职教工作者一直在寻求一种能够从真正意义上实现校企合作的办学体制和机制。1999年前后曾进行了“共建、合作、合并、划转、协作”为主要形式的、开放性的办学体制改革，以期培养出与市场需求相匹配的、实践动手能力强的职业院校毕业生，满足社会经济发展对高级技能人才的需要。旅游教育也在寻求教育与社会办学的最佳平衡点。

旅游职业教育的办学特征是社会参与的。在旅游职业教育方面，我国长期以来形成的“学校本位”的教育办学模式、人才培养目标和培养规格要求与市场需求不对称，导致旅游专业毕业生到企业无法达到企业对人才能力的要求，导致毕业生就业难和企业招工难的两难局面。旅游中等职业教育需要进行办学体制改革，形成以教育部门为主的，企业、行业参与旅游职业教育办学为补充的产学研合作模式。

产学研合作模式的组织管理因学校和企业的不同优势而不同，目前旅游中等职业教育产学研合作模式主要有成立校企合作理事会或校企合作董事会、校企合作“双元制”模式和共同体的专业联盟模式等三种形式。

1. 校董事会制度

校董事会部分成员来自于企业一线的资深专家，部分来自于旅游职业院校，他们共同为旅游职业院校在每一战略阶段的重大事项如办学规模、教育产品开发、人事安排、经费统筹等问题进行研究并做出决策，由此实现对企业工作岗位能力需求变化信息的及时更新，也使企业实时地掌握旅游院校的发展方向。在校董事会的基础上设立理事会，由旅游职业院校和企业具体专业领域负责人组成，使其成为专业建设的对接人。他们负责专业设置、课程安排、教材编写，使专业围绕产业、课程围绕产品、教材围绕一线。同时，落实教研室与本专业一线骨干定期就理论课程与实践课程相结合模式、教学方法与手段进行广泛沟通，做到每一个课程单元和实训单元都有企业参与。这样的教育教学符合一线生产的要求，而不是脱离实际的空泛理论知识。这也是旅游职业教育真正区别于普通教育的特点。这一层次分明、权责明确的旅游职业院校管理体制为校企双方找到了利益的共赢点，会使企业享受到参与旅游职业教育的成果和益处。

2. 校企合作“双元制”模式

“双元制”模式是以德国为代表的人才培养模式，是一种国家立法支持、校企合作共建的办学制度，这种模式由企业和学校共同担负培养人才的任务，按照企业对人才的要求组织教学和岗位培训。“双元制”中的一元是指学校，其主要职能是传授与职业有关的专业基础理论知识，接受严格的文化理论教育；另一元是指校外实训场所，其主要职能是让学生在企业或单位里接受职业技能方面的专业培训，在接受严格的实践操作训练，因此，这种人才培养模式又叫“双重训练制”。

3. 共同体的专业联盟模式

建立共同体的专业联盟模式，这种联盟不仅仅是企业与旅游职业院校的合作，而且也是不同层次的职业教育跨层次的联盟。中高职专业办学联盟（简称专业联盟）定位于中高职教育在专业层面的合作共建、一体发展，是由职业院校、行业企业等有关单位作为构建主体，为了共同的目标和利益缔结盟约（合作协议）组建而成的合作发展共同体。专业联盟以系统培养技能人才为核心、以加强中高职教育教学贯通衔接和进一步深化校企合作为重点，实行具有集聚优质教育资源、提高内生活力的集约化专业办学模式。专业联盟主要由相关旅游职业学校、企业等主体自主合作成立，是相对独立的公共实体（拥有自己的名号），但尚不具备独立法人地位。从组织架构要素的角度看，专业办学联盟以专业为依托而成立，以中高职专业一体化建设发展、校企合作共建为纽带将各成员主体联结为一体，具有较明显的对接产业指向。

这种模式的特点是拥有两类实体，学校和企业，一个联盟应当包括多所职业学校和企业，而一所学校（企业）也可以因不同专业属于不同的联盟。其中职业学校的主要属性表现在学校的专业、教师队伍、教学资源等，企业的主要属性表现在兼职教师、教育资源尤其是实习实训条件等。不同层次之间的职业教育通过学制衔接产生关联，通过联盟实现不同层次和不同类型旅游职业教育学制上的衔接，这也就是专业联盟对于现代职教体系建设的重要意义所在。

三、校企合作办学机制的推进

世界上发达国家职业教育的成功经验，无论是瑞士、德国，还是加拿大、澳大利亚，不管它们具体采取什么样的办学模式，但基本方法和路径是一致的，即以校企合作改革为办学机制。现代旅游人才培养模式的内涵，要求旅游职业院校必须着力推进政府主导、行业指导、企业参与的校企合作机制建设。

1. 建立校企合作的激励机制

校企合作办学大多是在校企双方自愿基础上开展的合作，既然是自愿合作，就应该有足够的推动力。建立激励机制，政府是关键。政府应该通过法规文件等明确引导、支持产学研结合的政策，鼓励院校、企业开展校企合作办学。当前，应根据我国的实际情况，积极借鉴国外经验，制定符合我国国情的、具有一定特色的、有利于推动校企合作办学发展的一系列政策法规。同时，通过制定一些优惠政策，如对参与校企合作办学的企业，可根据接受学生的数量和消耗企业材料的费用，享受一定的减免税等，以此吸引更多的企业参与合作办学。旅游职业院校要树立面向市场、融入社会、开放办学的思想，把开展校企合作办学视为办学道路和特色，同时在教学管理制度等方面制定鼓励学生、教师参与校企合作办学的相关政策。在政府政策的支持和鼓励下，企业方面也需提高认识，重视人才培养和技术革新，把开展校企合作办学纳入企业发展规划，以此推动自身的改革和发展。

2. 建立校企合作的调控机制

校企合作，院校是主体。政府通过文件、法规及建立稳定的行业组织指导、协调校企合作办学的开展是十分必要的。但更重要的是职业院校自身必须建立一种根据市场、企业变化随时适应、调整的机制，能够主动适应变化调整办学方向、专业设置、培养目标、人才规格、办学规模和教学内容方法等，其途径是建立起社会需求调查—决策—调整—适应的机制。首先，成立由行业主管部门、行业协会、行业企业、教育主管部门、人事部门以及地方政府代表组成的“产学研结合指导（顾问）委员会”，其基本职能是宏观调控校企合作办学的发展，统一协调解决校企合作办学过程中遇到的问题，为校企合作办学的发展提供咨询、指导与服务等。其次，应成立专业建设指导（顾问）委员会，委员会由具有丰富经验的技术人员、管理人员及学校的专业教师、教育专家等组成。其基本职能是：根据人才市场需求的现状与变化，进行专业设置与调整；根据岗位（群）职能变化，提出专业培养目标、专业及岗位的知识结构、能力标准、技能训练要求；根据以能力为中心的思想，制定专业教学计划、课程教学大纲、技能训练大纲、教材编写计划、知识与技能的考核标准与方法，指导毕业设计，为本专业提供就业指导及职业继续教育发展方案等。

3. 建立校企合作的保障机制

建立保障机制，政府、院校、企业三方各有责任。校企合作办学在宏观上应是有严格规范的，国家需有强有力的法律制约；在微观运作中也应是有章可循、有据可依的，校企双方应该责权利明晰。政府应在有关文件法规中明确校企双方在校企合作办学中各自的地位、作用、权利、义务和相互关系等；校企双方应通过签订协议等形式明确各自责任，如学校如何保证人才培养质量，如何保证企业用人的优选权，如何保证为企业提供培训、科技支持等，企业如何保证在条件、人员上的支持，如何保证学生实训任务安排等。通过建立有效的保障机制，防止短期行为和流于形式，有利于在产学研结合运行过程中规范双方行为，形成契约机制，保障校企合作办学长期稳定开展。

4. 建立校企合作的评价机制

成熟的校企合作办学的评价应该是市场规则来评价与检验的。在发展初期，校企合作办学持续、健康发展需要建立一套科学合理的评价机制。政府、校企合作办学双方以及社会都应该了解这项工作的全面情况，对其进行综合检验与评估。校企合作办学的内涵与外延极其复杂，有“软”的指标，包括培养人才的质量、管理的科学化程度等；也有“硬”的指标，如培养人才的数量、效益，合作企业的成本、产值等，只有通过有效的评价机制，才能够检验校企合作办学形式的效果好坏、效益高低及成熟度等。建立评价机制，包括政府与旅游职业院校两个方面。政府应建立对校企合作办学工作的评估体系，促进校企合作办学工作的规范开展，同时在政府对旅游职业院校的评价工作中加大对开展校企合作办学方面的评价权重；旅游职业院校与企业也应制定各自开展校企合作办学工作的具体评价指标，纳入各自的质量保障体系中，以不断检验、改进校企合作办学工作。

5. 构建有利于双师队伍成长的人事运行机制

当前，旅游职业教育发展的瓶颈是师资队伍的结构性矛盾，即缺乏具有实际经验又具备专业理论知识的双师型专业教师。教师队伍的专业化能力堪忧，相当一部分教师远离行业，脱离社会实践，特别是一大批高等院校毕业直接到旅游职业院校任教的大学生，缺乏起码的实践经验与专业素质，更缺少对行业的同步跟踪和深入研究，教学内容缺乏针对性，教学演示和动手能力不强，实践教学效果不理想。另外，实践教学没有相对稳定的专职教师队伍，很多实践与改革多是孤军作战、缺乏团队的支持和必要的财力、智力方面的支撑，导致最终难以为继，或浅尝辄止。因此，旅游职业院校要转变教师管理模式，建立适应专兼结合双师结构教师队伍管理机制；创设有利于双师型教师成长与发展的环境；制定有利于稳定专任教师和兼职教师队伍的激励政策；建立分类的双师型教师考核评价机制。

第四章　海口旅游职业学校旅游管理系重点专业建设

重点专业建设是旅游院校在一定的办学思想指导下和长期的办学实践中逐步形成的具有鲜明特色的专业。具体而言，重点专业是指一所学校的某一专业，在教育目标、师资队伍、课程体系、教学条件和培养质量等方面，具有较高的办学水平和鲜明的办学特色，已产生较好的办学效益和社会影响，是一种高标准、高水平、高质量的专业，是“人无我有，人有我优，人优我新”的专业。海口旅游职业学校在建设国家示范性旅游院校的过程中，着力打造“一系一品”重点专业，做好了旅游管理系的“高星级饭店运营与管理专业”的品牌建设，并以此带动旅游管理系其他专业的建设和发展。

第一节　高星级饭店运营与管理人才的需求调研

为行业培养合格人才，是职业教育的基本任务。做好行业人才需求分析，是开展专业建设的逻辑起点。旅游管理系在开展高星级饭店运营与管理专业建设规划和课程体系构建时，首先进行了行业人才需求的调研与分析。

一、中国酒店行业现状与发展趋势

在中国《旅游饭店星级的划分与评定》（GB/14308—2010）的国家标准中，对酒店的定义是：“以间（套）夜为时间单位出租客房，以住宿服务为主，并提供商务、会议、休闲、度假等相应服务的住宿设施，按不同习惯可能也被称为宾馆、饭店、旅馆、旅社、宾舍、度假村、俱乐部、大厦、中心等。”今天，酒店业已成为全球旅游热中不可缺少的一部分，是商业全球化发展的主力军。酒店业的迅猛发展，也给当地社会的政治、经济、文化等方面的发展带来重要影响，是一个地区整体发展水平的重要标志。

1. 酒店业发展的基本情况

酒店行业的基本特征是：进入壁垒低、退出壁垒高；显性利润低、隐性收益高；劳动密集型、高贡献、高产业关联度。目前，全国酒店行业以每月新增约五百家的速度在扩展，运行平稳、略有上升，发展势头良好。同时，酒店业也面临从业人员十分紧缺的严峻态势。

1）酒店数量及规模

根据国家统计局公布的数据，全国纳入星级酒店统计管理系统的星级酒店共12776家，拥有客房170.94万间，床位303.09万张；拥有固定资产原值6381.14亿元；实现营业收入总额2461.65亿元；上缴营业税金159.49亿元；全年平均客房出租率为54.2%。在纳入今年统计的星级饭店中：五星级饭店789家；四星级饭店2375家；三星级饭店5098家；二星级饭店2197家；一星级饭店91家。

同时，以近十年迅猛发展的经济型酒店为主体，没有纳入旅游星级标准范畴的酒店数已达15 000余家，超过星级酒店的规模总数。

酒店业作为旅游业的支柱产业，从业人员约占全旅游行业总人数的四分之一。2016年，全国旅游就业总人数（包括直接就业和间接就业）为7911万人，其中旅游直接就业人数为1525万人，酒店住宿业直接就业人数约为403.35万人。

2）酒店品牌与档次

从酒店的品牌与档次区分，大致可分为三种类型：

全品牌型酒店集团。如锦江国际、港中旅、洲际集团、雅高集团等，它们的酒店品牌覆盖了旅游度假型、会议商务型、中档商务型、经济快捷型等几乎所有的酒店类型。

高端品牌型酒店集团。如开元集团、首旅建国、凯悦集团、万豪、香格里拉集团等，它们的酒店品牌档次定位主要集中在高端五星、四星级酒店，类型主要以豪华商务、综合会议、度假和主题精品酒店为主。

中低档酒店集团。如格林豪泰、如家、7天等，它们主要以三星级及以下的经济型酒店作为主营项目。

在本土酒店管理集团方面，高星级酒店的发展占据主导地位，四、五星级酒店在本土酒店管理集团中所占比例高达 70% 以上。与此同时，如家、格林豪泰、7 天等经济型集团快速扩张，均已进入全球酒店集团 50 强。而国际酒店管理集团方面，大多数的国际酒店集团还是以中、高端档次酒店为主，只有少数酒店集团是以全档次酒店配备进行全方位的发展。如洲际集团、雅高集团和温德姆集团，在中国市场都同时拥有相当数量的顶级五星级酒店和三、四星级的经济型快捷酒店。

3）区域分布与人才需求

以北京、上海、广州、深圳为主导的一线城市酒店业绩指标在 2017 年都实现了显著的增长，仍然是全国酒店业市场的主体。但随着城市化的进程及市场竞争的压力，正在进一步推动酒店向二、三线城市布局，全国性的市场格局基本形成，但区域发展水平仍不均衡。

伴随着酒店业的迅猛发展，酒店业人才需求的矛盾也日益突出。国际酒店集团全面进入中国，具有国际化酒店管理经验的人才奇缺；经济型酒店的大量兴起，使具有综合管理经验的人才短缺凸显；酒店向二、三线城市布局的趋势，也显露了西部地区旅游院校酒店专业人才培养在数量与质量上的明显滞后。

2. 海南酒店行业的发展趋势

自从海南启动国际旅游岛建设以来，酒店数量得到了迅猛的增长。目前。海南已经超过北京和上海，成为高星级酒店和品牌酒店数量最多的地方，仅三亚区域就拥有酒店 800 多家。虽然，海南全省设有酒店管理专业的中职院校已达 52 所，但远远不能满足酒店行业的人才需求。

3. 酒店行业的变化与挑战

中投顾问在《2016—2020 年中国酒店业投资分析及前景预测报告》中指出：随着旅游业发展，对休闲度假酒店的需求将有成倍的增长；随着互联网新技术的出现，对传统酒店的经营管理模式也会带来新的挑战。与此同时，酒店行业对高素质运营与管理型人才的需求会变得更加迫切。

1）酒店业态面临的变化

中国酒店行业经历了三十年的快速发展期。目前，中国酒店业呈哑铃形状，高、低二端相对偏多。根据“中国住宿业发展报告”，大众旅游从初级阶段向中高级阶段演化，酒店行业正面临提档升级的需要；随着追求时尚、新潮、反传统、个性化、性价比的80后、90后和千禧一代成为酒店消费的主力军，“返璞归真”的民宿客栈、带来独特居住体验的精品酒店、具有鲜明特色的主题酒店，在未来会有较大的发展空间；随着体验经济时代的到来，价值追求从务实主义向追求愉悦体验转变，酒店不仅仅是传统休憩场所，还将成为消费者生活方式的延伸。多样化、个性化的住宿需求正推动酒店业不断细分，持续发展的出境旅游市场也推动着中国酒店业的全球化布局。

2）酒店业新技术的出现

互联网的出现，正促进酒店行业不断提升科技含量，用技术手段实现传统产品配置的升级与换代，从根本上改变老旧产品结构和落后的服务流程。今天，酒店业正经历着大规模的技术革命，即一种以大规模产品、大众传播媒体及大众化营销手段为特点的机制，正在被一种全新的模式，即“一对一服务”所替代。互联网技术和智能手机的普及，使酒店可以与个体直接联系，高度适应不同客人的个性需求；这种沟通机制是双向互动的，使顾客更容易获得信息并进行信息反馈，酒店也可以更精准地把握顾客对产品和服务的需求。

3）行业发展带来的人才需求

全国酒店行业以每月新增约五百家的速度在扩展，每年将新增约50万的酒店业从业人员。同时，酒店业态面临的变化和新技术的出现，不仅对酒店从业人员的数量补充带来严峻的挑战，更对酒店从业人员的“态度、知识和技能”结构要素带来了新的诉求。酒店行业急需一大批具有国际视野、知晓新一代消费者需求、掌握互联网技术的高素质运营与管理型人才。

二、高星级饭店运营与管理人才的需求分析

1. 高星级饭店行业运营与管理人才的现状和特点

2017年，酒店住宿业直接就业人数为403.35万人。全国酒店业大专或高职以上学历运营与管理人才数约为181.5万人，占酒店从业人员总数的45%。其中，东部地区105.27万人；中、西部地区均为76.23万人；东中西地区占总数的比例分别为58%、21%和21%，东部地区集聚较多的大专或高职以上学历旅游从业人员。

1）运营与管理人才的学历结构

在 181.5 万具有大专或高职以上学历酒店从业人员中，大专或高职学历人数约为 138.35 万人，占 76.23%；本科学历人数约为 40.34 万人，占 22.23%，研究生学历人数约为 2.82 万人，占 1.55%。酒店行业本科或以上学历运营与管理人才总数偏低。

酒店行业人才学历结构表

学历	研究生及以上	本科	大专或高职	中专及以下
人数（万人）	2.82	40.34	138.35	221.84
比例（%）	0.7	10.0	34.3	55.0

资料来源：基础数据来源于《中国旅游教育年度报告》

2）运营与管理人才的结构分析

酒店业运营与管理人才主要包括经营管理人才、专业技术人才、服务技能人才三大类。2017 年，酒店企业经营管理人才约占总数的 15%；专业技术人才约占总数的 40%；服务技能人才约占总数的 45%。

3）具有专业技术职称的比例

2017 年，具有专业技术职称人才占酒店行业总人数的 8.6%；其中，具有初、中、高级职称数的比例分别为 62%：27%；11%。

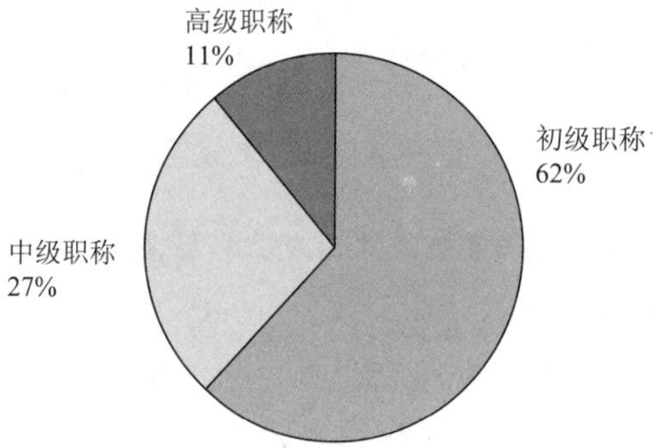

酒店业具有专业技术职称人员结构图

资料来源：基础数据来源于《中国旅游教育年度报告》

4）具有职业资格证书的比例

根据人力资源和社会保障部颁发的《职业资格证书》（包括《技术等级证书》《技师合格证书》《高级技师合格证书》），分成“技术工人”“技师”两类，并进行相应分级。将《技术等级证书》中四级、五级工定为“中级工”，高于五级工的定为“高级工”，低于四级工的定为“初级工”；持有《技师合格证书》的定为“技师”，持有《高级技师合格证书》的定为“高级技师”。

2017 年，酒店业从业人员中持有职业资格证书人员约占总数的 4.7%。其中，初级工占 67.2%；中级工占 18.6%；高级工占 9.6%；技师占 3%；高级技师占 1.6%。如下图（图中数据四舍五入）。

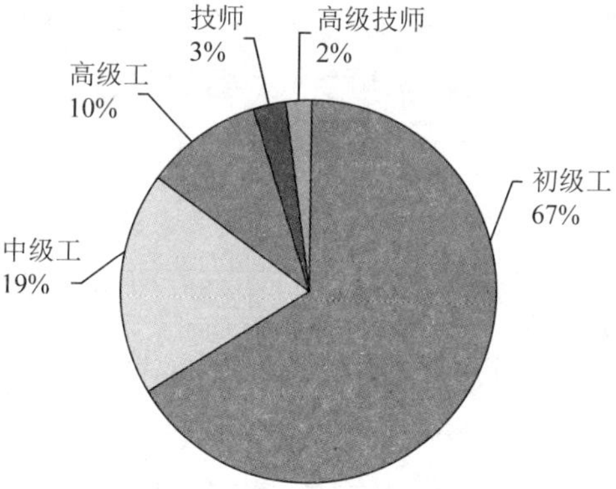

酒店业具有职业资格从业人员结构图

2. 高星级饭店运营与管理人才的需求状况

改革开放以来，中国酒店业经历了三十多年的持续高速发展。在星级酒店迅猛发展的同时，经济型酒店异军突起，集团规模经营的优势不断凸显。目前，中国已有星级酒店 12 776 家，拥有客房 170 万间；各类经济型连锁酒店约 1.5 万家，客房总数约占全国酒店业的 70%。同时，民宿客栈、精品酒店、长住公寓等一大批住宿新业态不断涌现。

随着旅游业快速发展，酒店行业对运营与管理人员数量和质量上的需求也迅速增加。按照酒店从业人员年均增长 5%~6% 的速度计算，2018 年、2019 年、2020 年我国酒店从业人员数将分别达到 423.51 万人、448.93 万人、475.86 万人，如表所示。

未来三年酒店住宿业从业人员数量预测

年份	星级酒店从业人员数（万人）	非星级酒店从业人员数（万人）	年平均增长率（%）	合计（万人）
2018	141.17	282.34	5	423.51
2019	149.64	299.29	6	448.93
2020	158.62	317.24	6	475.86

资料来源：基础数据来源于《中国统计年鉴》

借鉴国际经验及我国旅游发展态势和转型升级的实际，酒店业对运营与管理人员的学历要求也在不断提升。到2018年，酒店行业对具有研究生及以上学历的人才需求将达到5%，总人数为23.79万人；对具有本科学历的人才需求将达到20%，总人数为95.17万人；对具有高职学历的人才需求将达到40%，总人数为190.34万人；对具有中职或以下学历的人才需求将达到35%，总人数为166.55万人。

2018年酒店从业人员学历需求预测表

学历	人才需求量（万人）	比例（%）
研究生及以上	23.79	5
本科	95.17	20
大专或高职	190.34	40
中职或以下	166.55	35
总数	475.86	100

资料来源：基础数据来源于《中国统计年鉴》

未来，酒店行业对运营与管理人才的需求十分迫切，如下表所示。

2019年酒店业运营与管理人才岗位需求预测表

岗位	人才需求量（万人）	比例（%）
经营管理人才	45.03	14.56
专业技术人才	123.75	40.01
服务技能人才	140.52	45.43
总数	309.30	100.00

基础数据来源于《中国统计年鉴》

3. 酒店企业岗位变化对运营与管理人才的要求

随着酒店消费者出现多样化、个性化的住宿需求和酒店行业提档升级的需要，以及中国酒店业国际化布局对经营管理人才的需求，酒店业对高素质运营与管理人才的培养也提出了新的要求。

1）岗位变化对运营与管理人才的类型需求

目前，酒店行业紧缺的运营与管理人才的岗位主要有三类：一类是酒店总经理、各部门经理等中高层管理人才；第二类是专业技术要求较高的收益管理系统、网络营销系统、工程设备维修和餐厨等专业人才；第三类是具备较强“补位”意识的高素质服务型人才，这类人要能弥补酒店各个部门之间的服务空白点。

调研结果显示，酒店业高级人才缺乏，特别是具有国际视野的跨国经营人才和能从事连锁经营的高级管理人才。随着人们生活质量的提高，也出现了一些特有岗位，营养师、私人管家等高素质服务型人才稀缺。互联网和高新科技的发展，也使酒店业的技术型人才出现空缺。经济型酒店、民宿客栈、精品酒店、长住公寓等一大批住宿新业态不断涌现，也使酒店行业对这类企业的经营管理人才产生了巨大的需求。

2）岗位变化对运营与管理人才的能力要求

目前，酒店行业紧缺人才的能力要素结构，包括三个基本要素：良好的职业素养、娴熟的专业技能和持续的发展能力。

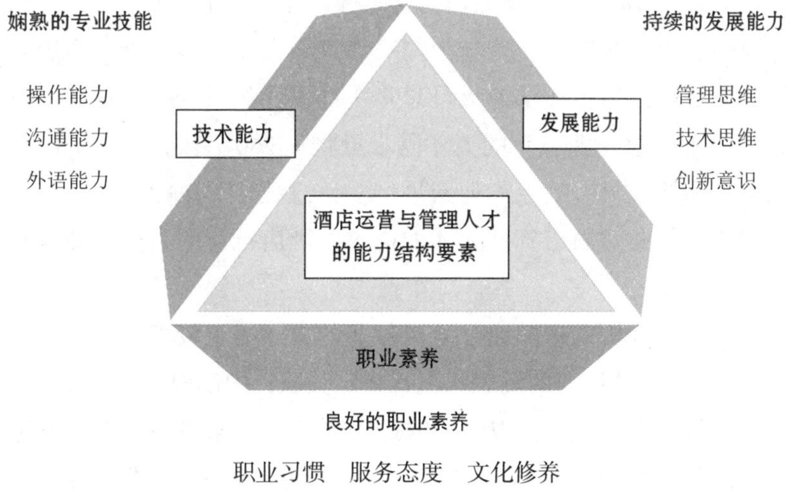

调查发现，酒店在选择管理人员必须具备的要素时，选择“良好工作态度”的占 40.1%，“一定沟通能力”的占 34.7%，“艰苦创业精神”的占 11.6%，“良好事业心和责任感”的占 8.2%。调查还显示，在要求管理人员应具备的重要素质时，28.3% 的酒店选择“团队协作精神”，25.6% 的酒店选择“开拓精神”，18.7% 的酒店要求“善于协调”，15.1% 的酒店要求“善于沟通”，12.3% 的酒店则选择“勤勉敬业”。

三、酒店业人才需求与院校人才培养匹配度分析

1. 高星级饭店运营与管理人才需求与院校专业设置匹配度分析

目前，全国酒店行业的直接就业人数为 403 万。根据行业调研和趋势预测，预计 2019 年将达到 475 万，年增就业人数为 30 余万。而全国旅游院校酒店管理专业招生总数为 7 万余人，只占酒店行业新增就业人数的 24%。当然，简单统计每年新增酒店数量以及相应的人才数量与学校年招生人数作比较，这种计算方法非常不准确。因为酒店行业每年有较大的“流入”与“流出”量，难以统计；教育界毕业生“流入”酒店行业数其实也包括了许多非酒店管理专业的学生。但从现实而言，酒店行业人员需求数量要大大高于院校供给数，表现在酒店行业难以招到一大批紧缺的高素质应用型运营与管理人才。酒店行业一线员工“滥竽充数”、经营管理层“拔高”现象比比皆是。旅游院校酒店管理专业无论在数量上还是质量上，都与酒店行业对运营与管理人才的需求有很大的脱节。

结合国外酒店行业发展经验与中国酒店产业发展实践，受过酒店管理高等教育的从业人员在酒店行业从业人员总量中的占比约为 55%，据此，可估算出 2019 年酒店行业受过专业教育的人才需求量将达 260 万人，人力资源的供给数量和质量迫切需要提升。酒店产业与地产、信息技术、医疗、养老等相关产业的融合，加快了行业对酒店管理人才的需求，酒店行业的人力资源面临很大的缺口。

根据调研结果分析，东部地区酒店行业的人才需求较多，约占需求总量的 69%，这与东部地区酒店业的发展状况有一定关联；中部地区和西部地区酒店行业的人才需求数旗鼓相当，占 10%~20%。作为第三产业的酒店业和地域经济的发展水平是有密切联系的，酒店管理专业的分布也应该和产业发展相匹配。

酒店行业人才需求预测及分布表（2018 年）

地区	酒店从业人数（万人）	比例（%）	酒店行业运营与管理人才结构		
			管理类人员（万人）	专业技术人员（万人）	服务类人员（万人）
东部	327	68.82	42.51	140.61	143.88
中部	81	17.07	10.53	34.83	35.64
西部	67	14.11	8.71	28.81	29.48
总计	475	100	61.75（13%）	204.25（43%）	209.00（44%）

从酒店管理专业的地域分布来看，有以下特点：

1）地区分布差异较大，和经济发展水平基本一致

酒店管理专业学生及院校在东中西部三个区域上呈现出明显的阶梯状分布，东部最多，西部最少。但是三个区域的招生人数差距比院校数量差距大得多。这从一个方面反映了东部院校，即经济水平最好的区域，在酒店管理专业的硬件条件、师资能力等方面的优势。同时，也客观反映了三个地区酒店业发展程度的不一致，差距是比较明显的。

2）中西部地区的酒店管理专业发展较快

从数据来看，中部省份的院校在发展酒店管理专业方面表现得较为积极，在院校数量和招生人数方面有不少亮点。随着产业的进一步转移和国家政策的支持，中西部地区特别是一些比较有潜力的省份，如四川、湖南、湖北和旅游资源丰富的云南，一方面加大了酒店产业发展的力度，另一方面在培养酒店管理人才的积极性上也比较高，这也是对现实需求的回应。

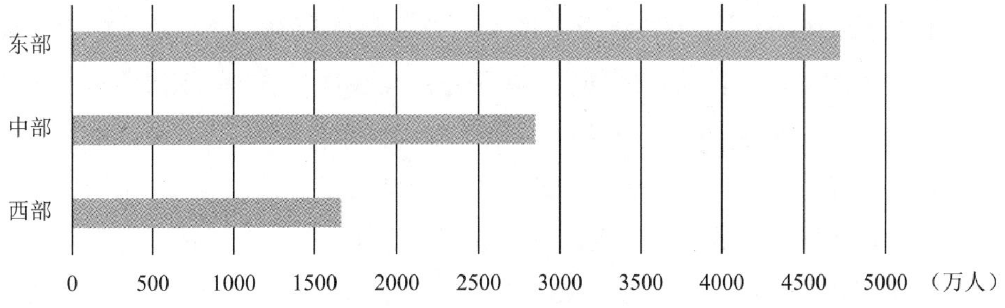

东中西部院校和酒店管理专业招生人数

3）省份之间差异较大，和各省的酒店业发展状况不完全一致

从各省院校酒店管理专业的情况来看，东部省份的表现并不抢眼。除北京外，上海、广东、浙江、山东和江苏地区，尽管酒店业非常发达，但招生院校和人数明显不足。北京数量虽然超过1000人，但主要是因为中瑞酒店管理学院的招生规模导致。但是作为和产业紧密结合的酒店管理专业，发展水平与地方经济发展脱节严重。

2. 高星级饭店运营与管理人才与院校人才培养质量匹配度分析

根据麦可思数据有限公司所做的行业需求与院校培养质量调研报告的数据分析，现阶段旅游职业院校酒店管理专业的人才培养不仅在数量上与行业发展需求有很大缺口，在质量上与行业的发展也存在较大的脱节。主要表现在以下两个方面。

1）教学内容与教材开发相对滞后

互联网和高新科技的发展，经济型酒店、民宿客栈、精品酒店、长住公寓等一大批住宿新业态的不断涌现，使酒店业对掌握新技术的人才需求旺盛，对新业态的经营管理人才产生巨大的需求，酒店的收益管理人才、网络营销人才、工程设备维修人才和餐厨等专业人才奇缺。但旅游职业院校的教学内容和教材开发，总体上还是停留在传统学科的基础上，未能做到与时俱进，导致学生产生新的“学习无用论”。毕业学生不能适应岗位工作要求，行业招不到合适的运营与管理人才。

2）课程设置与教学方法相对陈旧

高星级饭店运营与管理型人才的能力要素结构，包括良好的职业素养（职业习惯、服务态度、文化修养）、娴熟的专业技能（操作能力、沟通能力、外语能力）和持续的发展能力（管理思维、技术思维、创新意识）三个基本要素。但旅游职业院校的课程设置和教学方法，还是停留在课堂教学和知识灌输的传统教学手段。其中，研究生及本科培养层次的理论素养相对较高，但专业技能、实践能力、职业素养等方面相对较弱，对酒店职业的忠诚度不高。高职、中职层次情况正好相反，其理论素养相对较弱，而专业技能方面相对较强，但职业上升的速度较慢。使本科生缺乏进入酒店行业工作的动力，中职生缺乏在酒店行业的发展后劲。

不同培养层次酒店从业人员能力结构一览表

能力结构		研究生	本科	高职	中职
理论素养	专业知识、基础理论等	强	较强	较弱	弱
职业素养	职业礼仪、沟通能力、职业习惯、职业认同等	弱	较弱	强	较强
专业技能	专业实践能力等	较弱	较弱	较强	较强

旅游职业院校需要从学生从事的酒店管理运营与管理要求入手，合理调整课程设置，以提高毕业生的核心竞争力。应正确处理好理论性基础课程与应用性专业课程的关系，同时，按照酒店行业对高素质应用型运营与管理人才培养规律和要求，积极开展校企合作、产教融合，注重工学结合的课程设计与教材开发。

第二节　高星级饭店运营与管理专业的建设规划

高星级饭店运营与管理专业主要为海南国际旅游岛及周边地区城市的各级各类酒店行业输送从事酒店管理与服务的高素质、应用型的中基层服务人才。多年来，高星级饭店运营与管理专业紧紧依托国家级示范校重点专业建设这一契机，以教育教学改革为抓手，以专业建设为突破，如期完成了所有建设任务。

一、高星级饭店运营与管理专业建设目标与规划

酒店运营与管理重点专业的建设，主要是围绕人才培养模式开展课程体系改革、师资队伍建设、校企合作与工学结合运行机制等方面的工作。旅游管理系严格按照国家示范学校的建设方案和任务书的要求开展酒店运营与管理重点专业的建设，科学合理分解建设目标、细化建设指标，工作有序推进，重点专业建设取得显著成果。

1. 高星级饭店运营与管理专业建设的目标

高星级饭店运营与管理专业建设的目标，一是建立“校店合一”人才培养模式，提高为区域经济建设的贡献率；二是建立专业建设标准，实现集团内成员校该专业的德育、教学要求的统一；三是打造专业突出的教学团队，整体师资质量在省内中职学校同类专业起到了引领作用；四是校企合作共建专业，实现学生的

"基本技能、专业技能、综合技能"能力递进。

2. 高星级饭店运营与管理专业建设的规划

高星级饭店运营与管理专业围绕国家示范学校的建设方案要求，制定了重点专业建设的规划。

1）人才培养模式与课程体系改革

建设内容主要包括"校店合一"模式改革、海南省中职学校酒店运营与管理专业建设标准的建立、工作流程导向课程体系建设、精品课程的建设、网络教学平台建设、职业指导平台建设六个部分。

高星级饭店运营与管理专业人才培养模式与课程体系改革情况

序号	建设内容	建设目标	完成情况	完成率
1	"校店合一"模式改革	实施"校店合一"模式改革，完成课程领域开发。	带动其他专业"校店合一"模式改革；完善模式，形成人才培养方案。	100%
2	海南省中职学校酒店运营与管理专业建设标准的建立	建立、实施海南省中职学校酒店运营与管理专业标准工作。	集团内全面推广海南省中职学校酒店运营与管理专业建设标准。	100%
3	工作流程导向课程体系建设	建设以工作流程为导向的课程体系；推动与专业课程教学模式相配套的教材建设。	开展以行动导向的项目教学；编写课程标准。	100%
4	精品课程的建设	完善专业精品课程管理制度；完成3门专业精品课程建设。	完成3门校级精品课程建设验收，并公开发行3本专业教材。	100%
5	网络教学平台建设	完善网络信息化教学平台。制作核心能力课程课件；形成共享型网络教学平台。	已建立核心能力课程职业能力题库资料，形成网络教学平台。	100%
6	职业指导平台建设	建立职业指导平台建设制度和机制，进行模式完善和推广。	专业群内推广职业指导平台的运作模式，提高专业学生就业率。	100%

2）师资队伍建设

师资队伍建设的内容主要包括名师建设、"双师型"教师队伍建设、骨干教师队伍建设、专业教师队伍整体能力提升、兼职教师队伍建设等五个部分。

高星级饭店运营与管理专业师资队伍建设情况

序号	建设内容	建设目标	完成情况	完成率
1	名师建设	培养2名专业名师。	完成2名名师的业务考核，服务当地社会；到先进地区或国外学习培训。	100%
2	“双师型”队伍建设	“双师型”教师和专业教师的比例达到97%。	“双师型”教师占专业教师的比例达到97%。	100%
3	骨干教师队伍建设	外派专业教师进行学习，使骨干教师在行业有一定的影响力；有计划地参与社会服务。	能够承担开发任务、开展行业联系；参与课程、教材、实训基地建设；培养新任教师。指导学生参加技能竞赛并获好成绩。	100%
4	专业教师队伍整体能力提升	选派专业教师到企业参加顶岗实践。教师到省内外学校及企业进行考察、学习。	有2名专业教师到酒店顶岗实践，专业教师队伍到江苏、广州、上海等地考察学习。	100%
5	外聘教师队伍建设	从企业聘请技术骨干担任兼职教师，逐步提高专兼职教师比例，优化师资队伍结构。	从企业聘请专家担任兼职教师；参与学校专业标准建设和教材的开发。	100%

3）校企合作、工学结合运行机制建设

校企合作、工学结合运行机制建设的主要包括实训基地建设、人才培养质量评价、合作企业参与专业教学建设三个部分。

高星级饭店运营与管理专业校企合作、工学结合运行机制建设情况

序号	建设内容	建设目标	完成情况	完成率
1	实训基地建设	酒店行业参与到学校实训建设，扩建实训室，加大设备投入，使实训基地能完全满足教学需要。	增设了模拟西餐厅和咖啡室，并投入了经营使用和教学实践。	100%
2	人才培养质量评价	开展校企交流互动工作，企业对学校专业建设及人才培养提出合理的意见。	对校企合用项目进展情况进行评估，保证合作项目的继续进行。	100%
3	合作企业参与专业教学建设	成立专业教学指导委员会，参与学校专业建设过程；参与人才培养、师资团队建设。	完善专业的教学大纲和教学模式、人才培养模式，形成人才共育、成果共享的紧密型合作办学体制机制。	100%

4）专项建设经费预算

根据建设方案和任务书，重点专业建设预算总经费为385万元。资金支出符合规定，做到管理科学化、规范化。

高星级饭店运营与管理专业建设项目资金预算及执行情况表

资金来源	预算金额	到位金额	资金到位率	实际执行金额	经费执行率
中央财政	350 万元	350 万元	100%	350 万元	100%
地方财政	35 万元	35 万元	100%	35 万元	100%
合计	385 万元	385 万元	100%	385 万元	100%

二、高星级饭店运营与管理专业建设内容与成效

围绕建设目标，经过多年建设，海口旅游职业学校的高星级饭店运营与管理重点专业的建设已取得预期的成效

1. 人才培养模式与课程体系改革的成效

1）构建了“校店合一、能力递进、教学互长”的人才培养模式

高星级饭店运营与管理专业构建了“校店合一、能力递进、教学互长”人才培养模式，有效地推动专业课改革，形成了工作过程导向课程体系。

“校店合一”是理论学习与技能实践的合一。引入企业管理标准，营造真实生产项目，在“校店”即“大拇指”西餐厅和“潮江春”中餐厅实现对学生专业技能的培训。

“能力递进”分三个阶段呈现。第一阶段为基础知识和能力培养阶段，第二阶段为融入“校店”实训和考证的能力提升阶段，第三阶段为顶岗学习阶段。通过专业感知、专业技能训练、职业综合能力训练安排实践教学，学生实现了从“新员工”“熟练工”到“职业人”的角色转换。

“教学互长”在教师和学生的身上得到了体现。教师担任经理，学生担任服务员，开展情境教学。并将实践中的经验和过程，采集典型案例作为教学所用。在促进学生能力提高的同时，促进教师的能力提高。

2）构建了“工作过程导向”课程体系

高星级饭店运营与管理专业以培养学生的职业能力为目标，构建“工作过程导向”课程体系。完善了专业教学计划和 13 门课程标准的编写工作。以工作过程为导向设计课程和教学内容，在课堂中紧密围绕工作岗位的具体任务开展教学

工作，有效地实现了“教学做”一体化的教学目标。

3）推进了课程改革及教材建设

高星级饭店运营与管理专业围绕培养技能型人才的目标，对本专业所对应的岗位和岗位群的工作任务进行分解、细化，优化了核心课程，将知识与技能进行一体化的整合，参与国家共享计划西餐课程建设；建设了3门精品课程，公开发行3本专业教材，带动专业群内其他专业的发展，极大地推动了教育教学的改革。

高星级饭店运营与管理专业人才培养方案与课程体系建设情况汇总表

建设内容	预期任务	完成任务	完成率
人才培养方案	1个	1个	100%
专业课程标准	6门	13门	216%
优质核心课程	3门	3门	100%
校级精品课程	3个	3个	100%
公开发行教材	4本	7本	175%
专业资源库建设	3门	3门	100%
辐射带动	参与国家共享计划西餐课程建设；参加中等职业学校旅游服务类专业教学标准制定行业评审会；带动专业群专业发展。		

2. 师资队伍建设的成效

高星级饭店运营与管理专业采取校内加强与校外引进方式，用专业建设推动专业教师队伍的建设。积极实施“双师型”教师的引进和培养计划，在校内外开展多种形式的培训活动，教师队伍整体素质得到了提升。

1）积极参与各类师资培训，考取职业技能证书

高星级饭店运营与管理专业的教师积极参加省级培训、国家级培训和出国培训。近两年来有3位专业教师参加了省级培训，3位教师参加了国家级培训，在学习中能认真学习教育教学理论，也参与企业实践，极大地提高专业知识和业务水平。林涛、郑庭达老师取得技师职业资格证书；黄蕾老师取得了咖啡师的证书及WBC中国赛区的评委资质；梁海珠教师参加了茶艺的提高班培训，取得了茶艺技师和评茶员资格证书。

2）教师进入企业顶岗实践，提升实践教学能力

高星级饭店运营与管理专业的2名专业教师分别在海南文华大酒店和宝华海

景大酒店进行顶岗学习，走进行业、深入行业，站在工作的第一线，实地考察酒店的工作。专业教师通过顶岗实践，加深了对行业的认识，了解了酒店规范化、专业化的管理流程，提高了自身的实践教学能力。

3）外出考察学习，吸收先进的教育教学经验

高星级饭店运营与管理专业的组织教学团队到外省考察学习，先后派出5名专任教师参加省级骨干教师培训，4名教师到江苏省示范学校学习先进经验；外派5名优秀教师到新加坡ITE学院及马来西亚南方学院两所学校的考察，全体专业教师赴上海旅游专科学校参加。

4）开展传帮带，促进教师协同发展

高星级饭店运营与管理专业为做好“传、帮、带”工作，开展了“师带徒”活动。从指导备课、到场听课、课后评教、教学论文指导等多方面着手，实实在在地帮助年轻教师提高教学能力。尤其是在骨干教师、专业带头人承担省赛、国赛的指导工作中，充分发挥师徒制的作用，年轻教师的实践技能有了很大的提高。

高星级饭店运营与管理专业“师带徒”情况一览表

师傅	徒弟	专业方向
潘雪梅	林绍飞、王海娟、谢蕾	客房服务与管理
黄蕾	郑庭达、杨颜菲、林萍	餐饮服务与管理
林蕾	唐小慧	餐饮服务与管理
张春影	王春萍	餐饮服务与管理
颜仁梅	王超	客房服务与管理
梁海珠	李忻	茶艺
李惠	颜仁梅	插花
纪芬	李羽敏	礼仪

5）开展多种形式的教研活动，以教研促教学

高星级饭店运营与管理专业为了促进教师的专业化发展，通过开展新任教师培训、教学技能比赛、专业教学法探究、教研论文比赛等活动，来提高教师的专业教学能力。在教研论文比赛中，教师撰写了二十多篇教研论文，教师对平时的教学经验进行了总结和提炼，许多论文都具有现实指导意义，促进教师从“经验型”教师向“反思型”教师的转变。

高星级饭店运营与管理专业教师队伍数量变化情况表

师资队伍	2011年	2013年	变化情况
专任教师	29 人	33 人	增加了 4 人
名师	无	2 人	增加了 2 人
“双师型”教师	27 人	33 人	增加了 6 人
骨干教师队伍	2 人	3 人	增加了 1 人
行业兼职教师	1 人	2 人	增加了 1 人
行业专家	1 人	3 人	增加了 2 人

3. 校企合作、工学结合运行机制建设的成效

高星级饭店运营与管理专业与海口酒店协会、明光大酒店、天佑大酒店等多家行会、企业深度合作，构建工学结合的人才培养模式。共建人才培养方案，共建顶岗实习基地，共同开发专业教材，共同评价考核人才质量，形成了共赢发展的长期合作机制。

1）完善了实训基地建设机制

高星级饭店运营与管理专业建立了与岗位、教学需求相匹配的“潮江春”中餐厅、“大拇指”西餐厅、咖啡室 3 个实训基地；校外建立了 20 家实训基地。目前，与学校签订合作协议的企业数达 20 家，实习学生数达 1163 人次。

高星级饭店运营与管理专业新增实训基地建设情况表

名称	基地情况
“潮江春”中餐厅	面积：240 平方米 实训项目：餐饮实训课练习、情境教学、宴会接待、专业展示
“大拇指”西餐厅	面积：180 平方米 实训项目：下午茶营业、自助餐接待、餐饮实训课练习、情境教学、宴会接待、专业展示
咖啡室	面积：129 平方米 实训项目：咖啡一体化教学、咖啡服务接待

2）构建了突出职业能力的人才培养质量评价机制

高星级饭店运营与管理专业引企入校，加强了校店内实践教学比例，把在校店内顶岗实习的工作表现作为学生学业评价的作用内容，彻底改变了以往单一的试卷考试的弊端。同时，学生一年在企业顶岗实习，建立了有效的评价机制，企业人员和学校实习指导教师共同参与对学生顶岗实习的评价。

3）校企合作开展专业标准和教材建设

高星级饭店运营与管理专业成立了专业标准建设专家委员会，共同参与专业建设。在专业标准的建设中，充分发挥企业专家的作用，组织企业专家讨论行业用人标准，根据行业用人标准来制定专业标准。此外，在精品课程的开发中，也充分发挥行业企业专家的作用，课程内容的选取上广泛听取企业专家的建议，将目前企业中实用的内容编入教材，充分体现新知识、新技术。

4）形成了专业教师与企业技术、管理人员双向交流和互派机制

高星级饭店运营与管理专业加强与各大酒店企业的交流与合作。通过多年的建设，已基本形成学校和各大酒店企业人员双向互派的交流与合作机制。如目前与海航集团、文华酒店、宝华酒店等形成了“专业教师进企业、企业管理人员进学校”的人员双向交流和合作机制。专业教师到企业进行顶岗实践，提高专业实践能力；将企业文化引进校园、促进教学；酒店领班、经理、人力资源管理人员等到学校开展专题讲座，参与教育教学改革，开展职业指导，吸引优秀学生到企业工作。

三、重点专业建设的示范效应与不足

通过高星级饭店运营与管理重点专业的建设，带动了全系其他专业的建设，并对全校各专业的建设起到了很好的示范作用。

1. 酒店运营与管理重点专业的示范效应

1）建立了新型的人才培养模式，提高了人才培养质量

通过高星级饭店运营与管理重点专业的建设，建立了“校店合一”的新型人才培养模式，并在专业群内推广，规范相关专业的人才培养模式，提高了教学效果和人才培养质量，学生参加国家、省级技能大赛成绩位居全省中职学校同类专业前茅。

2）开发了符合工学一体的实训教材，提升了学生的职业能力

高星级饭店运营与管理专业开发了体现现代职业教育理念和方法的校本实训课程与教材，探索“问题探究、合作达标”的教学模式，提升了学生职业能力的，培养的毕业生全面服务区域经济发展。

3）完善专业标准，形成校企双向交流的合作机制

人员的交流与合作是校企合作的纽带或枢纽，也是最容易实现，在短期内可以见效的形式。为此，高星级饭店运营与管理专业凭借校企合作的教学指导委员会这一平台，加强了与企业人员的交流与合作，与企业人员合作制定了《海南省中职学校酒店运营与管理专业建设标准》，已在海口市酒店行业内全面推广。

4）社会服务能力明显提升，专业建设成绩凸显

通过高星级饭店运营与管理重点专业的建设，极大地提高了教师的实践教学能力与社会服务能力。专业教师为社会提供了大量的培训服务，培训对象有市政协、国土局、规划局、省纪委培训中心、龙泉集团等，培训的内容分别有礼仪、服务技能、沟通技巧、团队建设及企业管理等，学校的教学资源得到了充分的利用。还顺利承办了海二届南省教育厅主办的全省酒店管理专业教师的专业能力提升培训班，得到了兄弟学校的认可。并连续三年承办海南省中职学校酒店服务类技能大赛，高星级饭店运营与管理专业部还荣获全国“巾帼文明岗”称号和海南省“三八红旗岗“称号。

2. 重点专业建设有待完善的方面

高星级饭店运营与管理重点专业的建设，推动了专业的全面改革与提高，教师的教育教学观念和教育教学水平有了明显的提高。但在重点专业建设中还存在一些不足，需要进一步努力来加以完善。

1）专业建设的一些教改成果还有待实践检验

高星级饭店运营与管理重点专业建设中开发的课程、教材、专业标准以及建立起来的一些制度，由于时间短，其改革的效果还难以显现。为此，将进一步地开展试验、改革，并在实践过程中进行完善，以便取得更大的改革成果。

2）校企合作的体制与机制还需要进一步深化

校企合作、工学结合是职业教育培养模式和基本的教学制度，尽管在高星级饭店运营与管理重点专业建设过程中已取得实质性进展，但总体上来看，与企业深度合作还需要进一步加强。一方面，需要引进若干名有影响力的大师级的教师，进一步推进校企合作的力度；另一方面，需进一步完善校企人员双向交流制度，提高教师的社会实践能力和行业企业联系能力，形成一批能文能武的高素质“双师型”教师，通过高素质专业教师来进一步推动校企合作。

第三节　高星级饭店运营与管理专业的课程体系

海口旅游职业学校旅游管理系依据技能型旅游专业人才培养模式的要素分析，构建了以应用能力为主线设计的专业课程体系。坚持知识系统和能力系统设计并重的指导思想，依托办学优势、整合基础理论课程、优化学校专业特色课程，把握海南区域旅游发展的脉搏，开发前沿课程，拓展素质课程。围绕高素质、技能型人才的培养目标与定位，坚持综合素质、专业知识和创新能力辩证统一的原则，提升学生的专业智慧，发展学生的专业执行能力，为海南乃至国内旅游业输送合格人才。同时，围绕“一系一品”的目标，着重做好了高星级饭店运营与管理重点专业的课程体系构建，并通过重点专业的示范作用，辐射全系其他各个专业。

高星级饭店运营与管理的课程体系由人才培养方案、课程结构与设置、教学时间安排、教学实施与评价和实训实习条件等几大模块构成。

一、高星级饭店运营与管理专业的人才培养方案

1. 培养目标

高星级饭店运营与管理专业坚持立德树人，面向旅游行业的高星级酒店、高档度假村、主题酒店、豪华邮轮、会员制俱乐部等企业，培养从事高星级酒店及同类型企业餐饮、客房、前厅、康乐、销售等部门的服务、运营与管理，德智体美全面发展的高素质劳动者和技能型人才。

2. 职业范围

序号	对应职业（岗位）	职业资格证书	专业（技能）方向
1	前厅服务员	前厅服务员（四级）	
2	客房服务员	客房服务员（四级）	
3	餐厅服务员	餐厅服务员（四级）	
4	茶艺师	茶艺师（四级）	
5	调酒师	调酒师（五级）	
6	咖啡师	咖啡师（四级）	
7	康乐服务员	康乐服务员（四级）	

续表

序号	对应职业（岗位）	职业资格证书	专业（技能）方向
8	插花员	插花员（五级）	
9	营养师	营养师（五级）	

说明：本专业学生在校期间应取得人力资源和社会保障部颁发的下列三种职业资格证中的任意两种：餐厅服务员（四级）职业资格证书、客房服务员（四级）职业资格证书、前厅服务员（四级）资格证书。上表中其他证书可根据区域实际情况自行考取。

3. 人才规格

本专业毕业生应具有以下职业素养、专业知识和技能：

1）职业素养

A. 具有良好的职业道德，能自觉遵守行业法规、规范和企业规章制度。

B. 具备主动、热情、周到、甘于奉献的服务意识。

C. 具有诚实守信、忠于职守、爱岗敬业的职业精神。

D. 具有健康的体魄，良好的心理承受能力和抗挫折能力。

E. 乐于与人交往，具有人际交流沟通能力和团队协作精神。

F. 遵守酒店行业行为规范，具有良好的礼仪素养、优雅的形象气质。

G. 具有节约资源、倡导绿色消费的意识。

H. 具备适应行业变化、在酒店职业道路自我提升的潜质。

2）专业知识和技能

A. 能叙述本专业所必需的旅游行业的基本知识并应用于日常工作。

B. 能识别高星级酒店各种产品，熟悉各部门分工，能运用主要服务用语。

C. 具有酒店服务与管理基础知识、基本技能、礼仪知识、健康卫生知识、食品营养知识和酒水知识。

D. 能描述与本专业有关的方针、政策、法律、法规，能以之为准则维护宾客、酒店和自身的利益。

E. 能参与高星级酒店的前厅、客房、餐饮、康乐、销售等部门服务接待与运营，能娴熟地完成住宿、餐饮、会议等服务项目的工作。

F. 具备安全使用及日常维护与保养相关工作的能力，具有使用、指导使用、日常维护相关客用设施设备的能力。

G. 具备在酒店服务、运营与管理工作中处理常规问题及一般非常规问题的能力，能应对各种突发状况。

H. 能使用外语（主要是英语）进行一般接待服务和业务沟通。

I. 能熟练使用酒店信息管理系统、应用办公等软件对客服务，处理相关电子资料。

J. 能把握现代服务业发展趋势，能创造性地开展服务工作，满足宾客个性化的要求。

4. 主要接续专业

高职：酒店管理、旅游管理、休闲服务与管理

本科：酒店管理、旅游管理

二、高星级饭店运营与管理专业的课程结构与设置

1. 高星级饭店运营与管理专业的课程结构

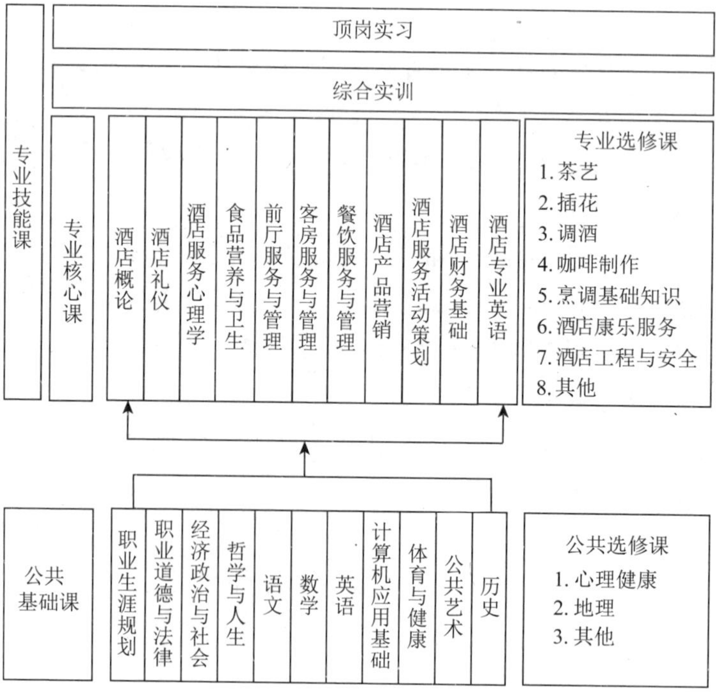

2. 高星级饭店运营与管理专业的课程设置

本专业课程设置分为公共基础课和专业技能课。

公共基础课包括德育课、文化课、体育与健康、公共艺术、历史，以及其他自然科学和人文科学类基础课。

专业技能课包括专业核心课和专业选修课，实习实训是专业技能课教学的重要内容，含校内外实训、顶岗实习等多种形式。

（1）公共基础课

序号	课程名称	主要教学内容和要求	参考学时
1	职业生涯规划	依据《中等职业学校职业生涯规划教学大纲》开设，并与专业实际和行业发展密切结合	32
2	职业道德与法律	依据《中等职业学校职业道德与法律教学大纲》开设，并与专业实际和行业发展密切结合	32
3	经济政治与社会	依据《中等职业学校经济政治与社会教学大纲》开设，并与专业实际和行业发展密切结合	32
4	哲学与人生	依据《中等职业学校哲学与人生教学大纲》开设，并与专业实际和行业发展密切结合	32
5	语文	依据《中等职业学校语文教学大纲》开设，并注重在职业模块的教学内容中体现专业特色	198
6	数学	依据《中等职业学校数学教学大纲》开设，并注重在职业模块的教学内容中体现专业特色	128
7	英语	依据《中等职业学校英语教学大纲》开设，并注重在职业模块的教学内容中体现专业特色	132
8	计算机应用基础	依据《中等职业学校计算机应用基础教学大纲》开设，并注重在职业模块的教学内容中体现专业特色	130
9	体育与健康	依据《中等职业学校体育与健康教学大纲》开设，并与专业实际和行业发展密切结合	144
10	公共艺术	依据《中等职业学校公共艺术教学大纲》开设，并与专业实际和行业发展密切结合	36
11	历史	依据《中等职业学校历史教学大纲》开设，并与专业实际和行业发展密切结合	36

（2）专业技能课

1）专业核心课

序号	课程名称	主要教学内容和要求	参考学时
1	酒店概论	能描述酒店及其酒店的产生、发展历程，分辨不同类型的酒店、不同星级的酒店，列举知名品牌酒店集团；会分析中外酒店业现状及发展趋势；熟悉酒店组织机构的类型与部门构成，能列举出酒店直接对客服部门与间接对客服务部门，描述各部门工作岗位职责及运营概要	34
2	酒店礼仪	掌握外在形象礼仪、服务语言礼仪和酒店服务礼仪知识；培养职业意识，运用职场面试、团队沟通和跨文化沟通的相关技巧，展现良好的酒店员工形象；规范酒店岗位工作中的服务语言和服务礼仪；具备良好的心理素质，在对客服务和工作沟通中能从容应对、提高效率	34
3	酒店服务心理学	掌握心理学基本知识；能分析客人对酒店前厅服务、客房服务、餐饮服务、康乐服务等的心理需求；能根据不同客人的服务需求，为其提供人性化和个性化的服务，并能进行自我心理调适，完成各项对客接待服务	34
4	食品营养与卫生	了解合理营养与健康的关系，掌握营养学基础知识、各类食品的营养价值、不同人群食品的营养要求；掌握食品营养与卫生学的基本知识；了解学科发展方向；掌握如何改善营养，预防食品污染、食品中毒和其他食源性疾病，提高健康水平，增强体质，并能运用于合理营养与膳食的实践，指导宾客平衡饮食，合理搭配膳食结构	36
5	前厅服务与管理	能辨别并正确使用前厅部设施设备和表单；能描述预订服务、礼宾服务、入住登记服务、收银服务、前厅其他服务和督导管理等各项工作的流程和标准并按照规范标准提供相应服务；能初步处理前厅部领班、主管的督导工作；能流畅地使用前厅对客服务用语，适应前厅各部门的工作要求	66
6	客房服务与管理	能识别常见客房类型、客用设备及用品；能够按规范程序和标准独立完成各类客房的清扫、夜床服务，正确进行客衣收送、擦鞋、客房小酒吧控制、物品借用等服务以及客人委托代办的相关事宜；会选用合适的清洁剂和清洁设备并按照工作流程进行公共区域日常清洁保养；能够接待 VIP、政府代表团等各类特殊客人，提供私人管家服务，懂得进行初步的成本控制工作	66
7	餐饮服务与管理	能运用中西菜点知识、中西餐服务方式、文化与礼仪；能辨别餐饮用具的种类及用途，能按照规范标准进行餐厅基本服务技能的操作，能按照规范标准进行中餐厅早、午、晚餐服务；熟练进行各种西餐厅服务；能进行规范的宴会预定与服务；具有良好的实践能力和宴会设计能力，能进行初步的菜单设计、菜肴定价、服务质量管理	128

续表

序号	课程名称	主要教学内容和要求	参考学时
8	酒店产品营销	能对酒店市场进行调查和分析，并根据调查和分析进行酒店客源市场的选择和细分；能描述酒店产品设计、创新与组合、酒店产品定价方法；能通过广告宣传和营业推广对酒店产品进行宣传促销；能描述设计酒店产品内部促销资料的方法，对酒店促销活动方案能提出合理化建议	36
9	酒店服务活动策划	能较系统地描述活动方案的基本概念、原理、步骤与技术方法；能将所学到的活动策划知识应用到酒店服务活动策划实践中；能培养学生的创新意识、形象意识、团队意识、沟通意识和统筹意识；能进行组织策划、创意应变、协调沟通、统筹指挥、检查评估等工作，具备一定项目策划案例分析及活动策划实战能力	36
10	酒店财务基础	掌握会计语言要素及运用：认识酒店各部门财务工作的管理与核算、高星级酒店财务运算、企业财务状况的评价方法；初步了解财务管理的理论及方法，了解财务管理的实务运算；能进行酒店收银岗位的工作；能运算财务知识进行简单的成本与收益核算的工作	36
11	酒店专业英语	能熟练使用酒店服务工作中常用专业词汇、术语、句型及习惯用语；能用英语向客人介绍酒店主要设施设备及服务项目；能听写、记录使用英语的客人的电话预订及留言，完成工作表中英语书写的有关信息的填写；能使用英语与外宾作基础沟通，提供服务	128

2）专业选修课

A. 茶艺

B. 插花

C. 调酒

D. 咖啡制作

E. 烹调基础知识

F. 酒店康乐服务

G. 酒店工程与安全

H. 其他

（3）综合实训

学生在校内或校外实训基地完成综合实训，实训形式可以多样化。通过综合实训，增强学生对酒店企业的感性认识，提高专业技能，培养吃苦耐劳的敬业精神，培育沟通合作能力和责任意识，为学生顶岗实习和毕业就业打下坚实基础。

（4）顶岗实习

主要安排在高星级酒店为主的校外实训基地开展顶岗实习，实习岗位包括餐饮、前厅、客房、康乐等，学生参与在实习岗位的工作计划安排、服务接待、业务开展，让学生熟练掌握各项操作技能，适应酒店严明的管理制度，感受酒店企业文化，接待酒店人文环境的熏陶，提高综合职业能力，为顺利融入社会，走上酒店运营与管理的职业道路奠定基础。

三、高星级饭店运营与管理专业的教学时间安排

1. 教学安排的基本要求

每学年为 52 周，其中教学时间 40 周（含复习考试），累计假期 12 周，周学时一般为 28 学时，顶岗实习按每周 30 小时（1 小时折合 1 学时）安排，3 年总学时数为 3000~3300 学时。课程开设顺序和周学时安排，学校可根据实际情况调整。

学校实行学分制，一般 16~18 学时为 1 学分，3 年制总学分不得少于 170。军训、社会实践、入学教育、毕业教育等活动以 1 周为 1 学分，共 5 学分。

公共基础课学时约占学时的 1/3，允许根据行业人才培养的实际需要在规定的范围内适当调整，但必须保证学生完成公共基础课的必修内容和学时。

专业技能课学时约占总学时的 2/3，在确保学生实习总量的前提下，可根据实际需要集中活分阶段安排实习时间，行业企业认知实习应安排在第一学年。

课程设置中设选修课，其学时数占总学时的比例应不少于 10%。

2. 教学时间安排的建议

课程类别	课程名称	学分	学时	学期					
				1	2	3	4	5	6
公共基础课	职业生涯规划	2	32	√					
	职业道德与法律	2	32		√				
	经济政治与社会	2	32			√			
	哲学与人生	2	32				√		
	语文	12	198	√	√	√	√		

续表

课程类别		课程名称	学分	学时	学期					
					1	2	3	4	5	6
公共基础课		数学	6	128	√	√	√	√		
		英语	8	132	√	√				
		计算机应用基础	8	130	√	√	√	√		
		体育与健康	8	144	√	√	√	√		
		公共艺术	2	36	√					
		历史	2	36		√				
		小计	54	932						
专业技能课	专业核心课	酒店概论	2	34	√					
		酒店礼仪	2	34	√					
		酒店服务心理学	2	34		√				
		食品营养与卫生	2	36				√		
		前厅服务与管理	4	66			√	√		
		客房服务与管理	4	66			√	√		
		餐饮服务与管理	8	128		√	√	√		
		服务活动策划	2	36			√	√		
		酒店财务基础	2	36				√		
		酒店专业英语	8	128			√	√		
		小计	38	634						
	综合实训		7	170			√			
	顶岗实习		65	1170				√	√	
	小计		164	1974						
合计			164	2906						

说明：

（1）“√”表示建议相应课程开设的学期。

（2）本表不包含军训、社会实践、入学教育、毕业教育及选修课教学安排，学校可根据实际情况灵活设置。

四、高星级饭店运营与管理专业的教学实施与评价

1. 教学实施

（1）教学要求

1）公共基础课

公共基础课是本专业课程体系的重要组合部分，是提高学生服务意识、夯实文化基础、提升优雅形象气质的重要保证，符合从事高星级酒店服务、运营与管理的需求。公共基础课应为学生树立正确的人生观、价值观和全面的素质培养服务，为学生专业能力的学习和岗位需要以及持续发展服务，为学生的终身教育发展需要服务。基础课要注重教学方法、教学形式的改革，教学手段、教学模式的创新，调动学生学习的积极性，为学生综合素质的提高、职业能力的形成和可持续发展奠定基础。

2）专业技能课

通过深入企业调研，分析酒店行业典型职业活动和核心职业技能，由理论专家、行业专家、专家教师组成课程改革课题小组，共同构建基于酒店工作过程、以项目为导向、以工作任务为载体、以职业生涯发展路线为整体脉络的课程体系，专业技能课程体现设置与酒店岗位群对接，课程内容与岗位核心任务对接，按照相应职业岗位（群）的能力要求，强调理论实践一体化，突出“做中学、做中教”的职教特色。专业技能课建议采用项目教学、案例教学、任务驱动、角色扮演、情境教学等方法，创新课堂教学方法。

（2）教学管理

教学管理要更新观念，改变传统的教学管理方式。教学管理要有一定的规范性和灵活性，合理调配教师、实训室和实训场地等教学资源，为课程的实施创造条件；要加强对教学过程的质量监管，改革教学评价的标准和方法，促进教师教学能力的提升，保证教学质量。

2. 教学评价

构建以服务酒店行业为目标，以学生素质、能力为核心，教育与产业、校内与校外结合的评价机构，实习学分制、多层次、多元化的考评，引导学生全面提升和个性发展。

改革考核手段和方法，加强实践性教学环节的考核，如口试评价、技能评价，注重学生自评、互评以及过程考核和结果考核相结合；突出过程评价与阶段（以工作任务模块为阶段）评价，结合课堂提问、训练活动、阶段测验等进行综合评价；注重学生分析问题、解决实际问题内容的考核，综合评价学生能力；注重学生的职业素质考核，引导学生服务意识和职业气质的养成；引入校外评价，吸收家长、行业企业参与评价。

学习过程考核的目的在于引导学生注重平时的学习过程，保持学生课程学习的主动性和持久性。过程考核主要考察学生在课堂学习期间的学习质量、接受程度、学习态度、出勤率等。

五、高星级饭店运营与管理专业的实训实习条件

根据酒店行业人才需求和职业教育特点配备校内实训实习室和校外实习基地。

1. 校内实训实习室

针对专业课程和校内实践性教学的需要配备校内实训实习场所。校内实训实习必须具备中西餐服务、前厅服务、客房服务等基础实训室，主要设施设备及数量见下表。各表中工具、设施设备及其用品按每年两个平行班，每班40名学生配置，如班级数量增加应相应增加配置。对于新设高星级酒店运营与管理专业的学校，建议实训室设施设备的配置标准参照《旅游酒店星级的划分与评定》（GB/T14308—2010）四星级及以上要求。有条件的学校也可与周边酒店共享实训设施设备。

序号	实训室名称	主要工具和设施设备		
		设备名称	配置标准	数量
1	前厅实训室	总台柜台		1个
		计算机显示终端		10台
		钥匙卡制作机	中号	1个
		显示电话机		2部
		信用卡刷卡机	小号	1个
		酒店运行软件系统		1套

续表

序号	实训室名称	主要工具和设施设备		
		设备名称	配置标准	数量
1	前厅实训室	复印机		1台
		打印机	中号	1台
		电动打字机	中号	1台
		打时机		1台
		行李车	中号或小号	1台
		贵重物品保险箱	中号	1个
		验钞机		1台
		计算机		2套
		世界时钟		1套
		传真机		1台
		学生椅		40把
		各类木制家具		各1件
		各部门账单		适量
		外币样本		若干
		各类耗品	选配	适量
2	客房中式铺床实训室	床垫连床垫		10张
		床单	100%精梳棉 高支高密80支纱/400针	30张
		被芯		20张
		被套	100%精梳棉 高支高密80支纱/400针	40张
		枕芯		30块
		枕套	100%精梳棉 高支高密80支纱/400针	60只
		席梦思保护垫（床褥）		20块
3	客房（标准房）实训室	床（床架连床垫）		2张
		床头柜		1个
		行李柜		1个
		书桌		1张

续表

序号	实训室名称	主要工具和设施设备		
		设备名称	配置标准	数量
3	客房（标准房）实训室	办公座椅		1 把
		电话机		2 部
		穿衣镜		1 面
		卫生间梳妆镜		1 面
		单人沙发练小腿垫		2 张
		茶几或茶台		1 张
		酒柜		1 个
		浴缸（一体式淋浴间）		1 套
		便盆		1 个
		洗脸盆		1 个
		大理石台		1 张
		灯具		盏 / 间
		床品		套 / 床
		五巾		适量
		各类易耗品		适量
		各类备品		适量
		保险箱		1 个
		防火面罩		2 套
4	餐厅（中餐实训室）	大圆桌	直径 180cm，高 75cm	8 张
		中式餐椅		80 张
		工作台	200cm × 100cm，高 75cm	8 张
		转盘	直径 90cm	8 套
		托盘	外径 32cm，内径 30cm	50 只
		小方台（配圆台面）	100cm × 100cm	8 套
		重托盘（长方形）	60cm × 40cm	10 只
		录像机		1 台
		视频展示台		1 台
		投影设备（含计算机）		1 套

续表

序号	实训室名称	主要工具和设施设备		
		设备名称	配置标准	数量
4	餐厅（中餐实训室）	消毒柜		1台
		餐厅点菜 POS 系统		1套
		储物架		适量
		摆台物品（如下）	按中餐宴会摆台 10 人位，8 桌	80套
		* 台布及装饰布	台布：正方形，240cm × 240cm， 台布 70% 棉，30% 化纤 装饰布：圆形，直径 320cm，装饰布的材质约 30% 的棉，70% 的化纤	8块
		* 餐巾（口布）	56cm × 56cm	80条
		* 花瓶	外径 17.5cm，内径 16.5cm， 底径 13.5cm，盆高 7.5cm	8个
		* 餐碟（骨碟）	外径 20.3cm，内径 12.5cm	80个
		* 汤碗（翅碗）	碗口直径 11.3cm，底部直径 5cm，高 4cm	80个
		* 味碟	碟口 7.3cm，底部 4cm，高 1.8cm	80个
		* 汤勺（瓷更）	长 13.4cm，宽 4cm	80个
		* 筷架	长 7.1cm，底部长 7.3cm；宽 3.1cm；底部宽 3.3cm；高 1.5cm；勺子位长 4.9cm，圆形凹口位 2.5cm；筷子位顶部 2.2cm，凹位 1.3cm，高度 1.1cm	80个
		* 筷子	长 24.5cm，筷子头直径 0.4cm；带筷套：长 29.5cm，宽 3cm	80双
		* 长柄杓	全长 20.4cm，勺子长 6.4cm，直径 4.3cm	80个
		* 水杯（414ml）	杯口外径 6.5cm，杯口内径 6.1cm，内高 13.5cm，外高 18.7 杯底直径 6.7cm，厚 0.4cm	80个
		* 葡萄酒杯（14cl）	杯口外径 5.8cm，杯口内径 5.5cm，内高 6.9cm，外高 14 杯底直径 5.7cm，厚 0.2cm	80个
		* 白酒杯（2.6cl）	杯口外径 3.7cm，杯口内径 3.4cm，内高 3.3cm，外高 8.9， 杯底直径 4.1cm，厚 0.2cm	80个

续表

序号	实训室名称	主要工具和设施设备		
		设备名称	配置标准	数量
4	餐厅（中餐实训室）	* 牙签	长 8.3cm，宽 1.5cm	80 个
		* 菜单	长 24.3cm，外宽 14.7cm，内宽 29.7cm，厚 1.4cm	16 个
		* 桌号牌	底座长 10cm，宽 4.5cm，高 8.1cm，底座厚度 0.8cm	8 个
		* 公用餐具（公筷架、筷子、公勺）	公筷架全长 9.5cm，底座长 5.9cm，宽 1.2cm，勺座直径 2.5cm， 筷座长 3.5cm，宽 1.2cm	16 套
		折叠餐巾花专用大盘	直径 40cm	8 个
		茶杯及茶碟		80 套
		茶壶		16 个
		汤碗		80 个
		各种菜盘		适量
		毛巾碟		适量
		净手巾		8 条
5	餐厅（西餐）实训室	西餐台	120cm × 120cm，高 75cm	12 张
		椅子		48 把
		工作台	200cm × 100cm，高 75cm	6 张
		餐厅点菜 POS 系统	可与中餐合用	1 套
		客前烹制车		1 辆
		服务手推车		1 辆
		自助餐保温锅		6 只
		录像机		1 台
		视频展台		1 台
		投影设备（含计算机）		1 套
		重托盘（长方形）	60cm × 40cm	10 只
		装饰布	各种类型	10 块
		托盘	外径 32cm，内径 30cm	40 只
		台布	200cm × 200cm	12 块

续表

序号	实训室名称	主要工具和设施设备		
		设备名称	配置标准	数量
5	餐厅（西餐）实训室	* 台布	200cm × 165cm	12 块
		摆台物品（如下）	按西餐宴会摆台配置	48 套
		* 餐巾（口布）	56cm × 56cm	48 块
		* 装饰盘	7.2~10 英寸	48 个
		* 面包盘	4.5~6 英寸	48 个
		* 黄油碟	1.8~3.5 英寸	48 个
		* 主菜刀		48 把
		* 鱼刀		48 把
		* 开胃品刀		48 把
		* 汤勺		48 把
		* 甜品勺		48 把
		* 黄油刀		48 把
		* 主菜叉		48 把
		* 鱼叉		48 把
		* 开胃品叉		48 把
		* 甜品叉		48 把
		* 水杯		48 只
		* 红葡萄酒杯		48 只
		白葡萄酒杯		48 只
		* 花瓶、花坛或其他装饰物		12 个
		* 烛台		24 个
		* 盐瓶、胡椒瓶		24 套
		* 牙签盅		24 套
		咖啡杯、咖啡碟、咖啡勺		48 套
		餐具垫		48 个
		特殊餐具		适量

续表

序号	实训室名称	主要工具和设施设备		
		设备名称	配置标准	数量
5	餐厅（西餐）实训室	面包篮		12 个
		服务叉、服务勺		12 套
		菜盘、汤盆等		适量
		冰水壶		8 个
		折叠餐巾花专业大盘	直径 40cm	12 个
		净手巾	30cm × 30cm	12 条
6	* 酒吧实训室	调酒壶	不锈钢	10 把
		量杯	不锈钢	10 个
		调酒机	玻璃	4 台
		吧勺	不锈钢	10 个
		滤冰器	不锈钢	4 个
		冰桶、夹子	不锈钢	2 套
		酒桶架	不锈钢	2 个
		雀嘴量酒器	不锈钢	2 个
		顶压式量酒器	不锈钢	2 个
		酒篮	金属	4 个
		开塞器		5 个
		扳手		5 个
		制冰器		1 个
		煮咖啡机		1 台
		磨咖啡机		1 台
		炒咖啡机		1 台
		爱尔兰咖啡机		1 台
		爱尔兰咖啡机加热酒精炉		1 台
		各式酒杯	玻璃	适量
7	* 茶艺实训室	授课演示台	木	1 套
		学生操作台	木	12 套

续表

序号	实训室名称	主要工具和设施设备		
		设备名称	配置标准	数量
7	* 茶艺实训室	展示柜	木	2 套
		茶艺器具	紫砂、瓷	12 套
		茶具（盖碗、茶杯、茶海）		12 套
		玻璃壶（带酒精灯）		24 个
		茶荷		12 个
		茶道组		12 套
		随手泡		12 个
		茶巾		24 条
		公道杯		48 个
		玲珑壶		24 个
		饮水机		1 个
		各类茶叶		适量

说明：

1）带 * 的实训室或设施设备为开设相关实训课的学校推荐配备，建议有条件的学校还可建设插花实训室和咖啡制作实训室等。

2）形体训练室是旅游服务类职业学校的标配实训室，可配置常规木地板、把杆（悬挂式、立柱为直径 5cm 的钢管，内由直径为 3cm 的实心圆钢做升降杆，升降高度为 80~110cm），用于进行基本形体训练、基本功训练、身韵训练、舞蹈排练和基本的礼仪体态训练。

2. 校外实训基地

本专业应有不少于 4 个相对稳定的、高水平的酒店作为顶岗实习、课程见习、实训的基地。建设校外实训基地应遵循长期规划、深度合作、互助互信的原则，选择运作比较成熟，经营情况比较理想，专业上有能工巧匠，人才培养、选拔体系比较完善的行业龙头企业，如国际连锁酒店集团、当地知名度美誉度较高的酒店。校外实训基地应能完成餐饮、前厅、客房、康乐、销售等岗位群核心技能的训练，承担学校综合实训和顶岗实习之需，能满足中等职业学校教学改革要求，配合学校开展订单式培养、模块化教学等人才培养模式的探索。

根据教育部颁布的《中等职业学校教师专业标准》和《中等职业学校设置标准》的有关规定，进行教师队伍建设，合理配置教师资源。专业教师学历职称结构应合理，至少应配备具有相关专业中级以上专业技术职务的专任教师 2 人；建立“双师型”专业教师团队，其中“双师型”教师应不低于 30%；应有业务水平高的专业带头人。

专任教师每两年应有不少于两个月的酒店企业实践经历；应有良好的师德，关注学生发展；应为酒店管理或旅游管理专业本科以上学历，具备中等职业学校教师资格证书和职业资格三级以上证书；熟悉教学规律，具备终身学习能力和教学改革意识，能持续吸收行业和教育界新知；对酒店行业有较为全面的了解，有下企业实践或者调研及其他在企业工作的经历。

第五章　海口旅游职业学校餐饮管理系重点专业建设

中餐烹饪专业主要是培养掌握现代烹饪、营养、餐饮管理的基本知识，具有较强烹饪技术，能从事烹饪操作、营养分析与营养配餐，以及餐饮企业日常运营管理的技术技能性专门人才。围绕海口旅游职业学校打造“一系一品”重点专业的整体规划，餐饮管理系着重做好“中餐烹饪专业”的品牌建设，并以此带动餐饮管理系其他专业的建设和发展。

第一节　中餐烹饪人才的需求调研

为行业培养合格人才，是职业教育的基本任务。做好行业人才需求分析，是开展专业建设的逻辑起点。餐饮管理系在开展中餐烹饪专业建设规划和课程体系建设时，首先进行了中餐行业人才需求的调研与分析。目前，海南全省中餐烹饪人才紧缺，尤其是高技能厨师市场需求极大，省内高级厨师缺口巨大，许多高星级酒店花大价钱也招不到理想的厨师人才。从海南国际旅游岛发展的趋势分析，厨师无疑是未来最紧缺的人才之一，是海南岛最吃香的职业之一。

一、传统中餐行业的发展动向

中国餐饮业已进入了提质转型升级的新阶段。一是发展处于黄金期。从国家层面看，餐饮业正在成为我国大力发展的综合性民生产业。二是产业处于升级期。餐饮业发展方式加速向质量效益型转变，发展动能逐步从依靠传统核心资源支撑、规模增长向产业深度融合、产品技术创新驱动转变。三是市场处于规范期。餐饮业是生活服务性行业，也是典型的窗口行业，餐饮市场秩序和服务水平是人民重要的利益诉求，在一定程度上代表着国家和地区的形象。

1. 传统饮食文化借互联网思维实现重生和振兴

品类回归是餐饮企业适应消费需求变化的市场选择，但要真正占领消费群体日益年轻化的市场，需要开发传统特色产品创意化、体验化的新模式。互联网思维和 IP 概念为餐饮业提供了颠覆传统餐饮业态的勇气和力量。很多定位地域特色美食的新兴餐饮，一方面借助互联网在时间和空间两个维度上拓展餐饮市场，实现地域美食的全域化；另一方面将传统手工鲜食作为美食 IP 进行文创包装，讲故事、树品牌，线上线下情感互动，以味道怀旧来优化消费体验等。

2. 购物中心的餐饮集群消费模式逐步成熟

餐饮业态的布局逐步由分散型向聚集型发展。购物中心借鉴国外成熟商业模式，从吸引人流和集中后勤管理的角度出发，推行餐饮聚集化发展。在集中餐饮层中，主题型餐饮街开始盛行，对于客流具有更强的聚集效应。

3. 传统餐饮类“非遗”产品亟待建档保护

非物质文化遗产记载和传承一个国家和民族的历史文化，是人类文化“活的记忆”，是世界遗产的重要组成部分，其重要性显而易见。中国饮食文化博大精深，与法餐、土耳其美食并称世界三大烹饪风味体系。近年来，中国饮食文化正在积极努力申报世界非物质文化遗产。在世界非物质文化遗产保护大潮的影响下，我国非物质文化遗产保护工作也开展得如火如荼，饮食类“非遗”的申报和保护也越来越受到社会各界的关注和重视。在国务院已经公布的第 4 批国家级非物质文化遗产名录中，有 9 项饮食类“非遗”列入传统手工技艺项目，并增加了重要菜肴流派的技艺及食俗、少数民族饮食技法及食俗、重要的烹饪技法、豆腐及豆制品制作技艺等方面的内容。除此之外，各地还有众多的地方性饮食类“非遗”项目被认定。

二、中餐烹饪专业的人才需求状况

改革开放至今，餐饮业作为中国增长最迅速的行业之一，引领着国内消费市场，对中餐烹饪人才的需求也越来越大。究其原因，一是随着经济的发展，人民生活水平的提高，全国旅游行业发展迅猛，而“食”是旅游的基本要素之一。二是随着我国居民消费水平的快速提高，人们追求品牌店、特色店和名牌餐饮企业的势头更加明显，个性化特色经营突出，品牌、特色餐饮深受青睐。市场需求不断提高，餐饮服务形式更趋多样化。休闲餐饮、浪漫餐饮、沙龙餐饮、旅游餐饮、娱乐餐饮、会展餐饮、网络餐饮、邮递餐饮等新形式的餐饮都会更多地进入人们的生活。

1. 餐饮行业发展迅速，中餐烹饪人才备受青睐

经调查，目前中国餐饮业从业人员近 2000 万人，厨师 700 余万名。在餐饮人员结构中，餐厅服务及管理人员占总比例的 52.66%，厨房厨师及管理人员占 47.34%。餐饮业从业人员中，初中及以下学历约占总人数的 24%，高中学历约占总人数的 71%，高职约占总人数的 4.66%，本科学历占总人数的 0.34%。目前，我国餐饮业从业人员缺口约是 20 万人，尤其是高素质技能型人才的缺乏将是制约我国餐饮业发展的重要因素。据统计，全国现有 350 万家餐饮家网点，为社会提供 1800 万个就业岗位，每年也至少要新增 160 万个岗位。

面对国内餐饮业良好的发展态势，餐饮业人才的供给状况却不尽如人意，各个城市对中餐烹饪专业的毕业生的需求量非常大，但空前的“人才荒”成为阻碍餐饮业发展的一大问题。据中国餐饮行业协会的调查，未来 5 年中国厨师需求总量达 400 多万之多。虽然，我国厨师总数已逾千万这样一个庞大的队伍，在我国产业工人中占了相当大的比重。但是，相对于 13 亿中国人来说，这个数量远远不够。在国际上，中餐厨师又是缺口最大的行业之一，厨师已经成为很多有志青年高度认可的热门高薪职业。

《舌尖上的中国》风靡全球，掀起了饮食文化的新热潮。在中国文化中，烹饪是最让中国人自豪的产物。一直以来，中国优秀的饮食文化和烹饪技术，都是靠师徒口耳相传的方式一代又一代相传下来的。随着社会的发展，旅游职业教育承担起为社会需求和经济发展培养高素质技能型专门人才的光荣使命，其教育功能中的职业属性决定了这一类院校必须培养以服务为宗旨，以就业为导向，研究社会需求和经济发展趋势，贴近生产、建设、服务和管理一线培养人才。

2. 烹饪专业就业前景看好，毕业学生非常抢手

中餐烹饪专业学生的就业岗位，主要面向各大宾馆、星级酒店、连锁酒楼、餐厅、度假村、高级会所的厨师。在经过基层锻炼之后，可以从事餐饮的技术管理工作，如大厨、行政总厨、餐饮部经理，或者是酒店经理。同时，大中专职业学校烹饪教学和培训工作，以及各大单位食堂、医院的营养配餐，也需要大量的中餐烹饪专业人才。毕业生毕业后工资情况调查结果显示，厨师工资普遍比大学毕业生工资高。一般普通本科毕业后平均工资在1500~2500元。而大部分拥有国家职业资格证书月薪都在三千至四千元以上，技术精的厨师薪资还会更高。成为酒店的厨师长、行政总厨后，年薪一般都高达数十万甚至上百万元。另外，厨师提升空间大，厨师长、行政总厨、餐饮经理、餐饮行政总监等岗位都是目前紧缺的人才，也是中餐烹饪专业学生职场发展的目标。

从反馈信息和实际调查可以看出，中餐烹饪专业学生的就业非常容易，但做好做精的难度较大。要求从业人员除了要具备相应的专业知识之外，还必须有相应的基本素质。一是过硬的知识结构，掌握烹饪工艺与营养专业的基础知识、基本理论和实践技能，掌握各大菜系的基本理论与实践操作技术。二是较高能力素质，能操办大中型宴会，并设计宴席菜单和提供技术支持的能力，能创新菜品，具有美食方面的审美和艺术鉴赏能力。三是适应社会的能力，团结协作的能力、勇于创新的能力、独立处理分析问题和解决问题的能力；厨房管理能力；语言表达能力；学习能力；沟通、社交能力。四是强大的心理素质，爱岗敬业精神，吃苦耐劳，虚心学习，踏实诚恳，拼搏进取，善于与人合作，坚持不懈，较强的组织与管理能力等。这一切，也正是旅游职业学校餐饮管理与烹饪专业教学改革和人才培养的目标。

第二节　中餐烹饪专业的建设规划

中餐烹饪专业主要为海南国际旅游岛及周边地区城市的各级各类酒店及餐饮业输送从事中餐烹饪、中式面点等一线技术生产工作的中等技能型人才。多年来，中餐烹饪专业紧紧围绕海口旅游职业学校“一系一品”的部署，做好了餐饮管理系中餐烹饪重点专业的建设，并以此带动餐饮管理系其他专业的建设。同时，依托国家级示范校建设这一契机，以教育教学改革为抓手，以项目建设为突破，如期完成了重点专业的所有建设任务。

一、中餐烹饪专业建设的目标与预算

中餐烹饪重点专业的建设，主要是围绕人才培养模式开展课程体系改革、师资队伍建设、校企合作与工学结合运行机制等方面的工作。烹饪系严格按照国家示范学校的建设方案和任务书的要求开展中餐烹饪重点专业的建设，科学合理分解建设目标、细化建设指标，工作有序推进，重点专业建设取得显著成果。

1. 中餐烹饪专业建设的目标

中餐烹饪专业建设的目标，一是创新培养模式，提升教学质量。本专业师生在省级、国家级职业院校技能竞赛和各类评比评优中屡创佳绩，成绩领先海南省中职同类专业。二是引进 5S 管理，加强实训基地建设。在占地面积、实验室配备、设备数量和类别、实训功能等方面在全省起到引领作用。三是科学设计，多层次、多元化建设全省一流的中餐烹饪师资队伍。四是与校企深度合作，开展科研项目。与省内龙头餐饮企业龙泉集团合作，合作开发琼菜，建立“产学研训”基地。

2. 中餐烹饪专业建设的预算

根据国家示范校重点专业建设方案和任务书，中餐烹饪专业建设项目预算总资金为 385 万。资金支出符合规定，做到管理科学化、规范化，重点专业建设的资金使用取得良好的建设成效。

中餐烹饪重点专业建设资金预算

资金来源	预算金额	到位金额	资金到位率	实际执行金额	经费执行率
中央财政	350 万元	350 万元	100%	350 万元	100%
地方财政	35 万元	35 万元	100%	35 万元	100%
合计	385 万元	385 万元	100%	385 万元	100%

二、中餐烹饪专业建设的内涵与成效

围绕建设目标，经过多年建设，海口旅游职业学校的中餐烹饪重点专业的建设已取得明显的成效。近几年来，中餐烹饪专业新生报到率达 100%，就业对口率超过 90%，参加中级职业资格考证通过率达 93% 以上，毕业生活跃在喜来登、喜达屋、君澜、希尔顿等知名星级酒店中。

1. 人才培养模式与课程体系建设的成效

1）构建了“产学结合、开发引领、因材施教、合作育人”人才培养模式

“产学结合”是指把校内店办成生产实训基地，把学生的操作技能培训与校店生产经营有机融合。学生经过一年的专业基础操作技能学习训练后，到二年级以轮岗的方式轮流进入学校创办的“大拇指西餐厅”和企业赞助建设的“潮江春”模拟餐厅进行为期一个月的厨房岗位实训学习活动。

“开发引领”是与海南省烹饪协会及相关龙头餐饮企业联合，对琼菜的体系形成及规范量化进行系统的开发与研究，形成了初步的菜肴体系，在对海南的餐饮文化推广方面，起到了很好的引领的作用。

“因材施教”是指开展以工作流程为导向的专业课程体系改革，在专业设置及人才培养模式上对学生开展因材施教的教学模式。具体改革措施是：专业核心课程与专业模块课程共存。一年级，统一开展中餐烹调基础知识、中餐面点基础知识及技能的专业核心课程；二年级，建设冷菜方向、面点方向、食品雕刻方向及西餐方向四个专业模块；第三年，岗位实习。

“合作育人”是加强职业岗位需求与教学内容的结合，与海南省龙头餐饮企业龙泉集团开展合作育人，在中餐烹饪专业开设订单培养班“龙泉班”。学校与企业共同管理，企业派驻师资对学生开展专业技术培训，学校外派教师到企业顶岗学习深造，将市面上最流行的菜品在第一时间带进课堂传授给教师和学生们。学生完成学业任务后，可直接进入龙泉企业开展实习工作，并能得到指定的师傅给予专门的专业技术指导培训，帮助学生快速成长。

中餐烹饪重点专业人才培养模式建设完成情况表

建设内容	建设目标	完成情况	完成率
产学结合	实施“校店合一”教学模式改革，完善工学交替的人才培养模式	制订完善的岗位学习方案，校店正常运营并满足学生操作训练需要，工学结合提高学生的动手操作水平，学生技能竞赛成绩在全省处于领先水平	100%
开发引领	开展“琼菜”的研究与开发工作，完成“琼菜研究中心”的建设，出一本成果集	成立了海南省琼菜研究中心培训基地，建立了“琼菜研究实验室”；出版了《海南滋味》一书	100%

续表

建设内容	建设目标	完成情况	完成率
因材施教	以工作流程导向设计课程，实施专业模块教学研究，带动专业发展建设	全面实施以工作流程为导向的设计课程体系，学生职业资格证考核获证率达 95%	100%
合作培养	与企业合作，参与本专业的人才培养定制、教师团队建设	与海南龙头餐饮企业合作创办了“龙泉班”，形成人才共育、成果共享的紧密型合作办学体制	100%

2）构建了工作流程导向的课程体系

中餐烹饪专业开展了以岗位工作流程为导向的专业课程体系改革，将课程延伸到生产实训场所，设置模块教学，将学习内容融入岗位工作流程教学，做到知识和技能的有机融合。

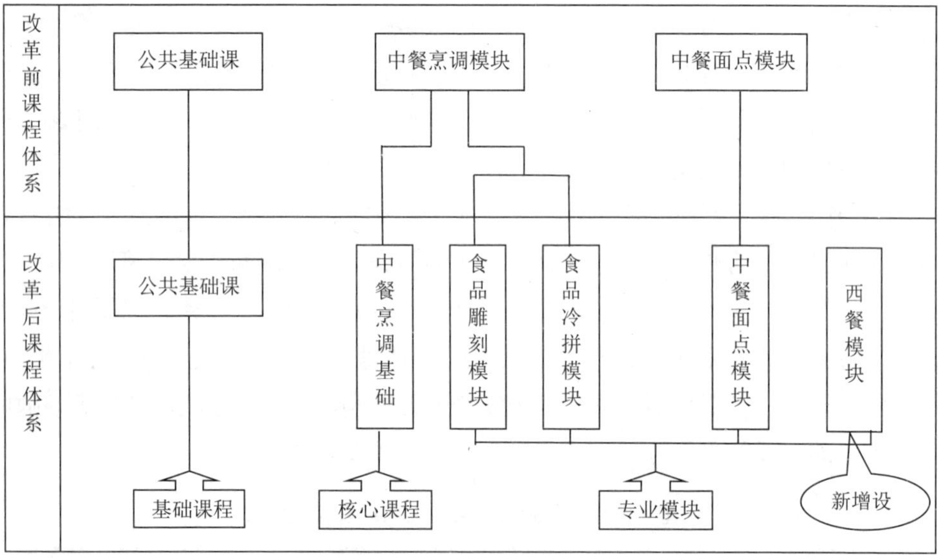

中餐烹饪重点专业课程体系图

3）专业课程及教材建设

中餐烹饪专业以工作流程为导向制定了专业课程标准，借助学校信息化建设平台，对中餐烹饪专业多年来的教学资源及成果进行了分类整理归纳，建立了包括相关专业教案、专业课件、试卷、专业图片、文字等多维信息的中餐烹饪专业资源库建设工作；并通过两年的摸索与专业教学实践，结合专业信息资源，以岗位工作流程为导向的主线开展教学研究，完成了2门精品课程、2部校本教材的研究与开发工作。

中餐烹饪重点专业精品课程建设完成情况汇总

建设内容	建设目标	完成情况	完成率
精品课程的建设	申报《中餐面点制作》与《食品雕刻》两门精品课程，并完成校本教材的编写工作	完成了《中餐面点制作》与《食品雕刻》两门精品课程的建设	100%
专业教学资源库的建设	建立中餐烹饪专业的题库资料	完善中餐烹饪专业教学资源的整理与应用，建立了烹饪专业的题库	100%
教材的开发	推动专业课程教学模式的发展，并开发相配套的校本教材	完成《中餐烹调技术》校本教材的编写	100%

2. 师资队伍建设的成效

中餐烹饪专业现有专职专业教师7名，其中高级技师4人、技师2人、高级工1人；外聘专业名师9名，其中高级技师3人、技师3人、高级工3人。中餐烹饪专业着重从培养专业带头人和打造行业名师等方面入手开展专业师资队伍建设。具体建设内容包括：组织本专业教师到新加坡、扬州等地开展专业考察学习；鼓励本专业教师积极参加各类行业大赛，增强学习交流和技术提高；外派专业教师到企业进行顶岗学习最新餐饮技术及资讯；培养优秀教师去参加“国家级骨干专业教师”培训学习。通过全方位的培养与考察，力求培养具备先进职业教育理念和掌握烹饪专业新技术、专业能力突出的“双师型”优秀专业教师。同时还从行业引进优秀的专业人才到校兼职授课，将行业的实时信息与最新技术引进学校，既保障了师资数量、提高了教育教学质量，也优化了本专业的“双师”结构。

中餐烹饪重点专业师资队伍建设完成情况汇总

建设内容	建设目标	完成情况	完成率
专业名师建设	培养2名有较强教学教研、实践能力及课程开发能力的名师	精心打造了2名校级中餐烹饪名师	100%
专业带头人及骨干教师队伍建设	培养2名能够主持本专业核心课程教学和承担社会技术服务工作的专业骨干带头人	外派1名教师参加国家级骨干教师培训；1名教师参加者国家级职业顶岗	100%

续表

建设内容	建设目标	完成情况	完成率
“双师型”教师队伍建设	“双师型”教师与专业教师的比例达到 100%	“双师型”教师与专业教师的比例达到 100%，具备技师资格的教师与专业教师的比例达到 85%	100%
外聘教师队伍建设	从企业聘请专业技术骨干到校担任兼职教师，优化专业师资队伍	外聘教师达 9 人，其中高级烹调师 3 人；技师 3 人；高级 3 人	100%

3. 校企合作、工学结合运行机制的建设成效

中餐烹饪专业创设校企合作共建专业的办学新思路，制订出适应企业岗位发展需要、符合学生职业能力特点的专业教学计划。具体实施步骤有：与企业合作共建师资队伍，从企业聘请优秀的行业名师和技术能手到校任教并开展相应的专业技术指导培训，外派本专业教师到企业顶岗工作，了解行业信息和技术要求，按厨房岗位工作要求合理制定中餐烹饪专业教学标准和课程标准。

中餐烹饪重点专业校企合作、工学结合运行机制建设完成情况汇总

建设内容	建设目标	完成情况	完成率
专业实训基地建设	完善中餐烹饪专业实训实验室的建设，以满足专业教学需要	完成了琼菜研发中心建设；建有两间模拟厨房；七间基础操作实验室	100%
校企合作培训	本专业教师、学生到企业进行顶岗实习；企业专家到校讲学指导	外请行业名师、企业名家到校进行指导讲座；本专业教师到企业进行顶岗培训	100%
社会技术服务	开展职业资格培训和技能鉴定工作，承办各类烹饪技能赛事	协助省人劳厅完成了“省家政技能大赛”活动，参加各类职业技能鉴定工作	100%

三、重点专业建设的示范效应与不足

通过中餐烹饪重点专业的建设，带动了全系其他专业的建设，并对全校各专业的建设起到了很好的示范作用。

1. 中餐烹饪重点专业的示范效应

1）建立了符合专业特点的人才培养模式，大幅度提高了教学质量

中餐烹饪专业通过开展“产学结合、开发引领、因材施教、合作育人”人才培养模式改革，通过“下午茶”“生日宴”等实践活动的开展与训练，使学生的岗位工作能力、工作协调能力、专业技术水平等方面的综合能力得到了充分锻炼

与提高。学生在各类专业技能竞赛中屡获佳绩。2011 年，获全国中职烹饪竞赛一等奖 1 个、优秀奖 2 个；获省级中职烹饪技能竞赛一等奖 4 个、二等奖 6 个。2012 年，获全国中职烹饪竞赛二等奖 1 个；获省级中职烹饪技能竞赛一等奖 4 个、二等奖 4 个。2013 年，获全国中职烹饪竞赛二等奖 1 个、三等奖 3 个；获省级中职烹饪技能竞赛一等奖 3 个、二等奖 4 个、三等奖 1 个。在全省同类职业院校中成绩突出，起到了良好的示范和引领作用。

2）加强科学研究，打造了能力突出的师资队伍

中餐烹饪专业所有教师参与了琼菜的改良研发与微创新工作，发行了《海南滋味》一书。研究成果中的“红扣东山羊”和“椰芋文昌鸡”两道菜被海南省烹饪协会评为“海南琼菜名菜”。2011 年，本专业谭蓉老师被中国烹饪协会评为“中国烹饪名师”；2013 年，谭蓉、庄全球等 5 位教师被授予“海南琼菜大师”及“海南琼菜名师”称号。多年来，本专业教师在行业技能比赛、职业教育成就方面共获 7 个国家级奖项、省级奖项 15 项。中餐烹饪专业的师资团队在省内餐饮行业、协会及同类职业院校中有着显著的影响力。

3）加强社会服务，增强专业吸引力

中餐烹饪专业通过与企业深度合作，完善了中餐烹饪专业以岗位工作流程为导向的课程标准的建设，并辐射省其他中职学校。如海南白沙县中等职业学校的中餐烹饪专业的建设与学生培养标准、师生的操作工服都是按我校中餐烹饪专业为参考蓝本进行建设。2012 年，谭蓉、庄全球两位教师被指定为省中职烹饪技能大赛集训教练；本专业协助省人劳厅成功举办了“海南省首届家政服务技能大赛”。由于专业建设成绩突出，2011 年，中餐烹饪专业获海口市“工人先锋号”称号；2012 年，本专业获海南省“烹饪餐饮教育最佳成就奖”荣誉。

2. 重点专业建设有待完善的方面

1）存在问题：在中餐烹饪重点专业建设过程中也存在着一些有待改善的地方。例如：在专业课程体系建设过程中，共享资源的建设和精品课程的建设进度较慢，影响到专业建设的整体效果。

2）改进措施：进一步深化中餐烹饪重点专业教学改革，进一步健全“校企合作、工学结合”教学体系的建设。

中餐烹饪重点专业示范建设主要成果

成果类别	项目	获奖等级	级别	年份
专业建设	海口市“工人先锋号”		市级	2011
	海南省烹饪协会副会长单位		省级	2009 至今
	海南省烹饪餐饮教育最佳成就奖		省级	2012
	成立海南省琼菜研究中心培训基地		省级	2012
精品课程	《中餐面点》		校级	2013
	《食品雕刻》		校级	2013
学生竞赛评比	全国中等职业技能竞赛	1 个一等奖，2 个优秀奖	国家级	2011
	全省中等职业技能竞赛	4 个一等奖，6 个一等奖	省级	2011
	全国中等职业技能竞赛	1 个二等奖	国家级	2012
	全省中等职业技能竞赛	4 个一等奖，4 个二等奖	省级	2012
	全国中等职业技能竞赛	1 个二等奖，3 个三等奖	国家级	2013
	全省中等职业技能竞赛	4 个一等奖，3 个二等奖，1 个三等奖	省级	2013
师资培养	全国中等职业技能竞赛	1 个优秀指导教师	国家级	2011
	全国创新菜烹饪大赛	1 个二等奖	国家级	2011
	中华金厨奖	1 人	国家级	2011
	中国烹饪名师	1 人	国家级	2011
	考取中式面点技师	1 人		2011
	海南省中职烹饪竞赛教练	2 人	省级	2011
	海南省中职烹饪竞赛教练	2 人	省级	2011
	全省中等职业技能竞赛	3 个优秀指导教师	省级	2011
	烹饪培训教育成果奖	1 人	国家级	2012
	海南省烹饪协会技能明星	2 人	省级	2012
	海南省烹饪协会突出贡献奖	2 人	省级	2012
	国家级专业骨干教师培训	1 人	国家级	2012
	教师顶岗实践	1 人	国家级	2012
	教师顶岗实践	1 人	校级	2013
	海南省琼菜大师	2 人	省级	2013
	海南省琼菜名师	2 人	省级	2013

续表

成果类别	项目	获奖等级	级别	年份
师资培养	专业名师培养	2人	校级	2013
	企业兼职教师	9人		2011至今
项目研究	“校店合一”教学模式研究改革试点	多人	校级	2011至今
	“琼菜研究”菜肴开发引领研究开发	多人	校级	2011至今
	“订单合作”校企联合办学模式研究	多人	校级	2012至今

第三节　中餐烹饪专业的课程体系

海口旅游职业学校中餐烹饪专业的课程体系建设是依据中等职业学校烹饪专业目前发展的需要，在分析了当前烹饪专业在人才培养课程设置上因注重实用型人才课程体系；协同海南当地的企业发展方向而设置的具有地方特色的课程体系。

一、中餐烹饪专业课程体系建设依据与思路

1. 中餐烹饪专业课程体系建设的依据

中餐烹饪专业结合多年的教学实践及与餐饮企业的多方面沟通，对中餐烹饪专业的课程体系进行了全面的调整。新的课程体系侧重培养学生的综合操作能力，使学生由单一的专业技术学习转换为岗位能力培养学习，为学生能快速适应岗位工作及今后的发展提供了广阔空间。同时，根据本专业学生的特点，设置课程培养方案，拓展学生的多重岗位出路，以适应烹饪行业岗位需求的多样化。教学内容也由专业岗位基本功和贴近市场行情与发展需要的特色品种来充实，构建合理的具有海南地方特色的课程体系。

在课程设置上，注重学生专业基本功的训练及岗位综合能力和创新能力的培养，造就学生全面发展的综合素质和职业能力。在教学方面，通过理论、实践、素质、技能诸多方面的有机结合，达到技术技能型烹饪专业人才培养的目的。新的中餐烹饪课程体系，设置了基础必修课、选修课、专业实践模块，把地方餐饮企业最新的信息带入课堂。

2. 中餐烹饪专业课程体系建设的思路

海口旅游职业学校的烹饪专业课程体系建设，始终坚持与海南省餐饮业发展的需要紧密结合的指导思想。在粤菜菜系学习基础上，加大对琼菜菜系的挖掘研究与开发传承，加大中餐烹饪专业的教学改革和课程内容更新，全面提高中餐烹饪专业的教学质量，提高学生的专业技能和职业能力。课程建设的目的是充分发挥学生的主观能动性，使教学与岗位、企业、社会需要达到深度融合。餐饮管理系积极探索行业人才需求的规格和岗位工种的类别，全力推进校企合作的长效机制建设，构建工学结合、产学研相结合的有效通道。同时，加强本专业师资的建设及行业师资队伍的构建，通过培训学习、顶岗、竞赛交流等多层次的学习活动，提高本专业教师的整体专业技能和教学水平。

二、中餐烹饪专业人才培养方案与课程体系

1. 中餐烹饪专业的人才培养方案

（1）培养目标

本专业通过三年的教学和实践活动，培养与我国社会主义现代化建设要求与国际旅游岛建设发展需要相适应，德、智、体、美全面发展，具有良好的职业道德和职业素养，掌握现代烹调操作技术和营养膳食组配制作技能，能从事餐饮企业中餐烹调、中餐面点、营养配餐等工作，具备职业生涯发展基础和终身学习能力，能胜任生产、服务、管理一线工作的高素质劳动者和技术技能人才。

（2）职业范围定位

本专业培养的学生主要面向高级酒店、会所、餐饮及相近服务型企业，从事中式烹饪、中式面点等一线技术生产工作。岗位包括：厨房水台岗位、砧板岗位、打荷岗位、炒锅岗位、面案岗位。并在基层后厨岗位经过锻炼和积累后，能较快适应企业后厨相关基层管理岗位工作。

（3）行业职业能力要求

1）素质要求

A. 具有良好的道德品质、职业素养、法律意识。

B. 具有良好的人文和科学素养和继续学习的能力。

C. 具有健康的身体素质和心理素质，有良好的生活态度。

D. 具有良好的责任心、进取心和坚强的意志。

E. 具有良好的书面表达和口头表达能力。

F. 具备吃苦耐劳、积极进取、敬业爱岗的工作态度。

G. 具备勤于思考、善于动手、勇于创新的精神。

H. 具备良好的人际交往能力、团队合作精神和服务意识。

I. 能够严格遵守安全操作规范。

J. 具有运用计算机进行专业信息查询和常用文档处理的能力。

就业岗位	学习领域	专业能力	社会能力	方法能力
中餐热菜、中餐面点		1. 掌握本专业所必需的文化基础知识，政治、经济、法律基本理论知识。 2. 掌握本专业工作所必需的烹饪原料学、烹饪工艺学、面点工艺学、西餐工艺学等知识。 3. 掌握本专业工作所相适应的餐饮服务与管理、宴会设计与管理等业务知识。 4.具有自主创业的精神。	1. 具有较强的语言文字表达、良好的人际沟通协调能力。 2. 具有基础的计算机操作应用能力及一定的外语听说读写能力。 3. 具有较强的烹饪实践操作能力与营养配餐能力。 4. 具有一定的厨房生产组织和管理能力。	1. 爱国守法，具有正确的世界观、人生观、价值观及理论联系实际和实事求是的科学观。 2. 德、智、体、美、劳全面发展，社会责任感强，能适应未来社会需要。 3. 爱岗敬业、吃苦耐劳、诚实守信，专业过硬，勇于创新，具有现代服务意识，能适应各类餐饮企业工作。 4. 具有创业意识、创业精神。

2）业务要求

A. 具有运用食品安全生产知识执行规范操作的能力。

B. 具有烹饪基础刀工、勺功的应用的能力。

C. 具有烹饪原料鉴别及初加工的能力。

D. 具有菜点文化背景和中国饮食文化的讲解能力。

E. 具有菜点、宴席的审美和设计的能力。

F. 具有运用烹调技法保护烹饪原料营养素和营养标签设计、制作的能力。

G. 具有厨房生产成本控制和厨房管理的能力。

H. 具有现代烹饪设施设备操作及简单维护的能力。

（4）毕业证书

学分要求：128 学分；

必修课程全部及格，按规定获得相应总学分；

必须进行为期不少于32周的实习实训训练，并成绩合格；

取得中级《中式烹调师》《中式面点师》等国家职业资格证书（必考）。

2. 中餐烹饪专业的课程体系结构

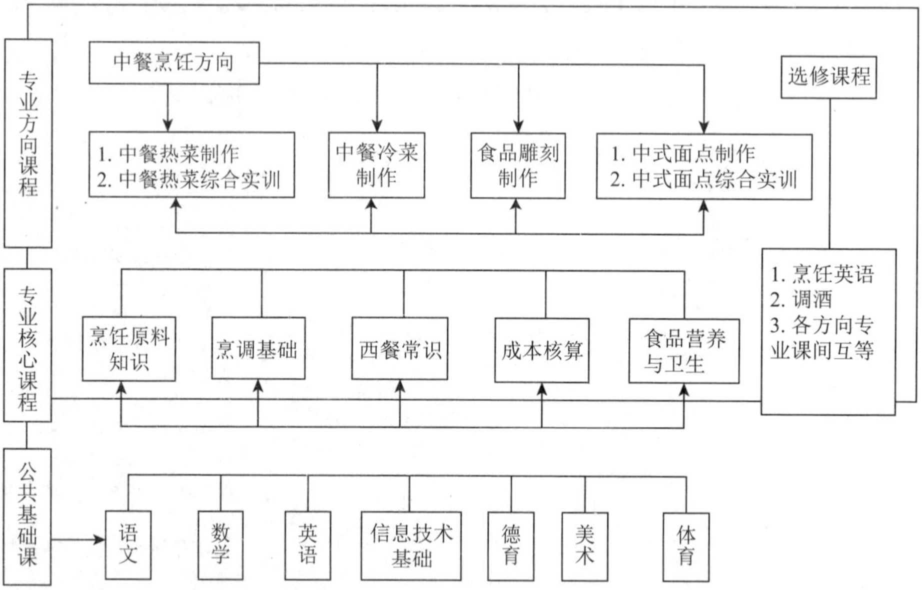

三、专业核心能力课程与课时安排

1. 中餐烹饪专业的核心能力课程

1）《中餐烹调基础》

本课程是中餐烹饪专业的专业核心课，本课程是为了使学生更好地学到较高的专业技能，适应餐饮业的工作岗位需要，突出以就业为导向、能力为本位的理念，为今后进一步学好中餐烹调技术打下扎实的基础。

开设烹饪基本功课程主要包括厨房岗位流程操作的基础内容，此课程主要是学习烹饪基本操作，为进一步学习烹调技术打好基础，学生通过的配合训练及实际动手，逐步达到技能熟练，熟悉岗位工作的流程及工作要求。在练习基本功的时候应以基本的、经济的、本地的、流行的为原则，既使得厨房资源达到最优化利用，同时要考虑与实际紧密相关的切实可行的方案。

2）《中餐面点制作》

本课程是为了使学生能够更好地学到较高的面点专业技能，适应餐饮业的工作岗位需要，突出以就业为导向、能力为本位的理念，理论与实践一体化的教学模式，把专业知识融入学生能力培养之中，为今后进一步学好面点制作技术打下扎实的基础。

面点制作课程的教学以餐饮业工作岗位的要求为目标，实行课程结构模块化、课程设置综合化、课程内容项目化的教学模式。注重学生实际工作能力的培养，使学生成为有专业技能、善于实践，有创新精神的高素质专门人才。

3）《食品雕刻》

本课程是为了使学生更好地掌握较高的食品雕刻及菜肴装饰等专业技能并与餐饮业的工作岗位需要相配套，突出以就业为导向、能力为本位的理念，并使学生了解一定的中餐烹饪专业基础知识且掌握基本技能。

对该专业课的教学实行课程结构模块化、课程设置综合化、课程内容项目化的教学模式，使学科知识与专业技能紧密结合，把专业知识融入学生能力培养之中。为以后学习与餐饮业相关工作岗位的知识和技能打下扎实的基础。

4）《冷菜制作》

本课程是为了使学生更好地掌握较高的冷菜制作及花式拼盘的拼摆专业技能并与餐饮业的工作岗位需要相配套，突出以就业为导向、能力为本位的理念，并使学生了解一定的中餐烹饪专业基础知识且掌握基本技能。

对该专业课的教学实行课程结构模块化、课程设置综合化、课程内容项目化的教学模式，使学科知识与专业技能紧密结合，把专业知识融入学生能力培养之中。为以后学习与餐饮业相关工作岗位的知识和技能打下扎实的基础。

5）《食品卫生与营养》

本课程是中餐烹饪专业学生必修的公共基础课程。其所涉及的知识几乎渗透到了厨房工作的每个细节当中，与学生未来的职业生涯关系紧密。

通过本课程的学习，使学生掌握营养与健康、各类食材的营养成分、食品安全与正确处理食物的方法，以及科学的烹调与配餐等专业知识，以便为企业和公众提供可靠的服务和安全优质的饮食产品。亦能够为学生将来进一步的深造打好理论功底。

6)《实训教学环节》

遵循中职教育规律，按照“以学生为中心、做中学、做中教”的教学理念，突出技术应用性，培养的是高级技术应用型人才。课程体系中应强调实践课程与理论课程的相辅相成，相互融合，体现技术应用型人才培养规律。本专业课程设置应以社会和行业需要为原则，以“应用、实践”为宗旨，充分利用现代教育技术和实验室、实训基地的条件，选择适合的教学载体，针对基础知识学习、技术操作训练、综合技能培养等不同重点项目的学习，设计科学、合理的教学方法手段。关键在于做好岗位流程课堂教学设计，让学生参与模拟岗位工作的教学训练过程，使学生成为解决问题的主体，从教学学时数上和训练项目上确保学生实践能力的培养。

2. 中餐烹饪专业的教学时间安排

课程分类	课程名称	学分	总课时	各学期周数、课时分配					
				1	2	3	4	5	6
				18周	18周	18周	18周	18周	18周
公共基础课程	语文	12	216	3	3	3	3		
	数学	4	72	2	2				
	英语	4	72	2	2				
	信息技术基础	4	72	2	2				
	德育	8	144	2	2	2	2		
	体育	8	144	2	2	2	2		
	礼仪	2	36	1	1				
	美术	8	72	2	2	2	2		
	小计	50	828						
专业核心课程	烹饪原料知识	2	36	1	1				
	烹调基础	28	504	6	6	8	8		
	面点基础	8	144	4	4				
	菜点成本核算	2	36				2		
	西餐常识	2	36			2			

续表

课程分类	课程名称		学分	总课时	各学期周数、课时分配					
					1	2	3	4	5	6
					18周	18周	18周	18周	18周	18周
专业核心课程	食品营养与卫生		2	36	2					
	小计		44	504						
	中餐烹饪方向	中餐冷菜制作	6	108			6	6		
		中餐食品雕刻制作	6	108			6	6		
		小计	12	216						
	中餐面点方向	中式点心制作	6	108			6	6		
		中点综合实训	6	108			6	6		
		小计	12	216						
岗位实习			30						30	30
实践			12							
选修课程			4	36			2	2		
总计			152							

四、中餐烹饪专业的教学实施与成效

1. 教学实施

（1）教学要求

1）公共基础课

公共基础课是本专业课程体系的重要组合部分，是提高学生服务意识、夯实文化基础、提升优雅形象气质的重要保证，符合从高级酒店、会所、餐饮及相近服务型企业中式烹饪、中式面点等一线技术生产工作的要求。公共基础课为学生树立正确的人生观、价值观和全面的素质培养服务，为学生专业能力的学习和岗位需要以及可持续发展服务，为学生的终身教育发展需要服务。基础课要注重教学方法、教学形式的改革，教学手段、教学模式的创新，调动学生学习的积极性，为学生综合素质的提高、职业能力的形成和可持续发展奠定基础。

2）专业核心课与专业方向课

通过深入企业调研，分析烹饪行业典型职业活动和核心职业技能，由理论专家、行业专家、专家教师组成课程改革课题小组，共同构建基于烹饪工作过程、以项目为导向、以工作任务为载体、以职业生涯发展路线为整体脉络的课程体系，专业核心课程和方向课程设置体现与烹饪岗位群对接，课程内容与岗位核心任务对接，按照相应职业岗位（群）的能力要求，强调理论实践一体化，突出“做中学、做中教”的职教特色。专业核心课与专业方向课建议采用项目教学、案例教学、任务驱动、角色扮演、情境教学等方法，创新课堂教学方法。

（2）教学管理

教学管理要更新观念，改变传统的教学管理方式。教学管理要有一定的规范性和灵活性，合理调配教师、实训室和实训场地等教学资源，为课程的实施创造条件；要加强对教学过程的质量监管，改革教学评价的标准和方法，促进教师教学能力的提升，保证教学质量。

2. 教学评价

构建以服务烹饪行业为目标，以学生素质、能力为核心，教育与产业、校内与校外结合的评价机构，实习学分制、多层次、多元化的考评，引导学生全面提升和个性发展。

改革考核手段和方法，加强实践性教学环节的考核，如口试评价、技能评价，注重学生自评、互评以及过程考核和结果考核相结合；突出过程评价与阶段（以工作任务模块为阶段）评价，结合课堂提问、训练活动、阶段测验等进行综合评价；应注重学生分析问题、解决实际问题内容的考核，综合评价学生能力；注重学生的职业素质考核，引导学生服务意识和职业气质的养成；引入校外评价，吸收家长、行业企业参与评价。

学习过程考核的目的在于引导学生注重平时的学习过程，保持学生课程学习的主动性和持久性。过程考核主要考察学生在课堂学习期间的学习质量、接受程度、学习态度、出勤率等。

3. 建设成效

本专业在课程体系建设中，通过研究和开发，形成的“研产学训”四方面的附带效应：建成了“研产学训”一体化的实践教学基地，探索研究课程建设和教学模式，建设真实生产运行的“校店”，提高了师生的综合职业能力，形成了“以研究促开发，以开发促产品，以研发促培养，以培养促人才，以人才促产业”的良性互动机制。培养出的学生在岗位工作中受到用人单位的欢迎与好评。

学校与海南省烹饪协会、海南省文化遗产研究会、南海网联合，建立琼菜文化研究中心，挖掘“琼菜”文化，出版《海南滋味》一书，首开网络“美食讲堂”，建起了具有琼菜特色的实践基地，形成了“以研究促开发，以开发促产品，以研发促培养，以培养促人才，以人才促产业”的良性互动机制，一定程度上引领了烹饪行业的创新。

通过与企业的深度合作，完善了中餐烹饪专业以岗位工作流程为导向的课程标准的建设，并辐射省其他中职学校。如海南白沙县中等职业学校的中餐烹饪专业的专业建设与学生培养标准、师生的操作工服都是按我校中餐烹饪专业为参考蓝本进行建设。2012 年，谭蓉、庄全球两位教师被指定为省中职烹饪技能大赛集训教练；本专业成功协助省人劳厅成功举办了“海南省首届家政服务技能大赛”；协助海南省教育厅举办了“海南省中职学校教师专业技能竞赛”；协助海南省烹饪协会成功举办了“海南省烹饪协会 30 周年庆典活动”。由于专业建设成绩突出，2011 年，本专业所在的专业部获海口市“工人先锋号”称号；2012 年，本专业获海南省“烹饪餐饮教育最佳成就奖”荣誉。2017 年，我校烹饪专业获中国烹饪协会颁发的“中国餐饮 30 年桃李卓越奖”，本专业谭蓉教师被评为“海南琼菜大师”，庄全球、吴淑晖、蔡亲宁、王绥明四位教师被评为“海南烹饪名师”。

第六章　海口旅游职业学校信息商贸系重点专业建设

会计人才是我国人才队伍的重要组成部分。统计表明，我国会计人才已近2000万人。会计人才队伍的发展，对我国社会经济持续健康发展和跨越中等收入阶段具有重要的意义。围绕海口旅游职业学校打造“一系一品”重点专业的整体规划，商贸信息系着重做好了“会计专业”的品牌建设，并以此带动商贸信息系其他专业的建设和发展。

第一节　会计人才的需求调研

为行业培养合格人才，是职业教育的基本任务。做好行业人才需求分析，是开展专业建设的逻辑起点。商贸信息系在开展会计专业建设规划和课程体系建设时，首先进行了会计人才的需求调研与分析。

一、我国会计人才供给状况分析

会计人才有两种定义。一种是指持有国家认可的会计从业资格证书（即会计证）的人员，即会计“持证人员”；一种是正在从事财会实际工作的人员，即会计“从业人员”，其中既包括持有会计证的人员，也包括还未考取会计证的相关工作人员。“持证人员”是个供给概念，其总量决定了一定时期内会计人才潜在供给；“从业人员”是个需求概念，表示一定时期社会对会计人才的实际需求。

1. 会计“持证人员”状况分析

1）会计“持证人员”总量情况

我国会计从业资格考试采取属地管理政策。按照各省份近年平均增速测算，我国有效持证人数已达 2050 万人。同时，我国会计持证者人数在稳步上升，每年人数的增长速度保持在 11% 左右。在 2010—2015 的五年间，全国会计持证人员增加了将近一倍，可见我国会计持证人员呈现快速增加之势。

2）会计“持证人员”分布情况

会计持证人员主要分布在经济发达、人口密集的中东部地区，其中广东省最多，高达 359 万人；其次为江苏、浙江等经济发达的省份；再次为山东、河北、河南等人口较多的省份；至于西藏、青海、宁夏等经济相对落后、人口偏少的西部省份则最少，尤其是西藏只有 1.4 万人。

3）全国持证人员的人口占比情况

所谓人口占比是指“持证人员”占所属省份人口数的比例，即持证人员数 / 该省人口数。目前，全国“持证人员”的人口占比约为 1.35%。其中，北京市最高，达到 4.42%；其次是广东（2.91%）、上海（2.77%）等，全国会计持证人员地区分布明显不平衡。

2. 会计“从业人员”状况分析

1）会计从业人员数量及其变化趋势

根据 2000 年、2005 年和 2010 年三次人口普查数据，我国会计从业人员总数和人口占比均在上升，尤其是 2005—2010 年由 876 万人快速上升至 1027 万人，并继续保持上升趋势，表明我国对会计人才的实际需求在不断壮大。

2）会计从业人员性别与年龄构成

整体来看，我国会计从业人员中男性占比逐步上升且仍有继续上升的趋势，原来男女比例严重失衡的会计职业逐渐趋于均衡。从会计人员年龄结构分析，我国会计从业人员的平均年龄始终维持在 36 岁左右。并且，在全社会老龄化加快的大背景下，年轻人的比重不降反升，35 岁以下的会计人才占比由过去 42.96% 上升至现在的 46%，说明会计职业越来越吸引年轻人，会计人才队伍年龄结构逐渐优化。

3）会计从业人员受教育的程度

随着我国教育事业的发展，会计人才队伍的受教育程度结构日益优化。高学历的比重越来越大，例如，2000 年拥有大学及以上学历占 4.47%，2005 年占比为 13.74%，2010 年达到 28%。可见，我国会计人才学历结构正在快速优化。

4）会计从业人员地域分布情况

我国会计人员主要集中在东部地区，高达64%的会计人才集中在东部11个省市，而东部地区的常住人口只占了45%。这一分布结构，与中国的经济整体布局相协调。中国的会计从业人员绝大部分分布在城镇，始终维持在90%左右，而农村的会计从业人员很少。在广大农村地区，会计培训工作任重道远。

5）会计从业人员行业分布情况

从行业分布的角度看，我国会计从业人员主要集中在制造业（30.61%）、金融业（16.33%）和批发零售服务业（12.24%），而教育业、采矿业、建筑业的占比较少。这主要和行业用人单位数量有密切联系，例如：从同年法人单位数量的分布来看，制造业占全部法人单位的23.97%，而教育业仅占3.45%，采矿业仅为1.19%。

二、我国会计人才需求状况分析

1. 新增初级会计人员数量分析

会计人才需求是经济发展的同步性需求，是经济总量扩张和用人单位增加带来的结果。因此，可以通过用人单位数量的变化情况，以及经济规模的增长情况，来测算和分析会计人才的需求情况。根据测算，法人单位数每增加1%，会计从业人员会增加0.733%，从而测算出我国会计人员的实际需求量。根据《中国统计年鉴》公布的我国各年度经济增长率数据，2014—2017年分别为7.5%、7.2%、6.8%、6.9%，2018年经济增长率预计为7%。这样，根据会计人才需求对GDP的弹性，可测算出相应年份会计从业人员的实际需求量。

通过分析初级会计专业技术资格考试（下称“初级会计资格考试”）报名情况，可推测新增从事财会工作的会计人才。从2010年开始，考试通过率始终稳定在24.40%左右。2017年报名人数为1 577 379人，实考人数为1 084 387人，再乘以平均通过率24.40%，最后可预测2017年的考试通过人数。可以预计，从趋势来看会计专业技术资格作为会计人员的主要社会培养渠道还将继续保持。

2. 会计人才未来需求预测

当前，国内外权威机构对中国经济增长的预测已基本达成共识，我们采用世界银行对中国未来经济增长率的预测结果，按照增长弹性法，取会计人才需求弹性值为0.81（2005—2015年混合数据估计结果），测算出：2016—2020年间，会计人才需求年均增长率为5.7%（即7%×0.81）。这样，在不考虑其他因素的情况下，以2015年会计人才需求1390万人为基数，计算出未来年份会计人才需求为：2018年为1810万人，2020年达到1834万人。

3. 海南会计人才未来需求预测

随着海南国际旅游岛建设的启动，海南的经济也实现了跨越式的发展，对会计人才的需求迫在眉睫。根据统计，目前海南有证书的会计人员约5000名，而法人单位已超过45 000多家。若按一家法人单位至少需要一名会计人员估算，缺口高达4万多人。会计人才的缺乏，将成为海南经济发展的重要制约因素。

三、会计人才队伍发展趋势

总的来看，我国会计人才队伍发展势头良好，但也存在结构失衡等问题。从全国整体来看，会计毕业生中本科学历以下的毕业生占了约76.89%，本科学历以上（含本科）占23.11%。可见，当前会计人才的培育存在结构性失衡问题，中高端与低端两者比例约为1∶3，高端会计人才（硕士及博士）只占了1.47%，这与全国平均高学历（硕士及博士）毕业生占比3.89%相差甚远。

1. 人才数量快速增长，结构趋于均衡

近年来，通过会计从业资格考试人员每年增加160万人左右，增长速率达到10%左右。我国财会人员的男女比例由2000年的28∶72逐步调整到2010年的48 ∶ 52。但持证人员从事财会工作的比率尚待提高，这应是今后会计人才队伍发展的关注点。

2. 人才队伍趋于年轻化，结构趋于优化

在全国老龄化加剧的大背景下，36岁以下的会计人才占比由2009年的42.96%，上升到2016年的46%。同时，会计人才队伍学历结构快速优化。我国大学以上学历的会计人才占比由2010年的4.47%，快速增长到2016年的28%，并且将继续快速增加。

3. 会计毕业生就业率稳定，市场需求量大

会计毕业生就业率持续稳定，会计专业的学历教育认可度较高，市场需求量较大。中高职生的对口就业率保持在75%左右，本科生在85%左右，硕士及以上学历能达到95%。在毕业生就业难的大环境下，会计专业毕业生的就业情况相对比较乐观。

4. 人才的地域分布失衡，教育资源分配不均

中东西部地区会计人才分布失衡，各省市的会计人才分布也失衡，多集中在经济发达的东部地区。教育资源分配不均，各层次会计人才分布不合理。持证人员从事财会工作的比率不高，存在着教育资源、社会资源和人力资源浪费问题，会计专业教育体系有待改进。

第二节 会计专业的建设规划

为适应国际旅游岛经济社会发展对人才的需求，服务全域旅游各类型企事业财务人才的专业需求，提升会计专业建设的整体水平，建设特色专业，保持会计专业可持续发展，优化专业结构，根据海口旅游职业学校国家级示范学校建设要求和专业特点，本着客观性、规范性、实效性、可操作性原则，制定了海口旅游职业学校信息商贸系会计重点专业建设的规划。

一、会计专业建设的依据

1. 会计专业的基本情况

会计专业是海口旅游职业学校信息商贸系四个专业之一，于 2008 年筹办，2009 年秋季正式招生。至今已有近 10 年的办学历史，积累了较为丰富的办学经验，具备了一定水平和规模的师资队伍，累计向社会输送毕业生 726 人，这些毕业生服务于各行各业，在各种岗位上发挥自己的才能。2015 年，根据海南省人才一体化培养方案，学校与海南经贸技术职业学院联合开设会计大专 3+2 招生。

目前会计专业专职教师共 9 人，其中“双师”教师的教师比例达到了 100% 以上；全部为本科以上学历。从年龄结构上看：45 岁以上教师 2 人，36~45 岁之间的教师 7 人，教师队伍较为年轻。兼职老师 5 人，其中 2 人为企业会计师，1 人为全省技能大赛财贸类一等奖获得者。

会计专业除借助学校现有教学资源（多媒体教室、机房）开展教学外，还建有会计手工模拟实训室 1 个，2 个电算化模拟实验室，1 个福斯特财务一体化智慧教室，1 个沙盘试验间。

2. 会计专业建设的依据

海口旅游职业学校会计重点专业建设的依据就是海南区域经济发展对会计专业人才的需求调研与分析。

1）宏观经济发展对会计人才的需求

随着我国经济的迅速发展，企业数量不断增加，特别是2010年国际旅游岛建设以来，各类企业在海南的发展迅猛，企业对财务型文员需求加大，会计服务的市场不断扩大，会计准则和会计制度的不断改革，对会计教育提出了更高的要求，急需培养大量有理论、懂实务且具有较强职业能力的会计人员。目前我国会计人员的整体素质不高，业务水平较低，对我国会计准则和国际会计惯例掌握不够，很难面对日益复杂的会计环境。举办会计中职专业，联合高职3+2会计大专，培养大批在第一线从事会计实务工作的中等技能会计人才势在必行。

2）行业发展对会计人才的需求

从会计行业历史发展和前景来看，会计行业稳定，支撑面广，具有广阔的发展市场。会计行业源远流长，具有丰富的文化底蕴和知识内涵，两千多年来一直经久不衰，具有很强的稳定性，而且具有支撑面广、涉及行业多的特点。从会计工作的内容上来看，涉及经济管理、税收筹划、成本计算、经济分析、工程预算、网络理财、资产评估、国际贸易、计算机应用等领域；从行业来看，涉及工商企业单位、行政事业单位和其他各类经济组织。会计行业的发展使中职会计专业毕业生具有较好的就业前景。目前，海南的星级酒店发展趋势呈稳步发展态势，学校根据酒店行业的人才需求，每年引入规模巨大的校园招聘，为酒店行业解决了大量的财务型人才需求。

二、会计专业建设的目标

根据教育要面向现代化、面向世界、面向未来的国家战略方针，根据教育部关于中等职业教育的各项文件精神，以就业为导向，加强中等职业教育教学改革；以提高教育质量，培养中等技能型人才为目标，在现有办学条件的基础上加大投入，逐步形成较强的专业办学优势，充分体现中等职业教育教学特色。

1. 会计专业建设的定位

根据教育部中等职业学校专业建设的基本要求，结合中等职业教育的发展趋势，围绕海口旅游职业学校国家级示范学校建设要求，以就业为导向，积极探索中等职业教育会计人才培养模式，逐步提高会计专业办学质量。积极开展校企合作，校校合作，加强校内外实训、实习基地建设，实现产学研相结合，逐步形成专业基础雄厚、专业特点明显的办学特色，实现中职会计人才的培养目标。

2. 会计专业建设的目标

根据海口旅游职业学校的总体发展规划，以服务社会主义现代化建设为宗旨，本着职业岗位明确，专业定位准确，专业特色鲜明的原则，夯实会计专业发展的基础，不断扩大办学规模，提高教学质量。力争到2020年会计专业的在校生超过300人（含3+2），5年内将会计专业建设成为学校重点专业和学校示范专业。

三、会计专业建设的规划

根据社会经济发展对会计专业人才的要求及学校的实际情况，围绕海口及海南地方区域经济发展，制定符合海口旅游职业学校实际情况的中职会计重点专业的发展规划。

1. 师资队伍建设的规划和举措

1）建设目标

根据学校总体建设规划和师资队伍建设的要求，会计专业将建成一支教学水平高、教学经验丰富，具有较强专业技能、梯队结构合理和综合素质较高的教师队伍。特别要加强青年教师和“双师型”教师队伍建设，使教师队伍在职称结构、年龄结构、双师结构等方面不断优化。

2）建设内容

A. 青年教师培养。根据形势发展，拟在2018年底引进2名年轻教师，对新引进的青年教师，加强职业道德、教学能力、学生管理能力等方面的培养，促进青年教师快速提高教育教学能力。

B. 培养骨干教师和专业带头人。到2018年底，培养中青年骨干教师4名，选拔1名专业带头人。

C. 双师素质队伍建设。到2018年底，“双师型”教师的比例达到100%，下一步，将根据发展需求，加强教师技能型、专家型人才队伍培养。

D. 提高教师的教科研能力。加强教学研究和专业研究，建设一支老、中、青三结合，具有一定科研能力的教师队伍。

3）具体措施

A. 组织教师参加各类教师培训，通过培训掌握新课程改革教学理念，更加适应中职学生的教学工作。

B. 把好新进教师的质量关。严肃认真地做好面试工作，把好教师入门的质量关，引进教学、科研、技能方面水平较高和有发展潜力的优秀专业教师。

C. 加强青年教师的培养和指导。对新引进的年轻教师，安排老教师一对一指导，定期听课，及时反馈，促进年轻教师快速进步。

D. 加强中青年骨干教师的培养。目前，会计专业已有 2 名海口市骨干教师培养对象，下一步对担任本专业主要课程的中青年教师，有意识、有目的地进行引导培养，争取每门骨干课程至少有一名骨干教师，并从中选拔专业带头人。

E. 加强专家型、科研型、市场型素质教师的培养。鼓励中青年教师参加会计专业相关职业资格考试，取得相关职业资格证书，积极参加业务实践，积累实际工作经历，培养双师素质。

F. 注重教师教科研能力培养。定期开展教研活动，研究教学内容、教学方法，鼓励教师撰写教研论文，以教研促进教学工作。安排部分教师参加各种形式的研讨会、学术交流会，不断提高教师的教科研能力。

2. 课程建设的规划和举措

1）建设目标

以会计重点专业建设的总体目标为依据，以就业为导向，加强和完善教学计划制订与修订，不断优化课程设置，使课程体系符合中职学生及 3+2 大专的特点，有利于中职人才培养教学目标的实现。

2）建设内容

A. 优化课程设置。课程设置符合中职人才培养目标的需要，与实际职业能力需要相吻合，与职业技能认证相衔接，培养学生的职业能力，为学生就业创造条件。

B. 优质课程建设。通过核心课程的建设，促使教师进一步钻研教学内容、研究教学方法、使用现代化的教学手段，创新教学，形成一批较高水平的优质专业课程，促进教学质量的全面提升。

C. 强化技能训练。在专业理论课程必需、够用的基础上，加强实践教学环节，增加校内模拟实训的时间，强化学生的技能训练，提高学生的动手能力，使大部分学生毕业后能够直接顶岗工作。

D. 职业资格认证。将职业资格认证纳入教学计划中，为学生创造在校参加职业技能认证的机会，提高学生的职业技能，鼓励学生在校报名初级会计职称考试。

3）具体措施

A. 以就业为导向进行课程体系设计。从立足行业发展和服务当地经济建设为目的，以就业为导向，适时修订专业教学计划，开发适应中职人才培养目标要求的课程，形成适应市场需求、满足学生会计职业能力培养的课程体系。

B. 加大实践性教学力度，强化技能训练。加强实践性教学改革，探讨适合学生特点、与实际接轨的实践性教学模式。增加专业骨干课程校内集中实训，并保证实践性教学的时间，提高学生的实际操作技能。

C. 将职业技能认证课程纳入教学计划中。根据会计职业市场要求，调整现有教学计划，实现会计职业资格考试内容与教学内容的有机融合，力争 90% 以上毕业生能取得会计专业相关职业技能证书。

D. 发挥教研组的功能和作用，把课程建设作为教研组的主要工作常抓不懈，积极组织各种有益的教科研活动，吸取兄弟学校优秀的教学资源和先进的课程、教材建设经验。

3. 实验室和实训基地建设的规划与举措

1）建设目标

根据会计重点专业建设的五年规划，以培养中等技能型人才为目标，不断更新教学设施和仪器设备，逐步建设完善仿真的校内实验实训室，保证学生有足够时间的、高质量的实际动手训练，切实提高学生的职业能力。加强校外实习基地建设，积极开展订单培养；同时建立一支结构合理、实践能力强、综合素质高的实践教学师资队伍。

2）建设内容

A. 校内实验实训室。根据在校生规模，在校内模拟就业岗位环境，建设功能完备的仿真实训室。至2018年底，建设金融理财实训室1个、基础会计与职业素养实训室1个，技能训练专业训练间1个，不断优化实践教学条件。

B. 校外实习基地。逐步推进校企合作、工学结合，不断扩大校外实习基地，到2018年底，在现有的海南和运财务代理有限公司、海南农村电商服务中心等实习基地的基础上，力争再建设完成3个校外实习基地，用于安排学生校外顶岗实习。

3）具体措施

A. 增加资金投入，建设仿真的会计校内实训室，购置相应的会计教学软件，优化校内会计实训的条件，提高学生的动手操作能力。

B. 加强实验室规范化、制度化建设。对原有的实验实训室，进一步完善各项规章制度，新增实验实训室制定严格的操作规范、制度，逐步实现实验室的制度化、规范化管理，保障实验实训教学规范有序。

C. 加强实验指导教师和技能大赛指导教师队伍建设，选用校内有实践经验的教师和聘任企业一线、省国赛获奖的会计人员指导学生校内实训，逐步建立一支操作技能强、实践教学经验丰富的教师队伍。

D. 加强校外实习基地的建设。以现有的实习基地为基础，逐步扩大校外实习基地的范围，加强与实习单位的联系，建立一批实用的校外实习基地。

4. 教学研究与科研建设的规划和举措

1）建设目标

教学、科研相结合，鼓励教师在做好教学工作的同时，积极参与科研，撰写教学和科研论文，申报校级、市级、省级教学改革和科研课题，提升教师的科研能力，以科研促进教学水平的提高，加强科研和教研队伍建设，营造浓厚的教科研氛围，努力培养和造就一支素质好、水平高，具有较强教研、科研能力的人才队伍。

2）建设内容

A. 教研、科研队伍建设。以老教师为基础，重点扶持中青年教师开展教研、科研方面的研究，逐步建设一支素质好、水平高，年龄结构合理的教研、科研梯队。

B. 以教科研促进教学工作。教学研究重点是课程建设、教学方法创新，科研工作重点是职业教育的研究和会计实践。

3）具体措施

A. 教科研与教学相结合，以教科研促教学，以赛促教。将教师的课题申报和研究工作渗透入常规教学工作中，将全省技能大赛的训练要求渗透到教学工作中，使教师具有以教科研指导教育、教学工作的理念。

B. 以教研组为单位，定期开展教科研活动，由老教师牵头，以中青年教师为主体，积极开展教学研究和学术讨论，建立老中青相结合具有较高教科研能力的教师队伍，促进教学质量不断提高。

C. 建立教师参与教研、科研的激励机制。鼓励教师积极参与教研、科研工作。凡取得省级、市级、校级研究课题的教师，在教学安排、教学设备等方面优先照顾，为教师开展教学和科研创造方便条件。对于教师公开发表教学科研论文，与职称评审、聘任挂钩，并给予一定的奖励。凡指导学生取得国家级、省级、市级、校级技能比赛的教师，不仅给予奖励，在职称评审等方面给予优先考虑。

D. 加强对教研、科研经费的管理，确保会计专业的教研、科研管理经费逐年增长，为教师进行教研、科研、学术交流等提供强有力的经费支持。

5. 教学设计与教学方法的规划和举措

1）建设目标

根据中职教育对会计专业学生职业能力的培养要求，鼓励教师转变思想观念，将工作重点转移到转变教学方法，提高教学水平上来。在现有教学方法手段的基础上，引入案例教学法、模拟教学法仿真教学法、探究调查法等教学方法，激发学生的学习兴趣和潜能，至 2018 年底争取全部课程采用多媒体教学手段，以提高教学效果。

2）建设内容

A. 课堂教学内容设计。按照理论教学必需、够用的原则，课堂教学内容设计突出精讲多练。

B. 教学方法设计。根据中职学生的特点，改革单调的教师讲学生听的教学方法，采用模拟教学、案例教学、分组讨论等方法，把学生学习的积极性调动起来。

C. 现代化信息技术教学手段应用。充分应用现代教育科学和信息技术进行教学方法和手段的改革。

D. 加强教学质量监控体系建设。加强系、教研组教学管理，健全教学管理规章制度。

3）具体措施

A. 定期开展教研活动，研究教学内容设计、教学方法运用、课件制作等，互相学习，互相补充，共同提高。

B. 开展听课评课活动。定期组织听课评课活动，取长补短。

C. 定期组织公开课、观摩课，以优促优。

D. 开展学生评教活动。定期召开学生座谈会，将学生对教师的教学内容，教学态度，教学方法及教学环节等的评价反馈给教师，使其了解自己不足之处，总结经验教训取得进一步提升。

E. 加强现代教育技术培训，培养教师使用多媒体教学手段的能力。

F. 加强技能大赛训练，保证教学出成果。

6. 社会服务的规划和举措

1）建设目标

树立服务社会的意识，增强会计服务社会的功能，承担社会培训、咨询工作及实践课题的研究工作，形成会计专业优良的社会形象，提升会计专业的社会知名度。培养具有较高的综合素质和较强的专业能力、深受用人单位欢迎的学生。

2）建设内容

A. 服务。利用寒暑假时间为社会进行会计从业人员培训，为企业进行财务咨询、财务分析。

B. 毕业生就业质量与社会评价。制定并实施就业保障措施，提高会计专业学生就业率。

C. 专业服务。每年派几名教师在会计师事务所及审计事务所、财务代理公司、财务软件开发公司兼职从事审计、代理记账、纳税筹划等工作，利用其专业知识为社会提供专业服务。

3）具体措施

A. 定期为社会进行会计培训。鼓励会计专业教师根据社会的需要，及时更新知识，提高业务水平，主动承担社会培训任务。

B. 成立毕业生后续跟踪小组，全面负责会计专业学生就业后续工作。组织教师广泛联系，为学生就业出现问题进行跟踪，为待毕业学生提供就业机会。

C. 建立校外实习基地。与企业签订校企合作协议，专业教师与学生可以同时到企业实习，表现良好的学生直接就业，实现实习与就业对接。

D. 开展订单培养。与当地企业合作，开展订单培养，为企业培养优秀毕业生，实现企业、学校、学生三赢。

第三节　会计专业的课程体系

会计专业的课程体系由人才培养方案、专业课程结构、教学进度安排和教学实施与评价等几大模块构成。

一、会计专业的人才培养方案

1. 培养目标

本专业培养德、智、体全面发展，热爱旅游会计事业，具有端正的职业道德和规范的职业能力，愿意从事旅游、饮食服务行业的企业财务部门中前台收银员、后台仓储员和会计核算人才，并具有全面素质和综合职业能力，熟悉旅游市场基本情况和相关政策法规，掌握旅游行业会计基本理论和基本技能。

2. 主要职业岗位

为旅游行业和餐饮行业，特别是本地的企事业，培养最实用、最基层的一线财务人员。具体岗位主要是在旅游、饮食服务企业财务部门中的下述人员。

1）前台收银员

2）后台仓储员

3）内部会计核算人员（报账员、出纳员）

3. 知识、能力和素质结构

1）知识结构

A. 文化基础知识：具备必备的文化基础知识，主要包括德育、语文、数学、英语、体育、美育、礼仪与礼节、酒店英语、旅游语文等。

B. 专业基础知识：计算机应用基础、旅游地理、旅游交际礼仪、旅游心理学、餐饮服务与管理、客房服务与管理。

C. 专业知识：具备必备的专业知识，主要包括会计基础、会计电算化、旅游企业会计、收银员、旅游营销等。

2）能力结构

A. 具有酒店类工作上岗能力。

B. 具有财务工作上岗能力。

C. 掌握点钞、珠算和人民币鉴伪、会计电算化操作的专业技能。

3）素质结构

A. 具有坚定正确的政治方向，坚持四项基本原则，拥护中国共产党，热爱社会主义祖国、热爱旅游事业，具有一定的马列主义理论基础，自觉执行国家的有关方针政策，尤其是财经法规和会计准则，并具有实事求是的科学态度，有良好的职业道德。

B. 扎实掌握会计基础和财经法规的基础理论和专业知识，了解旅游企业财务部门的管理知识和会计专业相关知识。

C. 身心健康，具有一定的体育卫生知识和运动技能，达到国家规定的中职生体育锻炼标准，讲究卫生、举止文明，有良好仪表仪态和文化素养。

4. 职业资格证书

序号	考核项目	等级要求	考核学期	类型		学分
				鼓励考取	选考	
1	会计从业资格证书	初级	三	√		10
2	收银员资格证书	初级	四	√		10
3	营业员资格证书	初级	四	√		10

5. 毕业证书

本专业毕业最低学业学分：188 × 80%=150 学分；

必修课程全部及格，按规定获得相应总学分。

二、会计专业的课程结构

海口旅游职业学校的中职会计专业课程是依据国家中等职业学校会计专业体系的标准，再结合本地会计专业的社会需求情况，注重实用型人才培养，并围绕旅游行业发展方向而构建的具有地方特色的课程体系。

在课程设置上，注重学生专业基本功训练、岗位综合能力培养以及创新、创造能力的锻炼，培养学生全面素质和综合职业能力。通过理论、实践、素质、技能诸多教学方面的有机结合，达到人才培养的目的，以顺应时代发展对会计人才的素质和能力要求。

1. 公共基础课程

1）德育

包括法律、职业道德和就业指导三大部分。旨在对学生进行法律基础知识教育，马列主义、毛泽东思想基础知识、中国革命和建设等基本问题和共产主义道德的教育，提高学生的政治理论水平和思想觉悟；学习并领会职业道德精神，讲求职业道德；调整并纠正就业心理，指导学生正确择业并以平和端正、积极的心态对待工作。本课程为考试科目，教学内容按国家教育委员会统一规定执行。

2）语文

使学生能正确运用祖国的语言文字，具有现代语文的阅读和写作能力，提高口头表达能力，学会说普通话。本课程为考试科目。

3）英语

本课程通过听、说、读、写、译的教学和基本训练，使学生掌握英语常用语法，注重对学生外语交际能力的培养，通过英语基础知识的学习，力求达到 PET 初级或中级水平；并掌握一定的商业英语基础知识。本课程为考试科目。

4）数学

学习必要的职业中学数学常识和微积分、微分方程知识。使学生掌握基本理论和运算技能，提高逻辑思维能力。本课程为考试科目。

5）计算机应用基础

在初中相关课程的基础上，进一步学习计算机的基础知识、常用操作系统的使用、文字处理软件的使用、计算机网络的基本操作和使用，掌握计算机操作的基本技能，具有文字处理能力，数据处理能力，信息获取、整理、加工能力，网上交互能力，为以后的学习和工作打下基础。本课程为考试科目。

6）体育

使学生掌握体育知识、运动技能和锻炼的方法，养成锻炼身体的习惯。本课程为考核科目。

2. 专业基础课程

1）计算技术

《计算技术》是中等职业学校会计学专业的一门必修课程。通过本课程的学习，使学生掌握运用珠算为工具进行加、减、乘、除运算的技术。另外珠算还蕴含有我国古老的传统文化成分，通过本课程的讲授，既可以使学生学会基本的珠算运算技巧，还可以领略我国传统文化的部分魅力。本课程为考核科目，要求学生达到国家珠算等级六级的技能水平。

2）会计基本技能

本课程是中等职业学校会计专业的一门专业课程。其任务是使学生掌握从事会计核算和会计事务管理工作所必需的珠算心算技能、点钞、电子计算工具的应用等基本知识和基本技能；为学生学习专业知识和培养职业技能，提高全面素质，增强适应职业变化的能力和继续学习的能力打下一定基础。促进学生智能的发展和优良个性品质的形成，加强学生职业道德观念。本课程为考核科目。

3）旅游概论

设置本课程的目的，在于使学生掌握旅游的基础知识，了解我国旅游事业的发展，熟悉旅游业的构成。通过本课程的学习，学生应具有一定的旅游基础知识，并能利用该知识为旅游事业服务。通过本课程的学习，应使学生了解旅游活动的发展历史；掌握旅游的构成要素和基本内容以及旅游业的作用；理解旅游业的发展趋势和方向，以便为以后学习专业课程打下良好的基础。本课程为考试科目。

4）旅游心理学

通过本学科教学，使学生在学习心理学基本理论的基础上，比较系统地掌握旅游心理学的基本理论知识和基本技能，形成辩证唯物主义心理观，为学好专业和以后工作打好基础。同时增强学生对旅游工作的认识，培养他们热爱旅游事业的专业思想以及从事旅游服务工作的兴趣和能力。本课程为考试科目。

5）餐饮服务与管理

通过本学科教学，使学生了解餐厅服务在当今社会中发挥的巨大作用，了解现代化社会餐厅服务的主要任务、工作要求，掌握餐饮服务的基本技能和素质要求。本课程为考试科目。

6）推销实务

本课程主要是从营销的角度介绍推销的各种技巧，强化学生的人际关系沟通技巧，学会与客人有效交流，达到推销效果。本课程为考试科目。

3. 专业核心课程

1）会计基础

《会计基础》是会计专业的一门最重要的专业课，也是会计从业资格考试的必考课程。该课程主要以会计从业资格考试（初级）的考试大纲为核心，介绍会计的基本概念、基本理论、基本程序和基本方法。通过该课程的教学，使学生了解会计的基本理论和基本方法，掌握会计处理的基本流程和基本技能，能运用借贷记账的方法处理基本会计业务，熟练规范地编制有关原始凭证和记账凭证、登记账簿并能编制基本的财务报表。本课程为考试科目，要求学生能达到通过初级会计从业资格的考试水平。

2）会计模拟实习

《基础会计模拟实习》是《会计基础》的辅助教学课程，是会计专业的一门专业实训课。该课程实训的目的是让学生掌握所学的基本知识和基本理论。通过实训，使学生掌握数字的书写、凭证的填制与审核、建账、记账、更正错账、编制会计报表等基本技能和方法，增强学生的实际操作能力，使学生了解实际中的业务处理流程，培养岗位职业规范操作能力。本课程为考核科目，要求学生能顺利地完成一个会计工作流程的账务处理。

3）会计电算化

《会计电算化》是会计专业的核心必修课程，也是以培养学生实际操作能力为主的职业技能课程。同时，它也是现代会计中实践性很强的应用型课程，是为培养适应信息化需要、符合市场经济要求、既具有会计理论知识又具有较强的计算机操作和会计软件操作技能的复合型人才服务的一门主要课程。

本课程的任务是使学生掌握会计电算化的基础知识和基本技能，熟悉单位实施会计电算化的基本程序和管理制度，掌握通用会计软件主要功能模块的操作方法和技巧，学会运用计算机来记账、算账和报账，具备实际工作所需的会计电算能力。本课程为考试科目，教学要求学生取得财政部门颁发的初级会计电算化合格证书。

4）财经法规与职业道德

通过本课程的学习，使学生掌握会计核算和监督的依据、手段和过程，了解对会计机构与人员的要求、会计从业人员从业资格管理和继续教育管理规定，掌握支付结算法规和税收征收管理的相关规定，会计职业道德的基本要求；强化学生在会计工作中依法处理经济业务，严格遵守会计准则与会计法规，养成良好的依法办事、依法经营的意识与习惯。本课程是会计从业资格考试的必考课程。本课程为考试科目。

5）旅游企业会计

本课程主要讲解在旅游行业中的企业会计行为。通过学习，要求学生能掌握旅游企业行业的管理特点，财务运作规范及要求，学会处理日常的会计信息。本课程为考试科目。

6）收银员从业规范

本课程主要以讲授收银员的工作技能和管理要求为主，突出考证特点，着重培养学生的点钞、操作收银机的技能。本课程为考试科目，要求学生达到初级收银员从业资格的技能水平。

4. 专业方向课程（专业模块课程）

1）客房服务与管理

通过该门课程的学习，使学生无论在客房管理知识的掌握上还是在实践能力的锻炼上都能有较大的提高，基本达到能够熟悉部门业务知识，具有一定的管理意识和管理能力。初步具备客房部主要区域的业务工作人员的素质和管理能力。本课程为考试科目。

2）市场营销

课程的核心内容，就是在买方市场条件下，卖方如何从顾客的需要出发，制定企业发展战略，组织企业市场营销活动，从而在满足顾客需求的前提下，提高企业在激烈竞争的市场环境中求生存和发展。在教学中要向学员完整介绍市场营销的知识体系与应用方法，使学生牢固树立以顾客为中心的市场营销观念，在实践中能以市场为导向，进行产品开发、定价、分销、促销等市场营销活动，提高企业经营管理水平。本课程为考试科目。

三、会计专业的教学进度安排

课程类型	课程性质	序号	课程名称	第一学年		第二学年		第三学年		学分
				一	二	三	四	五	六	
必修课	公共基础课	1	职业生涯规划	2						2
		2	职业道德与法律		2					2
		3	经济政治与社会			2				2
		4	哲学与人生 / 就业指导				2			2
		5	语文	3	3	3	3			12
		6	数学	2	2	2	2			8
		7	基础英语	2	2					4
		8	计算机	2	2					4
		9	体育	1	1	1	1			4
		10	形体	1	1	1	1			4
			小计	13	13	9	9			44
	专业基础课	11	会计基础	6	6					12
		12	会计模拟实习	2	2					4
		13	礼仪	1	1					2
		14	会计基本技能 3	1						1
		15	市场营销				2			2
		16	珠算（计算技术）			2				2
		17	税费计算与申报			4				4
		18	Excel 在会计中的应用			2				2
		19	会计基本技能 1	2						
		20	会计基本技能 2——点钞	2						
		21	营业员考证				3			3
			小计	14	9	8	5			36

续表

课程类型	课程性质	序号	课程名称	第一学年		第二学年		第三学年		学分
				一	二	三	四	五	六	
必修课	专业课	22	财经法规与职业道德		2	4				6
		23	会计电算化		4	4				8
		24	旅游餐饮会计				5			5
		25	收银员从业规范				4			4
		26	推销实务				2			2
			小计	0	6	8	11			25
选修课	专业限选课	27	旅游概论							
			广告鉴赏				2			2
			保险与理赔							
			小计				2			2
	任选课	28				2	2			4
			合计	27	28	27	29	30	30	171
			实践							12
			总计	183						
备注	实践包括：军训 1 周、入学教育 1 周、期末教育 4 周、毕业总结 2 周、公益劳动 4 周、合计 12 周，共 12 学分。									

四、会计专业的教学实施与评价

1. 课程特点

在教学计划实施过程中，紧密结合《会计专业技能培养标准》，加强专业技能实训，为学生取得多种技能等级证和职业资格证书创造条件。为此，将会计从业资格考证有关课程列入专业教学计划，即《会计基础》《财经法规与会计职业道德》和《会计电算化》，用两学期的教学时间加强学生的应试能力。

根据市场和就业的需要，进一步打破专业设置界限，培养复合型的技术应用型人才，将《市场营销》《推销实务》《餐饮服务与管理》《客房服务与管理》《收银员从业规范》等课程融入本专业，拓展学生的相关专业技能，学有余力者可考取相应的证书，实现“一专多能”的职业能力。

2. 教学实施

1）教学要求

公共基础课是本专业课程体系的重要组合部分，是提高学生服务意识、夯实文化基础、提升优雅形象气质的重要保证，符合从事旅游、饮食服务行业的企业财务部门中前台收银员、后台仓储员和会计核算人才的需求。公共基础课应为学生树立正确的人生观、价值观和全面的素质培养服务，为学生专业能力的学习和岗位需要以及持续发展服务，为学生的终身教育发展需要服务。基础课要注重教学方法、教学形式的改革，教学手段、教学模式的创新，调动学生学习的积极性，为学生综合素质的提高、职业能力的形成和可持续发展奠定基础。

专业基础课与专业核心课是会计专业课程体系的主要部分。通过深入企业调研，分析旅游、饮食服务行业的企业财务部门典型职业活动和核心职业技能，由理论专家、行业专家、专家教师组成课程改革课题小组，共同构建基于企业工作过程、以项目为导向、以工作任务为载体、以职业生涯发展路线为整体脉络的课程体系，专业基础课与专业核心课的设置与企业岗位群对接，课程内容与岗位核心任务对接，按照相应职业岗位（群）的能力要求，强调理论实践一体化，突出“做中学、做中教”的职教特色。专业基础课与专业核心课建议采用项目教学、案例教学、任务驱动、角色扮演、情境教学等方法，创新课堂教学方法。

2）教学管理

教学管理要更新观念，改变传统的教学管理方式。教学管理要有一定的规范性和灵活性，合理调配教师、实训室和实训场地等教学资源，为课程的实施创造条件；要加强对教学过程的质量监管，改革教学评价的标准和方法，促进教师教学能力的提升，保证教学质量。

3. 教学评价

构建以服务会计行业为目标，以学生素质、能力为核心，教育与产业、校内与校外结合的评价机构，实习学分制、多层次、多元化的考评，引导学生全面提升和个性发展。

改革考核手段和方法，加强实践性教学环节的考核，如口试评价、技能评价，注重学生自评、互评以及过程考核和结果考核相结合；突出过程评价与阶段（以工作任务模块为阶段）评价，结合课堂提问、训练活动、阶段测验等进行综合评价；注重学生分析问题、解决实际问题内容的考核，综合评价学生能力；注重学生的职业素质考核，引导学生服务意识和职业气质的养成；引入校外评价，吸收家长、行业企业参与评价。

学习过程考核的目的在于引导学生注重平时的学习过程，保持学生课程学习的主动性和持久性。过程考核主要考察学生在课堂学习期间的学习质量、接受程度、学习态度、出勤率等。

第七章　海口旅游职业学校“理实一体”实训课程的开发

实践教学体系是实现旅游人才培养目标的基本途径。实践教学体系决定了它的全部教学工作必须要面向企业，面向具体的工作岗位，使所培养的人才最终实现从学校到工作的“零距离”过渡，即在走上工作岗位后能适应工作环境、熟练操作、顺利完成相应的工作任务。

实践教学体系包括了校内实践课程教学体系和校外顶岗实践教学体系两大部分组成。校内实践教学体系应该以职业必备能力为目标的实践性教学课程为主线，以核心专业技能课程组成。其中，辅助于实训课程教学的实训教材作为来自实践又能指导实践的知识概括，是提高人才培养质量的重要保证。基于这样的认识，海口旅游职业学校组织专业教师开发了“做中学”实训课程体系。本课程根据校内“一体化实训基地”的教学要求，围绕酒店、旅行社、烹饪等行业的核心业务活动，以“项目导向”“任务驱动”为指导，突出“针对性”“实用性”和“系统性”三大特征，并力图反映行业实践的最新经验和成果。限于篇幅，本章选取了酒店行业典型岗位和典型工作流程作为海口旅游职业学校“做中学”校内实训课程的基本范式。

第一节　“理实一体”客房服务实训课程

客房是酒店的基本设施，是酒店的“核心产品”，也是酒店经营活动的主体。客房服务质量的高低，客人感觉最敏锐，印象最深刻，是衡量酒店“价”与“值”是否相符的主要依据。客房服务水平在一定程度上反映了整个酒店的服务水平。构成客房服务的要素有两个方面：一是技术性要素，即为客人提供什么服务；二是功能性要素，即怎样为客人提供服务。“理实一体”客房服务实训课程以客房部门典型的工作与服务内容为主线，从培训要点、培训方式、培训时长、培训步骤、培训要领、培训要求和培训反思等方面，规范了客房服务实训课程的教学内容和方式。

一、接听电话的服务流程与规范

<table>
<tr><td>培训编码</td><td>S–101</td><td>培训课程</td><td>楼层服务流程与规范</td></tr>
<tr><td>培训要点</td><td colspan="3">接听电话服务流程与规范</td></tr>
<tr><td>培训方式</td><td>示范、实操</td><td>培训对象</td><td>酒店服务专业学生</td></tr>
<tr><td>培训时长</td><td>16 课时</td><td>培训执行者</td><td>酒店专业教师 / 行业兼职教师</td></tr>
<tr><td>培训步骤</td><td colspan="3">培训内容</td></tr>
<tr><td rowspan="3">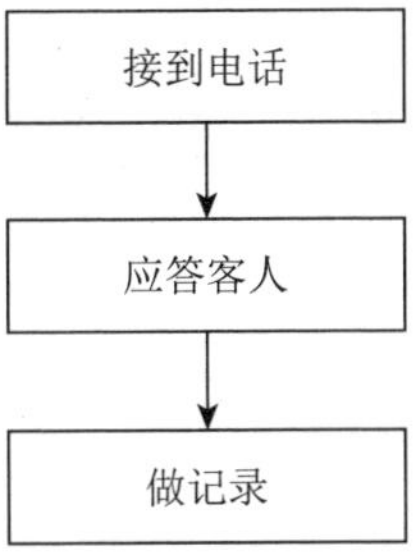
</td><td colspan="3">1. 接到电话
（1）楼层值班员要在铃响三声之内拿起电话
（2）用清晰、热情、礼貌的语言问候客人并报自己所在的部门、岗位</td></tr>
<tr><td colspan="3">2. 应答客人
（1）楼层值班员仔细倾听客人的陈述，必要时重复主要细节并准确应答
（2）若客人提出的问题自己也不了解，或涉及自己职责以外的信息，应记下客人的房间号和问询的事宜，请客人稍等，待问清楚后再告诉客人，或将客人问询的事宜告知总机接待问询员，请接待问询员直接回复客人
（3）若客人要求提供各种客房服务，应迅速通知客房服务员及时提供服务并对完成情况进行督促和监控
（4）若客人要求提供其他服务（如客房送餐服务、维修服务等），应及时通知相关部门和客房服务员，并请客房服务员及时告知完成情况
（5）若接到突发事件的报告，应立即报告楼层领班，按照酒店有关预案处理措施妥善处理</td></tr>
<tr><td colspan="3">3. 做记录
（1）楼层值班员将接听的电话和为客人服务的情况及时记录在客房服务记录表中
（2）楼层领班要定期查阅客房服务记录表，以监督楼层值班员的工作</td></tr>
<tr><td colspan="4">【培训要领】团队培训，以讲授、示范和演练方式开展；
【培训要求】实践教学，做中学；
【实践反思】小组研讨，提高实践能力。</td></tr>
</table>

二、物品发放服务的流程与规范

培训编码	S–102	**培训课程**	楼层服务流程与规范
培训要点	物品发放服务流程与规范		
培训方式	示范、实操	**培训对象**	酒店服务专业学生
培训时长	16 课时	**培训执行者**	酒店专业教师 / 行业兼职教师
培训步骤	**培训内容**		
填写申领单 ↓	1. 填写申领单 （1）客房部领用物品，均须根据规定填写申领单 （2）申领单须经客房中心主管和客房经理审批		
发放与盘点 ↓	2. 发放与盘点 （1）凭客房经理批准后的申领单，由客房文员予以发放，发货时要注意物品先进的先发、后进的后发 （2）客房文员按时实施月度物品盘点存量		
做好发放记录	3. 做好发放记录 （1）发放物品时，客房文员要以填好的物品领用单（含日期、名称、规格、型号、数量、单价、用途等）为依据 （2）客房文员要及时做好物品管理账簿，保证账物一致		
【培训要领】团队培训，以讲授、示范和演练方式开展； 【培训要求】实践教学，做中学； 【实践反思】小组研讨，提高实践能力。			

三、敲门进房的服务流程与规范

培训编码	S–103	**培训课程**	楼层服务流程与规范
培训要点	敲门进房的服务流程与规范		
培训方式	示范、实操	**培训对象**	酒店服务专业学生
培训时长	16 课时	**培训执行者**	酒店专业教师 / 行业兼职教师
培训步骤	**培训内容**		
	1. 检查客房 （1）客房服务员若发现客房指示灯显示“请勿打扰”字样或门把上挂有“请勿打扰”字样或指示牌，则不可敲门 （2）客房服务员用手摸一下房门上的双锁，若按不动，表示此门是双锁，则不可敲门		

续表

培训步骤	培训内容
检查客房 → 敲门 → 离开房间	2. 敲门 （1）客房服务员用手敲门三下，时间间隔为半秒钟，敲门 5 秒钟后应根据客人的语言报身份"客房服务员"或英文"Housekeeping" （2）再按一下门铃，同时重复报身份 （3）后退半步，以方便客人从窥视镜中看清来访者 （4）在门外等候 10 秒钟，倾听房内动静并从窥镜中查看有无灯光 （5）在确认房内无动静后重复以上的敲门动作 （6）如客人来开门，先向客人问好，然后简洁清楚地说明来意，征得客人同意后才可进房间 （7）如敲门后无应声，确定房内无任何声响后，用钥匙开启门锁，把门轻轻推开大约 5cm 的缝隙，再一次明报身份，进入房间后，可能有以下几种情形 ①如发现客人仍在熟睡中或正在浴室中，应轻声关上房门，然后离去 ②如发觉客人刚睡醒，未来得及更换衣服，应向客人致歉并关门离去 ③如客人已睡醒并已穿好衣服，则应说出你的来由并根据客人的意见提供服务 ④如房内没有客人，则可立刻进行服务（服务期间，将房门全部打开）
	3. 离开房间 （1）服务完成后，客房服务员应立即离开房间，不得在房间内借故逗留 （2）若客人在房间，离开时应询问客人是否需要其他服务并礼貌与其道别
【培训要领】团队培训，以讲授、示范和演练方式开展； 【培训要求】实践教学，做中学； 【实践反思】小组研讨，提高实践能力。	

四、送欢迎茶的服务流程与规范

培训编码	S–104	培训课程	楼层服务流程与规范
培训要点	送欢迎茶服务流程与规范		
培训方式	示范、实操	培训对象	酒店服务专业学生
培训时长	16 课时	培训执行者	酒店专业教师 / 行业兼职教师
培训步骤	培训内容		
	1. 准备工作 （1）当接到重要客人入住信息时，客房服务员按重要客人人数准备小毛巾（要求无脱线无破损），将毛巾浸湿后拧至八成干，叠好放于碟子中（注意光边在外，不要高出四条，外面盖一条湿毛巾保湿及防污染）并准备好托盘及香巾夹 （2）按重要客人人数准备茶壶、小茶杯及杯碟（要求无茶迹、无缺口）放在托盘中备用 （3）取适量茶叶放入茶壶中，提前 10 分钟泡茶头（注入整壶容积约 1/10 的开水），茶壶放在茶篮内		

续表

培训步骤	培训内容
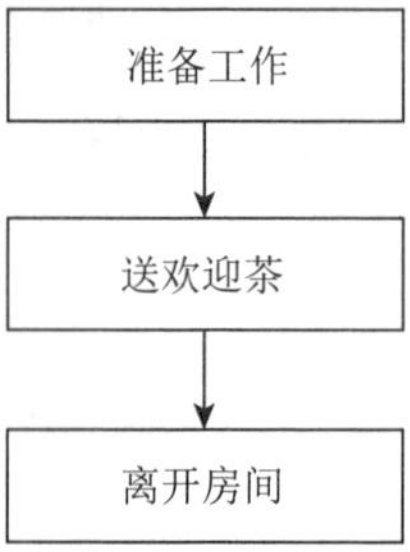	2. 送欢迎茶 （1）重要客人到达时，客房服务员立刻取香巾倒茶水，放入托盘中，茶水以七分满为好，并将茶送至客人房间（按规定左手托盘，站在房门口的中间，离房门口的距离是 40~50cm，左手托盘不应放在胸的正前方） （2）依照“敲门进入客房服务流程与规范”进入房间，送香巾的客房服务员在前，送茶水的客房服务员在后 （3）送香巾时，应左手托盘，右手拿香巾夹，将香巾递到客人手中，注意夹紧，以免脱落或抖开 （4）送茶水时，应左手托盘，右手提篮，进入房间后均摆在茶几上，之后将茶壶取出，把托盘中的茶杯一一斟满，然后按礼宾次序双手捧茶给客人。茶壶仍放回篮内，盖好保温，方便客人自己添加 （5）客人喝茶时，应将客人用过的香巾收回
	3. 离开房间 （1）茶盘放好后，客房服务员应用手示意请客人用茶。客人会意后，应立即离开并祝客人住店愉快 （2）离开房间时，应先退后三步，再转身离开
【培训要领】团队培训，以讲授、示范和演练方式开展； 【培训要求】实践教学，做中学； 【实践反思】小组研讨，提高实践能力。	

五、客房做床服务的流程与规范

培训编码	S–105	培训课程	楼层服务流程与规范
培训要点	客房做床服务流程与规范		
培训方式	示范、实操	培训对象	酒店服务专业学生
培训时长	16 课时	培训执行者	酒店专业教师 / 行业兼职教师
培训步骤	培训内容		
	1. 准备工作 （1）客房服务员将所需数量的床单、枕套（中式做床还需被套）等拿入房间，放在床头柜或行李架上 （2）将床移离床头约 40cm，以方便工作 （3）撤床单（中式做床时还需撤掉被套）并注意检查床上有没有客人的物品，如内衣裤、睡衣等在床单内；如果床罩在床上，就要折妥放在适当位置上（如行李架或衣柜内） （4）检查床垫是否有污渍，检查床垫、床架是否对齐，床角的翻床记号是否符合标准 （5）检查床裙四周是否平齐，床裙上是否有破损、污渍，如有，需及时更换		

续表

<table>
<tr><th>培训步骤</th><th>培训内容</th></tr>
<tr><td rowspan="2">准备工作
↓
做床
↓
做床完毕</td><td>2. 做床
（1）西式做床
①铺第一张床单：客房服务员站在床的一侧甩单，要做到床单正面朝上；床单中线对准床垫中线居中；四周垂下部分相同，平整，不褶皱，然后包好四角，做成直角或斜 45°，将四周垂下部分塞进床架与床垫之间，绷紧床垫
②铺第二张床单：铺第二张床单时，应将床单正面朝下；床头端与床头边平行；中线与第一张床单吻合
③铺毛毯：将毛毯抖开，要做到对齐中线；毛毯的商标应置于床尾处；将床头端的毛毯拉至距床头 25cm 处
④铺第三张床单：铺第三张床单时，应将床单正面朝上；对齐中线；将床头端拉至与毛毯顶部对齐，覆盖毛毯
⑤包整床：将第二层床单由床头向上反折包住毛毯头；将床头两侧垂下的毛毯和床单一起塞入床垫和床架之间；站在床尾，将第二层床单拉平同毛毯尾部一起塞入床垫与床架之间，再包好两角，做成直角或斜角 45°
⑥放枕头：把干净枕套套在枕芯上（要求四角充实），封好枕套口。若是两张床，将枕头摆放在床头正中，枕口与床头柜相反；若是双人床，枕头的开口方向应相对
⑦盖床罩：站在床尾，将叠好的床罩放在床尾中央打开，将床罩的边线与床体四边吻合；将床罩头抛向床头，使床罩平铺于床上；站在床头，将床罩拉平盖在枕头上面，床尾下垂 10cm；将枕前床罩余下部分，分别均匀地填入枕头缝及枕头与床体缝之间
⑧推回床体：用脚背和小腿缓缓将床体推回原位
（2）中式做床
①铺第一张床单：客房服务员站在床的一侧甩单，要做到床单正面朝上；床单中线对准床垫中线居中；四周垂下部分相同，平整，不褶皱，然后包好四角，做成直角或斜 45°，将四周垂下部分塞进床架与床垫之间，绷紧床垫
②套被套：将被子套入被套，四角拉平，注意被子的正反面及前后方向，将被子平铺在床头上，被边与床头平齐并折回 40cm
③放枕头：把干净枕套套在枕芯上（要求四角充实），封好枕套口。若是两张床，将枕头摆放在床头正中，枕口与床头柜相反；若是双人床，枕头的开口方向应相对
④推回床体：用脚背和小腿缓缓将床体推回原位</td></tr>
<tr><td>3. 做床完毕
（1）做床完毕后，客房服务员检查床的整体效果是否整齐、美观
（2）将撤下的床单、枕套、被套等卷好，放入工作车的专用布草袋</td></tr>
<tr><td colspan="2">【培训要领】团队培训，以讲授、示范和演练方式开展；
【培训要求】实践教学，做中学；
【实践反思】小组研讨，提高实践能力。</td></tr>
</table>

六、开夜床服务的流程与规范

培训编码	S–106	**培训课程**	楼层服务流程与规范
培训要点	开夜床服务流程与规范		
培训方式	示范、实操	**培训对象**	酒店服务专业学生
培训时长	16 课时	**培训执行者**	酒店专业教师 / 行业兼职教师
培训步骤	**培训内容**		
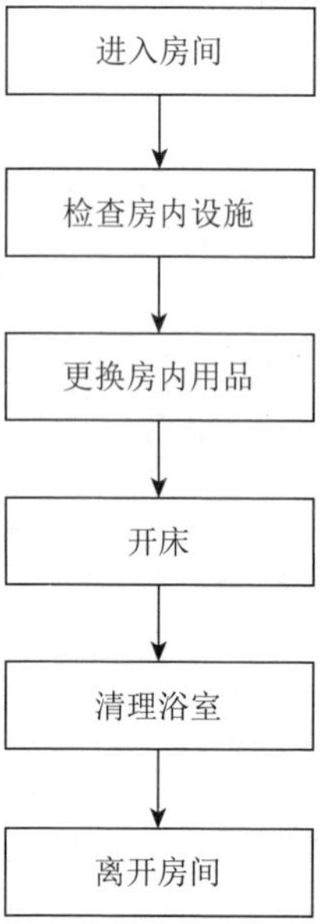	1. 进入房间 （1）客房服务员准备好工作车、充足的作业用品及礼品（如鲜花、糖果等）到客人房门前 （2）依照“敲门进入客房服务流程与规范”进入房间 （3）打开房门后，将工作车停在客房门口；若客人不在房间内，在作业过程中保持房门一直打开		
	2. 检查房内设施设备 （1）进入房间后，客房服务员打开房内所有的灯，发现较暗或有坏的灯泡应及时换掉；检查床头灯的调节功能是否正常 （2）检查房内的空调、音响、电视是否正常		
	3. 更换房内用品 （1）客房服务员清理房内及洗手间的垃圾，并更换垃圾袋 （2）更换、清洗客人用过的水杯、茶具、餐具及烟灰缸 （3）查看冰箱、小吧台内的饮料有无消费。若有，应开账单，在工作本上记录所消费的饮料并进行相应的补充		
	4. 开床 （1）客房服务员要根据人数开床 ①两张床的房间，如住一位客人，要开靠浴室或靠电话机的一张。另外不要今天开这张，明天开那张（除客人特别要求外） ②两张床的房间，如在没有确认住两位客人时，不要开两张床，尤其是女宾，以免引起误会 ③两张床的房间，住两个客人时，要开对角 ④双人床的房间住两个客人时，应开床头两侧 ⑤一张床的房间住一个人应开靠浴室或靠电话机的一边。如有两张床，则只需分别开靠近电话的那一边 （2）开床前，要检查床上有无客人的物品。若有，要将物品放到一边 （3）若是西式的做床，应按照以下步骤开床 ①撤掉用过的床罩，整齐地放在规定的位置 ②站在床头柜侧，将两层床单连同毛毯从床头向尾位反向折 30°，然后将半反折部分拉平，塞入床垫下 ③拍松枕头		

续表

培训步骤	培训内容
	④将晚安卡放在枕头的中央位置，向床头柜与床中线呈45°，将糖果等甜点放于床头柜上，拖鞋平放于床体侧面，紧靠床头柜，床头柜下摆放擦鞋器（贵宾房须在拖鞋的下面铺放一地巾） ⑤将反折的床单上面放上早餐卡（贵宾房须在早餐卡上摆放夜床花） （4）若是中式的做床，应按照以下步骤开床 ①站在床尾将棉被拉至距床头25cm处 ②站在床头柜侧，将棉被反向折30° ③拍松枕头 ④将晚安卡放在枕头的中央位置，向床头柜与床中线呈45°，将糖果等甜点放于床头柜上，拖鞋平放于床体侧面，紧靠床头柜，床头柜下摆放擦鞋器（贵宾房须在拖鞋的下面铺放一地巾） ⑤将反折的床单上面放上早餐卡（贵宾房须在早餐卡上摆放夜床花） （5）开床后，把客人的睡衣或睡袍折好放在枕头上，并将开床前客人床上的东西放回原位 （6）拉上窗帘，打开床头灯并调至弱光 （7）擦拭桌面、桌边及床头柜等家具，根据客人要求整理衣物
	5. 清理浴室 （1）客房服务员要先冲洗马桶，若马桶不脏仅冲水即可 （2）清洁客人用过的洗手盆、台面及浴缸，将浴帘放入浴缸侧拉开 （3）更换客人用过的浴巾、面巾、方巾，补足肥皂、卫生纸等日用品 （4）用专用擦地布擦净地面，并把地巾铺在靠近浴缸的地面上
	6. 离开房间 （1）客房服务员要复检房内物品是否备齐、是否摆放整齐后才可离开 （2）若客人在房内，离开时应询问客人是否需要其他服务并礼貌与其道别
【培训要领】团队培训，以讲授、示范和演练方式开展； 【培训要求】实践教学，做中学； 【实践反思】小组研讨，提高实践能力。	

七、加床服务的流程与规范

培训编码	S-107	培训课程	楼层服务流程与规范
培训要点	加床服务流程与规范		
培训方式	示范、实操	培训对象	酒店服务专业学生
培训时长	16 课时	培训执行者	酒店专业教师 / 行业兼职教师

续表

培训步骤	培训内容
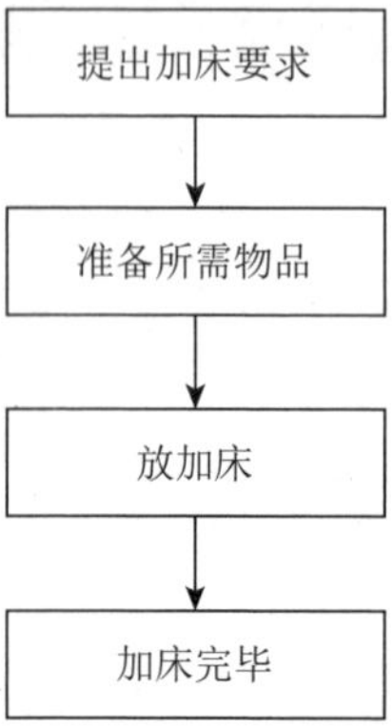	1. 提出加床要求 （1）当客人提出加床要求时，客房服务员要问清客人哪一间房，重复一遍并做好记录 （2）客房服务员向客人介绍加床的费用并询问客人的具体要求 （3）客房服务员根据客人的要求到前厅部为其开加床单
	2. 准备加床所需物品 （1）客房服务员迅速到放加床的楼层去拿床 （2）加床后，准备床单、枕头、被子（毛毯）、床罩及客房内所需补充的客用品
	3. 放加床 （1）客房服务员依照“敲门进入客房服务流程与规范”进入房间 （2）将补充的客用品、杯具、茶具等分别放到房间和浴室的指定位置 （3）把加床放在合适的位置并做床（见“做床服务流程与规范”）；若正好到开夜床时间，则为客人开床（见“开夜床服务流程与规范”）
	4. 加床完毕 （1）当所有物品都放好后，客房服务员请客人在加床单上签字 （2）客人签字后，询问客人是否需要其他服务并礼貌与其道别 （3）将加床单交给前厅收银处入账
【培训要领】团队培训，以讲授、示范和演练方式开展； 【培训要求】实践教学，做中学； 【实践反思】小组研讨，提高实践能力。	

八、擦鞋服务的流程与规范

培训编码	S–108	培训课程	楼层服务流程与规范
培训要点	擦鞋服务流程与规范		
培训方式	示范、实操	培训对象	酒店服务专业学生
培训时长	16 课时	培训执行者	酒店专业教师 / 行业兼职教师
培训步骤	培训内容		
	1. 收取鞋 （1）客房服务员接到客人擦鞋要求时，问清客人房号并立即到客人房间取鞋 （2）敲门三下并报客房服务员；征得客人同意后，才可进入房间收取客人要擦的鞋 （3）收鞋时，应注意检查鞋是否完好，有无破损的地方，如发现有，要及时与客人讲清楚，以免发生误会 （4）检查无误后，用便条纸写下房号粘贴在鞋上，并将鞋拿到楼层工作间		

续表

培训步骤	培训内容
收取鞋 → 擦鞋 → 送回鞋	2. 擦鞋 （1）客房服务员在鞋下垫上一张废报纸，用一个软擦清除鞋上的浮土 （2）选择适当的鞋油（若没有相同颜色的鞋油，应用透明无色的鞋油）及清洁的鞋擦 （3）将鞋油均匀地涂在鞋面上，并用鞋擦将鞋油擦匀。若是擦皮凉鞋，应在鞋的内侧垫上干净布以防弄脏客人的袜子；若是系带皮鞋，应将鞋带解下擦拭 （4）待鞋油稍干一点时，用鞋布擦拭鞋面及鞋边并抛光 （5）用一块干净的鞋布顺着鞋口抹一遍。若是系带皮鞋，应检查洞内是否干净，并将鞋带穿上系好 （6）将擦好的鞋放入鞋套内并将房号粘贴在鞋套上
	3. 送回鞋 （1）客房服务员将鞋送回客人房间，按客人指示放于指定位置 （2）当客人满意后，退出房间并带上房门
【培训要领】团队培训，以讲授、示范和演练方式开展； 【培训要求】实践教学，做中学； 【实践反思】小组研讨，提高实践能力。	

九、住客房清洁服务的流程与规范

培训编码	S-109	培训课程	楼层服务流程与规范
培训要点	住客房清洁服务流程与规范		
培训方式	示范、实操	培训对象	酒店服务专业学生
培训时长	16 课时	培训执行者	酒店专业教师 / 行业兼职教师
培训步骤	培训内容		
	1. 准备清洁工作车 （1）客房服务员检查工作车是否清洁，客用品及清洁工具是否备齐 （2）将工作车推至要打扫的房门旁，挡住房门，紧靠墙面（若客人在房内，不能全挡住房门，要停在走廊中间）		
	2. 敲门进房（见敲门进入客房服务流程与规范）		
	3. 检查房内设施 （1）客房服务员在工作表上登记进房时间，将备用卡插进取电插座，挂上“正在打扫”牌，在卫生间门口铺上小垫毯 （2）将客房里的灯具开关打开，检查所有的灯具，检查后应随手将灯关上。一旦发现灯泡和开关损坏，应立即通知工程部维修或更换 （3）将窗帘全部打开，让光线射进房内，并检查窗帘有无损坏、污迹褶皱、拉关是否顺畅 （4）若房内有异味，可打开窗户，开大空调，同时检查空调开关是否正常 （5）检查小酒吧，如客人饮用饮料，应填写酒水单并及时补齐酒水		

续表

培训步骤	培训内容
准备工作车 ↓ 敲门进房 ↓ 检查房内设施 ↓ 清理垃圾 ↓ 做床 ↓ 抹尘、补用品 ↓ 清洁卫生间 ↓ 吸尘 ↓ 检查房间	4. 清理垃圾 （1）客房服务员撤走房内用餐的餐车、餐具，送到工作间，打电话通知送餐员收取 （2）客房服务员在房内按顺时针方向清理，捡起地上物品，稍加整理放到桌上 （3）清倒垃圾桶及烟灰缸（清倒前检查垃圾桶内是否有文件及有价值的物品；烟灰缸内的烟头是否熄灭） （4）将烟灰缸放入洗手盆，浸泡在热水中，用清洁剂洗涤擦干后放回原处 （5）清洗客人用过的茶杯、酒杯并放回原处
	5. 做床（见做床服务流程与规范）
	6. 抹尘、补用品 （1）客房服务员遵循从上到下，按顺时针或逆时针方向抹尘 （2）在抹尘过程中，要注意以下几点 ①可将客人的文件、杂志、书报稍加整理 ②擦拭行李架时，一般不挪动客人行李，只擦去浮尘即可 ③对于女性用的化妆品，只需稍加整理，但不要挪动位置，即使用完的化妆品也不得将空瓶或包装盒扔掉 ④不要触摸客人的照相机、笔记本和钱包等物品 （3）在抹尘过程中，还要检查房间用品，如有缺少，依次补齐，按标准将家具和物品移位
	7. 清洁卫生间 （1）保洁员打开卫生间灯，打开换气扇，将清洁工具放进卫生间 （2）放水冲马桶并倒入清洁剂 （3）将客人用过的毛巾、浴巾等布草撤掉，放入工作车布草袋内 （4）用垃圾桶收走垃圾杂物并倒入工作车的垃圾袋内 （5）用海绵蘸上清洁剂将台面、洗手盆清洁干净，然后用清水冲净，用抹布擦干。用海绵蘸少许中性清洁剂擦拭洗手盆不锈钢器件的表面，将电话副机、毛巾架等擦干净 （6）在镜面上喷少许玻璃清洁剂，然后用干抹布擦亮 （7）将浴缸旋塞关闭，放入少量热水和清洁剂，用海绵从墙面到浴缸里外彻底清洁；开启浴缸活塞，放走污水；打开水龙头，放水冲净；将浴帘放入浴缸加以清洁，再把墙面、浴缸、浴帘用干布擦干，最后用海绵蘸少许中性清洁剂擦拭金属器件（水龙头、浴帘杆、晾衣绳等），消除其污垢、水斑，并随即用干抹布擦亮 （8）用马桶刷清洁马桶内部，并用清水冲净。用专用抹布清洁水箱、座沿、盖子内外侧及底座等，最后擦拭卫生纸架 （9）按规定的位置摆好毛巾、浴巾和香皂、牙具、浴帽、浴液、发液、梳子和卫生卷纸等物品 （10）从里到外退边抹净地面，特别注意对地漏处的清洁，最后擦干地面，保证无污渍、无毛发、无水迹 （11）检查是否有漏项和不符合规范的地方，然后带走清洁工具，将卫生间门半掩，关灯

续表

培训步骤	培训内容
	8. 吸尘 （1）客房服务员如发现地毯上有污迹应先清除，不能清除的应向领班汇报 （2）吸尘时，要按从里到外的顺序逐一吸尘（注意吸除家具、床底下的灰尘）
	9. 检查房间 （1）清洁完毕，客房服务员将空调调控开关调回原来位置 （2）检查整个房间是否清洁、美观、舒适 （3）将抹布等清洁用品放回车内并将吸尘器推至门外 （4）关灯、锁门，再用手轻推一下检查门锁是否已锁好，登记作房时间 （5）若客人在房间内，应向客人表示谢意，退后三步再转身离开房间，轻轻将房门关上
【培训要领】团队培训，以讲授、示范和演练方式开展； 【培训要求】实践教学，做中学； 【实践反思】小组研讨，提高实践能力。	

十、退房检查的服务流程与规范

培训编码	S–110	培训课程	楼层服务流程与规范
培训要点	退房检查服务流程与规范		
培训方式	示范、实操	培训对象	酒店服务专业学生
培训时长	16 课时	培训执行者	酒店专业教师 / 行业兼职教师
培训步骤	培训内容		
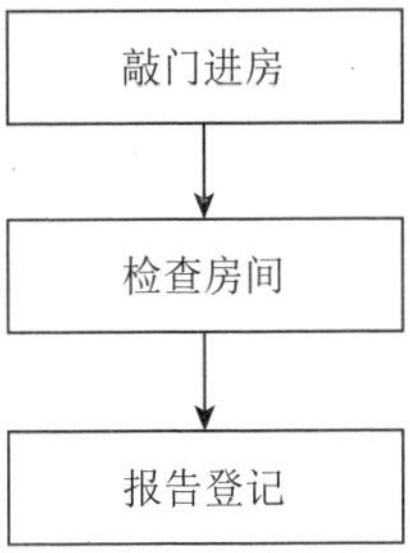	1. 敲门进房 （1）客房服务员接到退房信息后，问清楚要退房的房号并确认，然后去查房 （2）按敲门的程序敲门，如房内有客人，应等客人离房后才可进房检查并通知收银员重新退房核对，同时应主动帮助客人搬运行李或通知行李员帮忙，送客人到电梯口与客人道别，然后进房检查		
	2. 检查房间 （1）客房服务员检查酒水消费情况，如有消费，应将其品种及数量通知收银台，记录收银员提供的酒水单、账号及工号，填写好酒水单 （2）检查房内物品是否齐全完好，非赠送物品是否遗失（包括借用物品），如有，立即通知前台联系客人及时归还，同时报告领班并登记 （3）检查抽屉、衣柜、床底、卫生间有无客人遗留物品，如有，应赶在客人离店前交还；如客人已结账离店，将遗留物品交给客房服务中心登记保管		
	3. 报告登记 （1）客房服务员将查房结果迅速通知前台收银员并记录其工号 （2）查报退房后，在工作本上做好记录并更改房态，通知楼层服务员尽快打扫房间		

续表

【培训要领】团队培训，以讲授、示范和演练方式开展； 【培训要求】实践教学，做中学； 【实践反思】小组研讨，提高实践能力。

十一、退房清洁服务的流程与规范

培训编码	S–111	**培训课程**	楼层服务流程与规范
培训要点	退房清洁服务流程与规范		
培训方式	示范、实操	**培训对象**	酒店服务专业学生
培训时长	16 课时	**培训执行者**	酒店专业教师 / 行业兼职教师
培训步骤	**培训内容**		
检查房内设施 ↓ 清理垃圾 ↓ 做床 ↓ 抹尘、补用品 ↓ 清洁卫生间 ↓ 吸尘 ↓ 检查房间	1. 检查房内设施 （1）客房服务员开锁进门，在工作表上登记进房时间，将备用钥匙插进进取点插座，挂上“正在打扫”牌，在卫生间门口铺上小垫毯 （2）将客房里的灯具开关打开，检查所有灯具，检查后随手将开关关上。一旦发现灯泡或开关损坏，应立即通知工程部维修人员更换 （3）将窗帘全部打开，让光线射进房内，并检查窗帘有无损坏、污迹褶子、拉关是否顺畅 （4）若房内有异味，可打开窗，开大空调，同时检查空调开关是否正常 （5）检查小酒吧内的酒水品种、数量，如有短缺，补充齐全		
	2. 清理垃圾 （1）客房服务员撤走房内用餐的餐车、餐具，送到工作间并打电话通知送餐员收取 （2）客房服务员在房内按顺时针方向走一圈，捡起地上的垃圾（客人剩下的垃圾可先回收工作间） （3）清倒垃圾桶及烟灰缸（清倒前检查垃圾桶内是否有文件及有价值的物品；烟灰缸内的烟头是否熄灭） （4）将烟灰缸放入洗手盆，浸泡在热水中，用清洁剂洗涤擦干后放回原处 （5）撤换脏的茶杯、酒杯，倒空热水瓶或电热水壶		
	3. 做床（见做床服务流程与规范）		
	4. 抹尘、补用品 （1）房门：客房服务员应从上到下，用湿抹布将门、门框抹干净并用干抹布擦房号牌及门锁。检查门锁是否灵活；“请勿打扰”牌、防火疏散图是否完好，有无破损或污迹 （2）衣橱：擦拭衣橱应从上到下、从里到外抹净。检查衣架数量是否齐全并挂好；检查鞋篮是否完好，篮内用品如拖鞋、亮鞋器或擦鞋布、洗衣袋是否齐全 （3）行李架：用湿抹布擦行李架内外面和挡板并摆放好其位置，与写字台间隔 5~10cm，与墙壁间隔 5~10cm		

续表

培训步骤	培训内容
	（4）电视机：擦净电视机外壳和底座的灰尘，必要时用专用干抹布（柔软抹布，或绒布）擦净电视机屏幕并摆正其位置，使其与写字台正面边缘相距 10cm，同时打开电视机，检查有无图像，频道选择是否正确，色彩是否适度。检查电视节目单是否完好，摆放是否符合要求。用湿抹布将电视机柜里外、上下各处擦拭干净 （5）写字台、梳妆台 ①用干布擦拭镜灯、镜框、台灯，如台灯电线漏在写字台外围，要将其收好，灯罩接缝超墙 ②梳妆镜要先用湿布擦，再用干布擦拭。擦拭完毕，站在镜子侧面检查，看镜面有无布毛、手印或灰尘等 ③用湿抹布擦净写字台台面，检查文件夹内有无缺失或破旧的物品，为补填物品做好准备 ④用湿抹布将写字台抽屉逐个拉开擦净 ⑤擦净椅子（注意椅子脚及桌脚的擦拭） （6）客房小酒吧：擦净小酒吧区域内外各处，检查冰箱运转是否正常，接水盒是否溢满，温度是否适宜 （7）窗台：用湿抹布擦拭窗台、窗轨，落地窗则不必 （8）沙发、茶几：扶手椅的软面可用干抹布弹去灰尘，用湿抹布擦拭扶手椅的木头部分。茶几可用湿抹布擦拭 （9）床头板：用干抹布擦拭灯罩、灯泡、灯架和床头板，注意床头灯的位置，灯罩接缝需朝墙 （10）床头柜：用湿抹布擦去电话机及话筒上的灰尘及污垢，电话线不能打结，同时应检查电话是否正常，然后放好电话机用湿抹布擦净床头柜板面，检查“请勿在床上吸烟“牌、电视遥控器、便签夹等物品是否齐全，有无污迹或破损 用干抹布擦拭床头柜控制板并检查各种开关，如有故障，应立即保修并做好记录 （11）空调开关：用干抹布擦去空调开关上的灰尘，将空调调至酒店规定的温度 （12）抹尘过程中要检查房内用品有无短缺，如有，抹尘后按酒店摆放规定及其数量填补客房用品
	5. 清洁卫生间 （1）保洁员打开卫生间的灯，打开换气扇，将清洁工具放进卫生间 （2）放水冲马桶并放入清洁剂 （3）将客人用过的毛巾、地巾等撤掉，放入工作车的布草袋内 （4）用垃圾桶收走垃圾杂物并倒入工作车的垃圾袋内 （5)用海绵蘸上清洁剂将台面、洗手盆清洁干净,然后用清水冲净,用抹布擦干。用海绵蘸少许中性清洁剂擦拭洗手盆不锈钢器件的表面，将电话副机，毛巾架等擦干净 （6）在镜面上喷少许玻璃清洁剂，然后用干抹布擦亮 （7）将浴缸旋塞关闭，放入少量热水和清洁剂，用海绵从墙倒浴缸里外彻底清洁；开启浴缸活塞，放走污水；打开水龙头，放水冲净；将浴帘放入浴缸加以清洁，再把墙面、浴缸、浴帘用干布擦干，最后用海绵蘸少许中性清洁剂擦拭金属器件（水龙头、浴帘杆、晾衣绳等），消除其污垢、水斑，随即用干抹布擦亮

续表

培训步骤	培训内容
	（8）用马桶刷清洁马桶内部并于清水冲净。用专用抹布清洁水箱、座沿、盖子内外侧及底座等，最后擦拭卫生纸架 （9）按规定的位置摆好毛巾、浴巾和香皂、牙具、浴帽、浴液、洗发液、梳子和卫生卷纸等物品 （10）从里到外边退边抹净地面，特别注意对地漏处的清洁，最后擦干地面，保证无污迹、无毛发、无水迹 （11）检查是否有漏项或不符合规定的地方，然后带走清洁工具，将卫生间门半掩，关灯
	6. 吸尘 （1）客房服务员由里及外吸尘，吸尘时要注意房间的四边、沙发上、窗帘后、墙角、床底等 （2）吸完尘后，将家具复位，关好窗户，拉毕纱窗帘
	7. 检查房间 （1）清洁完毕，客房服务员关闭空调，检查整个房间是否清洁、舒适、美观 （2）将抹布等清洁用品放回车内，将吸尘器推至门外 （3）关灯、锁门，再用手轻推一下检查门锁是否已锁好，登记做房时间并通知前台此房可以出租
【培训要领】团队培训，以讲授、示范和演练方式开展； 【培训要求】实践教学，做中学； 【实践反思】小组研讨，提高实践能力。	

十二、遗留物处理的服务流程与规范

培训编码	S–112	培训课程	楼层服务流程与规范
培训要点	遗留物处理服务流程与规范		
培训方式	示范、实操	培训对象	酒店服务专业学生
培训时长	16 课时	培训执行者	酒店专业教师 / 行业兼职教师
培训步骤	培训内容		
	1. 发现遗留物品 （1）客房服务员在查房时发现客人的遗留物品后，应通知前台查询客人是否已结账离店 （2）若客人尚未离店，应立即将物品归还客人 （3）若客人已离店，应填写客人遗留物品登记表，写明日期、时间、房号、客人姓名、物品名称、数量		
	2. 上交 （1）客房服务员将客人物品用塑料袋打包。若为干净的衣物，将其折叠整齐；若为不洁衣物，先送洗衣服清洁 （2）将打包好的物品连同客人遗留物品登记表交房务中心		

续表

培训步骤	培训内容	
发现遗留物品 → 上交 → 登记、保管 → 失物认领	3. 登记、保管 （1）房务中心服务员将收到的客房遗留物品编号并记录在客人遗留物品登记表上，分为贵重与不贵重物品 （2）依据登记表上的资料逐笔输入电脑资料库内（每笔资料保存 6 个月）	
	4. 失物认领 （1）若知道遗留物品客人的姓名、住址或单位，房务中心服务员应及时联系 （2）客人认领失物时，要求其提供身份证明，说明遗失物品的名称及特征等。确认无误后，请认领者在失物招领登记表上签字 （3）若客人要求邮寄并同意支付邮资，报房务中心主管批准，将物品归还失主 （4）若遗留物品过了保管期限仍没有人认领，则按照国际同行业的惯例处理	
【培训要领】一对一或小组培训，以讲授方式开展； 【顶岗实习】顶岗实习，做中学； 【实践反思】小组研讨，提高实践反思能力。		

十三、看护婴儿的服务流程与规范

培训编码	S–113	培训课程	楼层服务流程与规范
培训要点	看护婴儿服务流程与规范		
培训方式	示范、实操	培训对象	酒店服务专业学生
培训时长	16 课时	培训执行者	酒店专业教师 / 行业兼职教师
培训步骤	培训内容		
提出看护婴儿要求 → 确定看护人选 → 看护婴儿 → 交还婴儿	1. 提出看护婴儿要求 （1）当客人提出看护婴儿要求时，客房服务员应问明客人姓名、房号、所需照顾的日期和时间以及看护要求，要就相关事项进行说明 （2）请客人填写婴儿看护申请单，写清一下内容 ①客人的房号和姓名 ②婴儿看护服务的时间和地点 ③婴儿的姓名、性别、年龄 ④健康状况、特殊要求 ⑤紧急联系人 （3）请客人签字后，交楼层主管签字		
	2. 确定看护人选 （1）楼层主管根据婴儿的具体情况和客人的要求选择看护人选 （2）选择看护人选时，要求看护者：自愿，在处理孩子问题上有经验，要有爱心，有一定的英语水平，诚实、有责任感、可以利用业余时间工作 （3）楼层主管确定看护人后，看护人应着干净制服，有主管带领并介绍给客人		

续表

培训步骤	培训内容
	3. 看护婴儿 （1）看护者携带婴儿看护申请和收费单按时抵达看护地点并留意客人的吩咐 （2）看护期间，看护者务必小心谨慎，要做到不离开婴儿；不随便给婴儿吃东西；不让婴儿接近容易碰伤、刺伤的东西 （3）看护者要牢记客人的联系方式，在婴儿突发疾病或其他意外时，应立即请示楼层主管并及时与客人联系
	4. 交还婴儿 （1）看护服务结束后，看护者主动向客人汇报看护过程及婴儿情况 （2）根据收费标准，将填好的收费单交客人签字确认后礼貌离开房间 （3）将婴儿看护申请单教楼层主管，由其将申请单放于婴儿看护档案内；同时将收款单交给前厅收银处入账
【培训要领】团队培训，以讲授、示范和演练方式开展； 【培训要求】实践教学，做中学； 【实践反思】小组研讨，提高实践能力。	

第二节 “理实一体”餐厅服务实训课程

餐厅是餐饮企业的销售场所，又是为客人提供面对面服务的领域，它使得餐饮产品的价值最终得以实现。餐饮服务是餐饮企业的员工为就餐客人提供餐饮产品的一系列活动。餐饮服务可分为直接对客的前台服务和间接对客的后台服务。“理实一体”餐厅服务实训课程以餐厅部门典型的工作与服务内容为主线，从培训要点、培训方式、培训时长、培训步骤、培训要领、培训要求和培训反思等方面，规范了餐厅服务实训课程的教学内容和方式。

一、预订服务的流程与规范

培训编码	S–201	培训课程	中餐厅服务流程与规范
培训要点	预订服务流程与规范		
培训方式	示范、实操	培训对象	酒店服务专业学生
培训时长	16 课时	培训执行者	酒店专业教师 / 行业兼职教师

续表

<table>
<tr><th>培训步骤</th><th>培训内容</th></tr>
<tr><td rowspan="3">问候客人
↓
接受预订
↓
通知相关部门</td><td>1. 问候客人
（1）当客人来到餐厅要求预订时，迎宾员应礼貌问候客人，主动介绍自己，并表示愿意为客人提供服务
（2）客人来电预订时，应在铃响三声之内拿起电话，用清晰的语言、礼貌的语气问候客人，准确报出餐厅名称和自己姓名并表示愿意为客人提供服务</td></tr>
<tr><td>2. 接受预订
（1）迎宾员礼貌地问清客人的姓名、房号（若是住店客人）、联系电话、用餐人数、用餐时间，准确、迅速地记录在订餐本上
（2）询问客人对用餐包间、菜品、酒水等有无特殊要求
（3）若客人需要订宴会，应联系销售专员与客人商谈宴会预订事宜
（4）在听完客人的要求后，重述一遍预订客人的姓名、房号（若是住店客人）、用餐人数、用餐时间及特殊要求，要获得客人确认</td></tr>
<tr><td>3. 通知相关部门
（1）迎宾员根据订餐本上的记录填写预订单
（2）确定好菜单的预订或大型宴会预订，立即通知餐厅部经理、厨师长、采购主管
（3）未确定菜单的预订则只通知餐厅领班即可
（4）有特殊要求的预订，要及时通知餐厅领班和厨师长</td></tr>
<tr><td colspan="2">【培训要领】团队培训，以讲授、示范和演练方式开展；
【培训要求】实践教学，做中学；
【实践反思】小组研讨，提高实践能力。</td></tr>
</table>

二、摆台服务的流程与规范

<table>
<tr><td>培训编码</td><td>S–202</td><td>培训课程</td><td>中餐厅服务流程与规范</td></tr>
<tr><td>培训要点</td><td colspan="3">摆台服务流程与规范</td></tr>
<tr><td>培训方式</td><td>示范、实操</td><td>培训对象</td><td>酒店服务专业学生</td></tr>
<tr><td>培训时长</td><td>16 课时</td><td>培训执行者</td><td>酒店专业教师 / 行业兼职教师</td></tr>
<tr><td>培训步骤</td><td colspan="3">培训内容</td></tr>
<tr><td></td><td colspan="3">1. 准备工作
（1）服务员用消毒毛巾或酒精棉球对双手进行清洁消毒
（2）准备好各类餐具、玻璃器皿、台布、餐巾、烟灰缸、鲜花等物品
（3）检查餐具、玻璃器皿等是否有损坏，是否洁净光亮
（4）检查台布、餐巾是否干净，是否有损坏
（5）检查调味品及垫碟是否齐全、洁净</td></tr>
</table>

续表

培训步骤	培训内容
准备工作 ↓ 铺台布 ↓ 摆放餐具 ↓ 摆放物品 ↓ 摆放椅子 ↓ 检查摆台	2. 铺台布 （1）服务员手持台布立于餐桌一侧，将台布抖开，覆盖在桌面上，中股向上，平整无褶皱，台布四周下垂部分相等 （2）铺好台布后，再次检查台布质量及清洁程度
	3. 摆放餐具 （1）圆桌餐具的摆放 ①服务员先将转圈放置在圆桌中央处，然后将转台摆放在转圈上，转动须自如，且转圈的圆心与转台的圆心必须重合，转台的边缘与圆桌边的间距须相等 ②从正主人位按顺时针方向依次摆放垫盘，摆放的垫盘与桌边的间距须为2cm，依次摆放的垫盘间距须相等，且垫盘中的图案须对正 ③将接碟摆放在垫盘上，接碟与垫盘中心对正，且接碟与垫盘之间须放置压花纸 ④将汤碗摆放在垫盘的左侧，其间距为1cm，且汤碗与垫盘上侧边缘须在同一条直线上；将汤匙正放在汤碗内，且汤匙把须朝左，并与桌边平行 ⑤在距垫盘的右侧5cm处摆放筷架，垫盘上侧边缘与筷架须在同一直线上，筷子须垂直地摆放在筷架上，筷子的底边与桌边的间距为2cm，牙签摆在垫盘与筷子的中间处，且牙签的底边距桌边为5cm；筷子、牙签上的店徽须朝上且面向客人 ⑥从正主人位依次开始摆放茶碟，茶碟边缘距桌边为2cm，茶碟与筷子的间距为2cm；茶杯须倒扣在茶碟上且茶杯把朝右，并与桌边平行 ⑦将杯垫摆放在茶碟上方，其间距为2cm，且店徽须面向客人，杯垫的上侧边缘与筷架须在同一直线上，饮料杯须倒放在杯垫的正中央 （2）方桌餐具的摆放 ①从正主人位按顺时针方向依次开始摆放垫盘，摆放的垫盘与距桌边的间距为2cm，依次摆放的垫盘其间距须相等，且垫盘中的图案须对正 ②将接碟摆放在垫盘上，接碟与垫盘中心须对正，且接碟与垫盘间须放置压花纸 ③将汤碗摆放在垫盘的左侧，其间距为1cm，且汤碗与其右侧垫盘上侧边缘须在同一条直线上，将汤匙正放在汤碗内，且汤匙把须朝左，并与桌边平行 ④在距垫盘的右侧5cm处摆放筷架，垫盘上侧边缘与筷架须在同一直线上，筷子须垂直地摆放在筷架上，筷子的底边与桌边的间距为2cm，牙签摆入在垫盘与筷子的中间处，且牙签的底边距桌边为5cm；筷子、牙签上的店徽须朝上且面向客人 ⑤从正主人位依次开始摆放茶碟，茶碟边缘距桌边为2cm，茶碟与筷子的间距为2cm；茶杯须倒扣在茶碟上且茶杯把朝右，并与桌边平行 ⑥将杯垫摆放在茶碟上方，其间距为2cm，且店徽须面向客人，杯垫的上侧边缘与筷架须在同一直线上，饮料杯须倒放在杯垫的正中央
	4. 摆放烟灰缸、火柴、鲜花 （1）圆桌烟灰缸、火柴、鲜花的摆放 ①服务员先在主位与主宾之间靠近转盘处摆放烟灰缸，然后按顺时针方向依次在每两位客人之间靠近转盘处摆放一个烟灰缸，且烟灰缸边缘与转台边缘的间距为7cm，其店徽须向外并面向客人；火柴摆在烟缸上靠近转盘侧，火柴盒磷面向里，店徽向上 ②将鲜花摆放在圆桌转台中央处，鲜花须新鲜，造型艺术美观，无枯萎败叶现象

续表

培训步骤	培训内容
	（2）方桌烟灰缸、火柴、鲜花的摆放 ①将鲜花须摆放在方桌正中央，且鲜花须新鲜，造型艺术美观，无枯萎败叶现象 ②在花瓶的两侧摆放两个烟灰缸，且三者之间须呈品字形，店徽须朝外并面向客人；火柴摆在烟灰缸上面，火柴盒磷面向里，店徽向上
	5. 摆放椅子 （1）圆桌座椅的摆放：服务员须先摆放正主人的座椅，再依次摆放其他客人的座椅，正、副主人的座椅须在一条直线上，且座椅的摆放间距须相等，且与圆桌上摆放的每套餐具对应冲齐，座椅与下垂台布的间距为 1cm （2）方桌座椅的摆放：在方桌的四边摆放座椅，并与方桌上摆放的每套餐具对应冲齐，且座椅与下垂台布的间距为 1cm
	6. 检查摆台 （1）工作结束后，服务员按照以上标准检查摆台情况 （2）若有不符合标准的地方，应及时改正
【培训要领】团队培训，以讲授、示范和演练方式开展； 【培训要求】实践教学，做中学； 【实践反思】小组研讨，提高实践能力。	

三、领位服务的流程与规范

培训编码	S–203	培训课程	中餐厅服务流程与规范
培训要点	领位服务流程与规范		
培训方式	示范、实操	培训对象	酒店服务专业学生
培训时长	16 课时	培训执行者	酒店专业教师 / 行业兼职教师
培训步骤	培训内容		
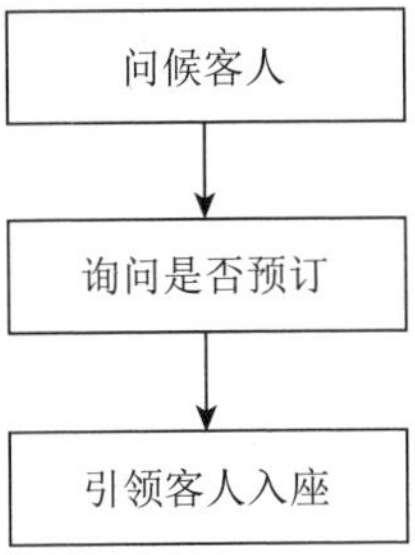	1. 问候客人 （1）迎宾员按规定着装，仪容端庄，站立于餐厅正门一侧，做好迎宾准备 （2）见客前来，应面带微笑，主动招呼：“您好，欢迎光临。”对熟悉的客人用姓氏招呼，以示尊重 2. 询问是否预订 （1）迎宾员问清客人人数，是否有预订，并问清预订人姓名或电话号码予以确认；若没有订位则根据客人的人数合理带位 （2）若餐厅已客满，应有礼貌地告诉客人需要等候的时间；若客人不愿等候，应向客人推荐酒店其他餐厅并告知路线，同时应为客人不能在本餐厅就餐而表示歉意；若有客人愿意稍候，应引领客人至候餐处，并提供酒水服务 （3）协助客人在衣帽间存放衣物，并提示客人自己保管贵重物品，存好后将取衣牌交给客人 （4）询问客人是否吸烟，如客人不吸烟，要请客人在非吸烟区就座		

续表

培训步骤	培训内容
	3. 引领客人入座 （1）迎宾员走在客人前方，按客人步履快慢行走，如路线较长或客人较多应适时回头，向客人示意，以免走散 （2）将客人引至桌边，征求客人（未预订客人）对桌子及方位的意见，待客人同意后让客人入座 （3）将座椅拉开，当客人坐下时，用膝盖顶一下椅背，双手同时送一下，使客人保持与桌子的合适距离 （4）招呼服务员接待客人，并将就餐人数、主人的姓名及房间号等告知服务员，以便服务员能够称呼主人的姓名
【培训要领】团队培训，以讲授、示范和演练方式开展； 【培训要求】实践教学，做中学； 【实践反思】小组研讨，提高实践能力。	

四、点菜服务的流程与规范

培训编码	S–204	培训课程	中餐厅服务流程与规范
培训要点	点菜服务流程与规范		
培训方式	示范、实操	培训对象	酒店服务专业学生
培训时长	16 课时	培训执行者	酒店专业教师 / 行业兼职教师
培训步骤	培训内容		
递上菜单 ↓ 推荐介绍菜品 ↓ 接受点菜 ↓ 复述点菜内容 ↓ 分送点菜单	1. 递上菜单 （1）客人入座后，服务员询问客人需要什么茶水。准备好茶水后，按“女士优先，先宾后主”的原则从右边为客人斟上茶水 （2）将菜单打开第一页，按照“女士优先”原则，用双手从客人右侧将菜单送至客人手中，然后站在客人斜后方能观察客人面部表情的地方，上身微躬		
	2. 推荐介绍酒店菜品 （1）在客人点菜前，服务员应留有时间让客人翻看菜单 （2）在客人翻看菜单时，应及时向客人简单介绍菜单上的菜，回答客人的询问 （3）向客人介绍厨师长今日特别推荐的菜品、其他的特色菜、畅销菜和高档菜等菜品，并介绍其样式、味道、温度和特点		
	3. 接受点菜 （1）服务员先在点菜单上记下日期、本人姓名及台号、就餐人数等 （2）客人点菜时，应注视客人，听清客人点的菜名，适时帮助客人选择菜品和主动推介菜品，准确地记录菜名 （3）对于特殊菜品，应介绍其特殊之处，并问清客人所需火候、配料及调料等 （4）若客人用餐时间较紧，点的菜需时间较长，则应及时向客人征求意见；若有客人点相同的菜式，如汤和羹或两个酸甜味型的菜时，应有礼貌地问客人是否需要更换菜式 （5）若客人有特殊要求，应在点菜单上清楚注明，并告知传菜服务员		

续表

培训步骤	培训内容
	4. 复述点菜内容 （1）客人点菜完毕后，服务员应清楚地重复一遍所点菜品内容，并请客人确认 （2）复述完毕后，在点菜单的右上角写明当时的时间，以便查询 （3）收回菜单并向客人致谢，同时请客人稍等，说明大致的等候时间
	5. 分送点菜单 （1）服务员将点菜单的第一联送至收银处 （2）将点菜单的第二联送至厨房 （3）将第三、四联交给传菜员、值台服务员留底备查
【培训要领】团队培训，以讲授、示范和演练方式开展； 【培训要求】实践教学，做中学； 【实践反思】小组研讨，提高实践能力。	

五、小毛巾服务的流程与规范

培训编码	S-205	培训课程	中餐厅服务流程与规范
培训要点	小毛巾服务流程与规范		
培训方式	示范、实操	培训对象	酒店服务专业学生
培训时长	16 课时	培训执行者	酒店专业教师 / 行业兼职教师
培训步骤	培训内容		
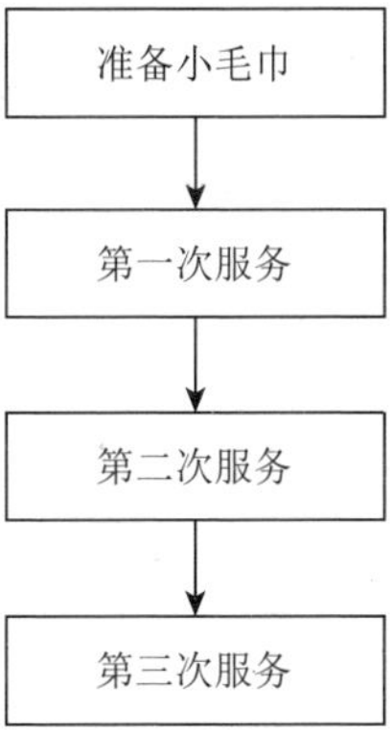	1. 准备小毛巾 （1）服务员将洗涤洁净、无污迹、无油迹、无破损、无毛边、消毒过的毛巾浸泡于热水中，然后拧干，展开平放，从毛巾的一头开始向前推卷，将其紧卷成圆柱形 （2）将卷好的毛巾按顺序、整齐地摆放在电毛巾保湿箱内，并将电毛巾保湿箱的门关好，打开电源开关		
	2. 第一次小毛巾服务 （1）客人入座，完成铺口布、撤筷套服务后，服务员须提供第一次小毛巾服务 （2）提供毛巾服务时，站立在客人的右侧，按照先宾后主、女士优先的原则，从客人的右侧将毛巾摆放在客人的左手边的毛巾盘内，并且四指并拢、手心向上示意告知客人：“请您用毛巾” （3）撤掉客人用过的毛巾时，应先征询客人，经客人同意后，从客人的右侧将毛巾撤掉		

续表

培训步骤	培训内容
	3. 第二次小毛巾服务：客人吃完去皮、带骨的菜品后，服务员须提供第二次小毛巾服务，标准同上
	4. 第三次毛巾服务：客人吃完甜品后，服务员须提供第三次小毛巾服务，标准同上
【培训要领】团队培训，以讲授、示范和演练方式开展； 【培训要求】实践教学，做中学； 【实践反思】小组研讨，提高实践能力。	

六、点酒水服务的流程与规范

培训编码	S–206	培训课程	中餐厅服务流程与规范
培训要点	点酒水服务流程与规范		
培训方式	示范、实操	培训对象	酒店服务专业学生
培训时长	16 课时	培训执行者	酒店专业教师 / 行业兼职教师
培训步骤	培训内容		
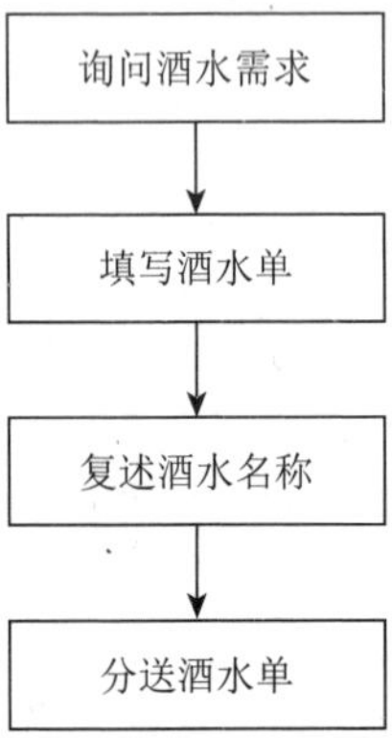	1. 询问客人酒水需求 （1）服务员为客人上毛巾后，应主动走到客人餐桌前，询问客人需要什么酒水 （2）若客人难以决定喝何种酒水时，应主动向客人介绍饮料和开胃酒，并注意客人的国籍、民族和性别		
	2. 填写酒水单 （1）服务员在酒水单上写清自己的姓名、客人人数、台号及日期 （2）站在客人旁边，注视客人并仔细听清每个客人点的酒水，准确地记录在酒水单上 （3）书写时，应站直身体，订单放在左手掌心，注意不能将酒水单放在客人餐桌上		
	3. 复述酒水名称 （1）客人点单完毕后，服务员重述订单的内容，并请客人确认 （2）复述完毕后，在酒水单的右上角写明当时的时间，以便查询		
	4. 分送酒水单 （1）服务员将酒店单的第一联送至收银处 （2）将酒水单的第二联送至酒吧取酒 （3）将第三联交给值台服务员留底备查		
【培训要领】团队培训，以讲授、示范和演练方式开展； 【培训要求】实践教学，做中学； 【实践反思】小组研讨，提高实践能力。			

七、传菜服务的流程与规范

<table>
<tr><td>培训编码</td><td>S–207</td><td>培训课程</td><td>中餐厅服务流程与规范</td></tr>
<tr><td>培训要点</td><td colspan="3">传菜服务流程与规范</td></tr>
<tr><td>培训方式</td><td>示范、实操</td><td>培训对象</td><td>酒店服务专业学生</td></tr>
<tr><td>培训时长</td><td>16 课时</td><td>培训执行者</td><td>酒店专业教师 / 行业兼职教师</td></tr>
<tr><td>培训步骤</td><td colspan="3">培训内容</td></tr>
<tr><td rowspan="3">准备工作
↓
传菜
↓
整理工作</td><td colspan="3">1. 准备工作
（1）传菜员在传菜台上准备好充足洁净、无破损的长托盘和圆托盘
（2）准备好洁净、无破损的餐具</td></tr>
<tr><td colspan="3">2. 传菜
（1）传送冷菜
①传菜员接到订单后，检查订单上是否写清时间、服务员姓名、客人人数、台号和日期
②检查订单上是否有客人的特殊要求，如有，马上通知厨师长并将结果告诉服务员
③通知冷菜间制作冷菜，并保证冷菜在 5 分钟内送进餐厅
（2）传送热汤：预计客人用完冷菜后，将热汤送进餐厅
（3）传送热菜
①先传高档菜（如鱼翅、鲍鱼、大虾），后传鸡、鸭、肉类，最后传送蔬菜、炒饭类。若客人有特殊要求，则按特殊要求传菜
②传送小吃时，须注意送进餐厅的小吃与热菜之间的搭配，做到搭配一致
（4）传送甜食：接到订单后，请厨师制作，送进餐厅不得超过 10 分钟</td></tr>
<tr><td colspan="3">3. 整理工作
（1）传菜员将托盘及餐具送洗碗间清洗、消毒
（2）及时清理并更换传菜车、传菜台上的口布、台布等</td></tr>
<tr><td colspan="4">【培训要领】团队培训，以讲授、示范和演练方式开展；
【培训要求】实践教学，做中学；
【实践反思】小组研讨，提高实践能力。</td></tr>
</table>

八、斟酒服务的流程与规范

<table>
<tr><td>培训编码</td><td>S–208</td><td>培训课程</td><td>中餐厅服务流程与规范</td></tr>
<tr><td>培训要点</td><td colspan="3">斟酒服务流程与规范</td></tr>
<tr><td>培训方式</td><td>示范、实操</td><td>培训对象</td><td>酒店服务专业学生</td></tr>
<tr><td>培训时长</td><td>16 课时</td><td>培训执行者</td><td>酒店专业教师 / 行业兼职教师</td></tr>
</table>

续表

培训步骤	培训内容
向客人示酒 → 开瓶 → 斟酒	1. 向客人示酒 （1）取来客人选定的酒，服务员在客人桌边用左手托住瓶底，右手握住瓶口，使瓶口朝上呈 45°，酒牌对着客人向客人示酒 （2）若客人点的是白葡萄酒，在冰桶内放上碎冰，将瓶酒放入冰桶，最佳温度 9℃，酒牌朝上，冰桶边架放置在主人右后方 （3）若客人点的是红葡萄酒，将瓶酒放入垫有毛巾的酒篮中，最佳温度 20℃，酒牌朝上，使客人可以看清
	2. 开瓶 （1）服务员询问客人是否开瓶，征得同意后，将手持稳，瓶口朝上，用手握遮，启开瓶盖。开启时要避免酒从瓶口喷出溅到客人身上，开启后将瓶盖收起 （2）若是白葡萄酒和红葡萄酒，要用准备好的开酒刀，先切开瓶酒封口，揭去封口顶部，用毛巾清洁瓶口，插入酒钻，转动钻柄直至钻头全部进入瓶塞，然后轻轻松动，并拔出瓶塞，此时不得转动或摇动酒瓶。酒塞出瓶后，应放在骨碟上，呈送至客人面前，请检查瓶塞上商标与贴纸内容是否一致，经确认后，才可斟酒 （3）开瓶后，用干净的布擦拭瓶口和瓶身
	3. 斟酒 （1）服务员站在客人身后右侧，右手握住酒瓶，左手拿餐巾，右脚跨前踏在两椅之间，举瓶高低适当 （2）在斟红葡萄酒和白葡萄酒之前，应先在主人杯中倒 2cm 深度的酒，并帮助轻轻晃动一下酒杯后，请客人品尝一下 （3）从第一主宾开始，在客人右边按顺时针方向绕餐桌进行（白酒应倒至酒杯深度的 2/3，红酒应倒 1/2），在倒酒前应示意一下，如客人不需要则予以调换 （4）为每位客人斟完酒后，把瓶子往右转动，防止淌滴杯外，并用餐巾擦净瓶口溅出的酒 （5）斟酒后，随时注意观察，当发现客人杯中的酒剩 1/3 时，应及时斟添
【培训要领】团队培训，以讲授、示范和演练方式开展； 【培训要求】实践教学，做中学； 【实践反思】小组研讨，提高实践能力。	

九、客桌清洁服务的流程与规范

培训编码	S–209	培训课程	中餐厅服务流程与规范
培训要点	客桌清洁服务流程与规范		
培训方式	示范、实操	培训对象	酒店服务专业学生
培训时长	16 课时	培训执行者	酒店专业教师 / 行业兼职教师

续表

培训步骤	培训内容
用餐中的清洁 ↓ 就餐后的清洁 ↓ 离去后的清洁	1. 用餐过程中的清洁 （1）客人用餐过程中，服务员要随时观察餐桌上是否有空盘、空碗或空酒杯 （2）若发现空盘、空碗或空酒杯，应征得客人同意后及时将其撤掉
	2. 就餐后的清洁 （1）客人用完正餐后，服务员应询问客人是否清洁餐桌 （2）客人同意后，站在客人的右侧，身体侧站，左手托盘（托盘应在客人的背后，不得拿到客人的前面） （3）撤掉餐具，分类摆放在托盘上 （4）撤完餐具后，如餐桌上有菜汁迹或其他污迹，应在上面铺一块干净的口布 （5）客人用完甜食后，撤掉甜食餐具
	3. 离去后的清洁 （1）客人起身要离开，服务员应为客人拉椅，并礼貌地向客人道别，欢迎其再次光临 （2）撤掉口布，重新摆台（见摆台服务流程与规范），准备迎接下一批客人
【培训要领】团队培训，以讲授、示范和演练方式开展； 【培训要求】实践教学，做中学； 【实践反思】小组研讨，提高实践能力。	

十、更换餐盘的服务流程与规范

培训编码	S–210	培训课程	中餐厅服务流程与规范
培训要点	更换餐盘服务流程与规范		
培训方式	示范、实操	培训对象	酒店服务专业学生
培训时长	16 课时	培训执行者	酒店专业教师 / 行业兼职教师
培训步骤	培训内容		
准备工作 ↓ 征求客人意见 ↓ 更换餐盘	1. 准备工作 （1）在客人用餐过程中，服务员应随时观察客人的餐桌，当预计需给客人换餐盘时，应立即做相应的准备 （2）从边柜中取出干净的餐盘码放在托盘上（一般情况下，每上两道菜为客人换一次餐盘）		
	2. 征求客人意见 （1）服务员左手托托盘，走到客人面前，礼貌地问客人是否可以撤换餐盘 （2）若客人不同意，应为打扰了客人而道歉；若得到客人允许，则为其更换餐盘		

续表

<table>
<tr><th>培训步骤</th><th>培训内容</th></tr>
<tr><td></td><td>3. 更换餐盘
（1）服务员站在客人右侧，用右手将餐盘撤回，放到托盘中
（2）撤盘时应将客人吃剩的菜或汤在右边用碗或盘装起来。若客人还要食用，应将餐盘留下或在征得客人同意的情况下将菜并到另一个餐盘中
（3）按顺时针方向，从客人右侧为客人更换餐盘</td></tr>
<tr><td colspan="2">【培训要领】团队培训，以讲授、示范和演练方式开展；
【培训要求】实践教学，做中学；
【实践反思】小组研讨，提高实践能力。</td></tr>
</table>

十一、餐后甜食的服务流程与规范

<table>
<tr><td>培训编码</td><td>S–211</td><td>培训课程</td><td>中餐厅服务流程与规范</td></tr>
<tr><td>培训要点</td><td colspan="3">餐后甜食服务流程与规范</td></tr>
<tr><td>培训方式</td><td>示范、实操</td><td>培训对象</td><td>酒店服务专业学生</td></tr>
<tr><td>培训时长</td><td>16 课时</td><td>培训执行者</td><td>酒店专业教师 / 行业兼职教师</td></tr>
<tr><td>培训步骤</td><td colspan="3">培训内容</td></tr>
<tr><td rowspan="3">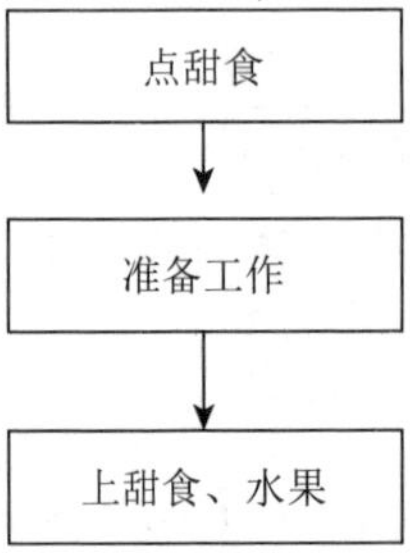
</td><td colspan="3">1. 点甜食（水果）
（1）客人吃完正餐后，服务员须主动推销餐后甜食
（2）在客人确定所点甜食后，应马上填写订单，写清自己的姓名、就餐的人数、台号、日期及送单时间
（3）将甜食订单分送给收银员、厨房及传菜员</td></tr>
<tr><td colspan="3">2. 准备工作
（1）点单后，服务员询问是否可以清桌，客人同意后，立即撤去桌面上所有的餐具，留下酒杯和水杯
（2）若客人餐桌上有菜汁等，须铺上一块洁净的口布；若是客人餐桌的玻璃转盘上有菜汁等，则须清洁干净
（3）清理桌面后，准备好所订甜食的配套餐具，用托盘从客人右侧将餐具摆放在客人餐桌上，要按照先宾后主、女士优先原则摆放</td></tr>
<tr><td colspan="3">3. 上甜食、水果
（1）甜食、水果送进餐厅后，服务员使用托盘将甜食或水果从客人右侧送上，摆在餐桌正中，并向客人报甜食或水果的名称
（2）必要时为客人提供甜食分餐服务，须站立于客人右侧，并按照先宾后主、女士优先的原则服务
（3）待客人吃完甜食、水果后，须马上撤走空餐具</td></tr>
<tr><td colspan="4">【培训要领】团队培训，以讲授、示范和演练方式开展；
【培训要求】实践教学，做中学；
【实践反思】小组研讨，提高实践能力。</td></tr>
</table>

十二、为客人开票服务的流程与规范

培训编码	S-212	培训课程	中餐厅服务流程与规范
培训要点	为客人开发票服务流程与规范		
培训方式	示范、实操	培训对象	酒店服务专业学生
培训时长	16 课时	培训执行者	酒店专业教师 / 行业兼职教师
培训步骤	培训内容		
询问客人有关信息 ↓	1. 询问客人有关信息 （1）客人结账时，若提出开具发票的要求，服务员应询问客人发票上需要写明的单位名称 （2）礼貌地告诉客人账单的第一页将留在收银处存档，并告诉其等待时间		
开具发票 ↓	2. 开具发票 （1）服务员将账单的第一页交给收银员，并告诉收银员发票上应写的单位名称，请其为客人开具发票 （2）检查收银员所开发票的单位名称是否正确，数字填写是否正确		
送上发票	3. 送上发票 （1）检查无误后，服务员将发票夹在结账夹内，从客人的右侧交给客人 （2）客人离开时，为客人拉椅，并感谢其在本餐厅消费，欢迎其再次光临		
【培训要领】团队培训，以讲授、示范和演练方式开展； 【培训要求】实践教学，做中学； 【实践反思】小组研讨，提高实践能力。			

十三、为客人道别服务的流程与规范

培训编码	S-213	培训课程	中餐厅服务流程与规范
培训要点	与客人道别服务流程与规范		
培训方式	示范、实操	培训对象	酒店服务专业学生
培训时长	16 课时	培训执行者	酒店专业教师 / 行业兼职教师
培训步骤	培训内容		
送别客人 ↓ 整理台面 ↓ 处理遗留物品	1. 送别客人 （1）当客人结账完毕并有意离开餐厅时，服务员应迅速；来到客人身后，帮助客人搬开椅子，便于客人站立 （2）协助客人穿上外套，提醒客人带齐物品 （3）帮助客人提上行李或打包物品，检查是否有遗留物品，引领客人至餐厅门口 （4）在送客途中向客人介绍酒店的其他餐厅或服务项目 （5）与迎宾员一起行 45° 鞠躬礼向客人道谢，欢迎其再次光临		

续表

培训步骤	培训内容
	2. 整理台面 （1）客人离开餐厅后，服务员须再次检查台面上、下，有无客人遗忘的物品 （2）用托盘将台面上客人用过的各种餐具和用具撤下 （3）撤换新台布，重新摆台，调整座椅
	3. 处理遗留物品 （1）若客人还未走，服务员应马上将物品交还给客人 （2）若还未找到客人，应马上通知领班，将物品送到服务台做好记录，并通知餐厅经理
【培训要领】团队培训，以讲授、示范和演练方式开展； 【培训要求】实践教学，做中学； 【实践反思】小组研讨，提高实践能力。	

十四、为儿童服务的流程与规范

培训编码	S–214	培训课程	中餐厅服务流程与规范
培训要点	为儿童服务流程与规范		
培训方式	示范、实操	培训对象	酒店服务专业学生
培训时长	16 课时	培训执行者	酒店专业教师 / 行业兼职教师
培训步骤	培训内容		
摆放桌椅、餐具 ↓	1. 摆放座椅、餐具 （1）当客人带儿童用餐时，服务员须主动询问客人是否需要特制的儿童椅，得到认可后，应及时安排 （2）备好儿童椅后，请客人将儿童抱到椅子上，并放好儿童椅上的小桌，以防止儿童滑落 （3）儿童入座后，按照年龄大小摆放餐具：5 岁以下儿童，只摆放一个餐盘、一个汤碗、一个汤匙；5 岁以上儿童须按标准摆台		
推荐儿童食品 ↓	2. 推荐儿童食品 （1）客人点饮料时，服务员应主动向客人推荐适合儿童口味的软饮料，并为其准备吸管 （2）客人点菜时，主动向客人推荐一些适合儿童口味的菜肴或小点心		
提供特殊服务	3. 提供特殊服务 （1）为客人分汤时，服务员应为儿童多准备一个小汤碗，放在儿童家长右侧 （2）餐厅经理、领班可适当为来就餐的儿童准备一份小点心、小礼品、纸和彩笔，在小孩影响客人就餐时，送给儿童玩耍，以稳定儿童的情绪 （3）当客人准备离开餐厅时，服务员须在征得客人同意后，将儿童从儿童椅上抱下交给家长		

续表

【培训要领】团队培训，以讲授、示范和演练方式开展； 【培训要求】实践教学，做中学； 【实践反思】小组研讨，提高实践能力。

十五、关门前订单确认的服务流程与规范

培训编码	S–215	培训课程	中餐厅服务流程与规范
培训要点	关门前订单确认服务流程与规范		
培训方式	示范、实操	培训对象	酒店服务专业学生
培训时长	16 课时	培训执行者	酒店专业教师 / 行业兼职教师
培训步骤	培训内容		
送上菜单 ↓	1. 送上菜单 （1）餐厅营业结束前 10 分钟时，服务员手拿菜单，站在主客右侧，轻声告诉客人，餐厅将要关门，询问客人是否还需要添加食品。甜食和水果 （2）若主客决定添加食品或甜食，应马上打开菜单相应的一页，将菜单递给客人，并表示愿意为客人提供服务 （3）若主客不再添加食品或甜食，应该诚恳地为打扰客人谈话而道歉		
进行点菜 ↓	2. 进行点菜 （1）客人点菜时，服务员应注视客人，听清客人点的菜名，适时帮助客人选择菜品和主动推介菜品，准确地记录菜名 （2）对于特殊菜品应介绍其特殊之处，并问清客人所需火候、配料及调料等 （3）若客人有特殊要求，应在点菜单上清楚注明，并告知传菜服务员 （4）客人点菜完毕后，应清楚地重复一遍客人所点菜品的内容。经客人确认后，收回菜单并向客人致谢，同时请客人稍等，说明大致等候时间		
分送点菜单	3. 分送点菜单 （1）服务员将点菜单的第一联送至收银处 （2）将点菜单的第二联送至厨房 （3）将第三、第四联交给传菜员、值台服务员留底备查		
【培训要领】团队培训，以讲授、示范和演练方式开展； 【培训要求】实践教学，做中学； 【实践反思】小组研讨，提高实践能力。			

十六、客房送餐服务的流程与规范

培训编码	S–216	培训课程	中餐厅服务流程与规范
培训要点	客房送餐服务流程与规范		
培训方式	示范、实操	培训对象	酒店服务专业学生

续表

<table>
<tr><td>培训时长</td><td>16 课时</td><td>培训执行者</td><td>酒店专业教师 / 行业兼职教师</td></tr>
<tr><td>培训步骤</td><td colspan="3">培训内容</td></tr>
<tr><td rowspan="3">接受预订
↓
准备工作
↓
送餐进房
↓
收餐</td><td colspan="3">1. 接受预订
（1）接受房内用餐预订时，订餐员应在电话铃响三声之内接起电话，礼貌地向客人问好
（2）问清客人的姓名、房号、订餐内容、送餐时间及特殊要求，并适时向客人推荐介绍
（3）重复客人具体要求和订餐内容，得到客人确认后，告诉其等候时间并向客人表示感谢
（4）迅速填写好订单并将订单交送餐员</td></tr>
<tr><td colspan="3">2. 准备工作
（1）送餐员接到订单后，根据时间要求将订单送至厨房或酒吧
（2）根据订单内容准备餐车或托盘、口布、餐具、餐巾等，准备好账单及签字用笔
（3）取回食物与酒水后，迅速将热菜盖上保温盖或放到保温炉中保温
（4）检查菜品是否按照其要求制作，保证质量符合酒店相关标准
（5）根据食物的类型和客人要求，将菜品和饮料整齐地摆放在餐车或托盘上
（6）核实账单内容，将无误的账单放入账单夹内</td></tr>
<tr><td colspan="3">3. 送餐进房
（1）送餐员使用酒店规定的专用电梯进行客房送餐服务
（2）走到客房门前，确认客人的房号准确无误后，有节奏地敲门，并报“送餐服务”
（3）待客人开门后，向客人问好。征得客人同意后，进入客房，把餐车或托盘放到适当的位置并征求客人对摆放的意见
（4）按照客人的要求摆好餐具及其他物品，将账单夹用双手递给客人，请客人签字
（5）询问客人是否需要其他服务。若客人不再需要其他服务，应请客人慢用，然后退出客房，将门轻轻地关上
（6）回到餐厅后，立即将账单交给收银员结清，并请订餐员做好记录</td></tr>
<tr><td colspan="4">【培训要领】团队培训，以讲授、示范和演练方式开展；
【培训要求】实践教学，做中学；
【实践反思】小组研讨，提高实践能力。</td></tr>
</table>

十七、外卖活动的服务流程与规范

培训编码	S–217	培训课程	中餐厅服务流程与规范
培训要点	外卖活动服务流程与规范		
培训方式	示范、实操	培训对象	酒店服务专业学生
培训时长	16 课时	培训执行者	酒店专业教师 / 行业兼职教师

续表

培训步骤	培训内容
准备工作 → 摆台 → 餐间服务 → 工作结束	1. 准备工作 （1）服务员仔细阅读订单，了解清楚外卖的地点、时间、外卖形式、人数、所需用品、设备及特殊要求等 （2）根据外卖的形式、人数及客人的要求，列出一份详细的所需用品清单 （3）按照所列的清单，将各种用品准备齐全并擦拭干净 （4）提前同行政人事部联系，根据需求申请车辆 （5）提前同厨房、酒吧、管事处等其他有关部门联系，明确有关外卖活动的各项内容 （6）按要求准时将外卖所需用品装车
	2. 摆台 （1）服务员根据场地和客人的要求，确定摆台的位置、台面的大小及具体台形，铺上台布，围上围裙 （2）根据外卖的形式和要求，将各种餐具和用具按规定整齐地摆放好 （3）摆台完毕后仔细检查一遍是否符合要求，摆放的各种器具是否整洁、齐全
	3. 餐间服务 （1）服务员根据外卖的形式和要求，按规定为客人提供上菜、斟酒等各种服务 （2）服务中对客人提出的要求，要尽量帮助解决。与其他工作人员配合协调，利用现有的一切条件使客人满意
	4. 工作结束 （1）外卖活动结束后，服务员要把场地清理干净，将所属物品、用具清点后装车运回 （2）领班及时总结外卖活动所出现的问题和经验并提出日后工作的改进建议，向经理汇报
【培训要领】团队培训，以讲授、示范和演练方式开展； 【培训要求】实践教学，做中学； 【实践反思】小组研讨，提高实践能力。	

第三节　“理实一体”酒吧服务实训课程

酒吧是酒店主要的附设营业场所，又是为客人提供面对面服务的领域，它使酒吧的酒水产品价值最终得以实现。酒吧服务是酒店员工为客人提供酒水产品的一系列服务活动，可分为直接对客的前台服务和间接对客的后台服务。“理实一体”酒吧服务实训课程以酒吧部门典型的工作与服务内容为主线，从培训要点、培训方式、培训时长、培训步骤、培训内容、培训要领、培训要求和培训反思等方面，规范了酒吧服务实训课程的教学内容与方式。

一、营业前准备的服务流程与规范

培训编码	S–301	培训课程	酒吧服务流程与规范
培训要点	营业前准备的服务流程与规范		
培训方式	示范、实操	培训对象	酒店服务专业学生
培训时长	16 课时	培训执行者	酒店专业教师 / 行业兼职教师
培训步骤	培训内容		
检查酒吧内设施 → 清洁酒吧 → 准备各种用品 → 摆放酒水和酒杯 → 摆放调酒用品 → 营业前检查	1. 检查酒吧内设施 （1）服务员仔细检查各类电器（灯光、空调、音响等），各类设备（冰箱、制冰机、咖啡机等）和所有家具（酒吧台、椅、墙纸及装修）有无损坏 （2）如有任何不符合标准要求的地方，应马上填写工程维修单交酒吧经理签名后送工程部，由工程部派人维修		
	2. 清洁酒吧 （1）服务员用湿毛巾把吧台擦干净后，再喷上蜡光剂使其光亮如新。不锈钢制成的操作台可直接用清洁剂擦洗，再用干毛巾擦干即可 （2）给冷藏柜外部除尘，必须定期（每 3 天左右）必须对冷藏柜内部彻底进行清洁 （3）用湿毛巾将瓶装酒及罐装饮料的表面擦干净，使其外表清洁无尘 （4）清扫吧内地面，铺设地毯的地方要进行地毯吸尘并定期清洗 （5）清洁、消毒酒杯及用具，要求无水渍、无破损		
	3. 准备各种用品 （1）服务员检查酒吧内的各种用品（如各类酒水、酒杯、餐巾、毛巾）是否达到标准库存量，如有不足，应立即填写领料单到酒水库或仓库领取 （2）补足工作台的原料用酒、冷藏柜中的啤酒和白葡萄酒、贮藏柜中的各种无须冷藏的酒类 （3）更换餐巾和毛巾（毛巾是用来清洁抹台的，要湿用；餐巾主要用于擦杯，要干用，不能弄湿） （4）检查所需使用的单据表格是否齐全够用，特别是酒水供应单与调拨单		
	4. 摆放酒水和酒杯 （1）调酒师将酒水分类摆放，如开胃酒、烈酒、餐后甜酒分开；价钱最贵的与便宜的分开摆。瓶与瓶之间要有间隙，可放进合适的酒杯以增添气氛 （2）将经常用的散卖酒与陈列酒分开摆放。散卖酒要放在工作台前伸手可及的位置；不常用的酒放在酒架的高处 （3）酒杯可分悬挂与摆放两种，悬挂的酒杯主要是装饰酒吧气氛，一般不使用，必要时，取下后要擦净再使用 （4）摆放在工作台位置的酒杯要方便操作，加冰块的杯（柯林杯、平底杯）放在靠近冰桶的地方，不加冰块的酒杯放在其他空位，啤酒杯、鸡尾酒杯可放在冷藏柜冷冻		

续表

培训步骤	培训内容
	5. 摆放调酒用品 （1）调酒师用桶从制冰机中取出冰块放进工作台上的冰块池中，把冰块放满；若没有冰块池，可用保温冰桶装满冰块盖上盖子放在工作台上 （2）将李派林喼汁、辣椒油、胡椒粉、盐、糖、豆蔻粉等各种配料放在工作台前面，以备调制时取用。鲜牛奶、淡奶、菠萝汁、番茄汁等，打开罐装倒入玻璃容器中（不能开罐后就在罐中存放，因为钛罐打开后，内壁有水分很容易生锈引起果料变质），存放在冰箱中。橙汁、柠檬汁要先稀释后倒入瓶中备用（存放在冰箱中）其他调酒用的汽水也要放在伸手拿得到的位置 （3）将橙角预先切好与樱桃穿在一起摆放在碟子里备用，面上封上保鲜纸。从瓶中取出少量咸橄榄放在杯中备用，红樱桃取出用清水冲洗后放入杯中（因樱桃是用糖水浸泡，表面太黏）备用。柠檬片、柠檬角也要切好排放在碟子里用保鲜纸封好备用。以上几种装饰物都放在工作台上 （4）将调酒工具用餐巾垫底摆放在工作台上，量杯、酒吧匙、冰夹要浸泡在干净水中。杯垫、吸管、调酒棒和鸡尾酒签也放在工作台前（吸管、调酒棒和鸡尾酒签可用杯子盛放）
	6. 营业前检查 （1）调酒师检查酒水种类是否齐全，数量是否充足 （2）检查调酒用具是否齐全、卫生 （3）检查装饰物是否新鲜、卫生 （4）检查其他服务用具是否齐全、干净、无破损
【培训要领】团队培训，以讲授、示范和演练方式开展； 【培训要求】实践教学，做中学； 【实践反思】小组研讨，提高实践能力。	

二、点酒的服务流程与规范

培训编码	S-302	培训课程	酒吧服务流程与规范
培训要点	点酒服务流程与规范		
培训方式	示范、实操	培训对象	酒店服务专业学生
培训时长	16 课时	培训执行者	酒店专业教师 / 行业兼职教师
培训步骤	培训内容		
	1. 送上酒水单 （1）客人入座后，服务员从客人右侧送上酒水单，稍等片刻后，询问客人喜欢什么酒水 （2）向客人介绍酒水和鸡尾酒的品种，并耐心回答客人的有关提问		

续表

培训步骤	培训内容
送上酒水单 ↓ 接受点酒 ↓ 分送酒水订单	2. 接受点酒 （1）服务员先在酒水订单上记下日期、本人姓名及台号、人数等 （2）客人点酒时，应注视客人，听清客人点的酒水名称，准确地记录在订单上 （3）如客人一时难以决定喝何种酒水时，须根据客人的国籍、民族和性别，主动地向客人推荐某种酒水 （4）如客人有特殊要求，应在酒水订单上特别注明 （5）客人点完后，向客人重复一遍所点酒水的名称、数目，经客人确认后，收回酒水单，并请客人稍等
	3. 分送酒水订单 （1）服务员将酒水订单的第一联交收银台记账 （2）订单的第二联由收银员盖章后，交吧台取酒水 （3）将订单的第三联交给调酒师保存
【培训要领】团队培训，以讲授、示范和演练方式开展； 【培训要求】实践教学，做中学； 【实践反思】小组研讨，提高实践能力。	

三、推销酒水的服务流程与规范

培训编码	S–303	培训课程	酒吧服务流程与规范
培训要点	推销酒水服务流程与规范		
培训方式	示范、实操	培训对象	酒店服务专业学生
培训时长	16 课时	培训执行者	酒店专业教师 / 行业兼职教师
培训步骤	培训内容		
准备工作 ↓ 推销酒水 ↓ 征询意见	1. 准备工作 （1）服务员应熟练掌握酒吧所提供的酒水品种、特点等知识 （2）客人来到酒吧，应热情迎接，引领其入座后，及时送上酒水单		
	2. 推销酒水 （1）向客人推销酒水时，服务员应面带微笑，热情地为客人介绍酒水 （2）如客人在晚餐后光临酒吧，须向客人推销含酒精的饮品，如鸡尾酒、杜松子酒、威士忌、白兰地等 （3）根据客人的国籍推荐不同的酒水，须适时地向客人介绍本星期的特选，如特制鸡尾酒等 （4）如客人一时难以决定喝何种酒水时，须主动向客人介绍酒水的品种，并注意酒水的品种须适合于客人的国籍、民族和性别，例如针对德国客人，可向其推荐生啤等新鲜啤酒		

续表

培训步骤	培训内容
	3. 征询意见 （1）客人用完酒水后，服务员应主动与客人沟通，征询客人对酒水的意见，并做好记录 （2）客人离开时，应为其办理结账手续并礼貌地送至门口，欢迎再次光临
【培训要领】团队培训，以讲授、示范和演练方式开展； 【培训要求】实践教学，做中学； 【实践反思】小组研讨，提高实践能力。	

四、调酒或饮料服务流程与规范

培训编码	S-304	培训课程	酒吧服务流程与规范
培训要点	调酒或饮料服务流程与规范		
培训方式	示范、实操	培训对象	酒店服务专业学生
培训时长	16 课时	培训执行者	酒店专业教师 / 行业兼职教师
培训步骤	培训内容		
准备工作 ↓ 调酒 ↓ 滤冰、斟酒 ↓ 装饰酒品	1. 准备工作 （1）调酒师按取用方便的原则将洁净的调酒用具和各式酒杯整齐地摆放在工作台上，量杯、吧匙、冰夹要浸泡在干净的水中，鸡尾酒杯、啤酒杯等应放入冷藏柜内冷藏 （2）用冰桶从制冰机中取出冰块后放在工作台的冰池中，或把冰桶放在工作台上备用 （3）将辣椒油、胡椒粉、盐、糖、豆蔻粉、鲜牛奶、各种果汁、鸡蛋等各种配料摆放在工作台上备用，同时准备好水果装饰物，如橄榄、樱桃、柠檬、柑、橙等		
	2. 调酒 （1）调酒师接到酒水订单后要及时调酒 （2）若客人所点的是酒水单上没有的，应征询客人的意见 （3）按照标准配方正确调制，并且所有调酒用基酒和辅料都需要用量杯度量；需摇晃的酒品要充分摇匀；需搅拌的酒品要迅速搅拌均匀并过滤 （4）调酒时，应始终面对客人，去陈列柜取酒时应侧身而不要转身，否则被视为不礼貌		
	3. 滤冰、斟酒 （1）若需滤去冰块，调酒师应用滤冰器滤去残冰，并将调制好的酒倒入酒杯中 （2）对吧台前的客人，应倒满一杯；其他客人斟倒八成满即可。若要斟一杯以上的酒，应将酒杯整齐排列在吧台上，然后由左至右反复斟倒，使各杯的酒水浓度均匀		

续表

	4. 装饰酒品 （1）斟完后，调酒师按配方制作装饰物，装饰材料要求新鲜卫生 （2）按配方将装饰材料装饰在酒杯上，高杯的饮料应配搅拌棒 （3）制作完成后，立即为客人送上请其品尝
【培训要领】团队培训，以讲授、示范和演练方式开展； 【培训要求】实践教学，做中学； 【实践反思】小组研讨，提高实践能力。	

五、为客人验酒的服务流程与规范

培训编码	S-305	**培训课程**	酒吧服务流程与规范
培训要点	为客人验酒服务流程与规范		
培训方式	示范、实操	**培训对象**	酒店服务专业学生
培训时长	16 课时	**培训执行者**	酒店专业教师 / 行业兼职教师
培训步骤	**培训内容**		
取酒水 → 擦拭酒瓶 → 验酒	1. 取酒水 （1）服务员拿着酒水订单去吧台取酒水和酒杯 （2）根据订单，核对酒水的品种、数量是否正确		
	2. 擦拭酒瓶 （1）服务员将酒瓶擦拭干净，并检查酒水和酒杯外观有无缺陷 （2）检查完后，将酒水和酒杯摆放在托盘内		
	3. 验酒 （1）服务员将酒水喝酒呗送到客人桌前，为客人摆好酒杯 （2）向客人介绍酒的产地和年份，并用左手托住瓶底，右手握瓶颈，酒牌对着客人，展示给客人确认 （3）验白葡萄酒时，因白葡萄酒放在小冰桶里，左手应拿餐巾托住瓶底以防滴水，右手握住瓶颈。敬客人确认后，应再度放入冰桶 （4）验陈年的红葡萄酒时，因底部有沉淀，应用酒篮盛放，小心端至餐桌边。经客人认可后，将酒篮平放在客人的右侧		
【培训要领】团队培训，以讲授、示范和演练方式开展； 【培训要求】实践教学，做中学； 【实践反思】小组研讨，提高实践能力。			

六、开瓶的服务流程与规范

培训编码	S-306	培训课程	酒吧服务流程与规范
培训要点	开瓶服务流程与规范		
培训方式	示范、实操	培训对象	酒店服务专业学生
培训时长	16 课时	培训执行者	酒店专业教师 / 行业兼职教师
培训步骤	培训内容		
准备工作 → 开启酒水 → 递交客人饮用	1. 准备工作 （1）服务员准备好开瓶工具，如酒起子、开瓶器 （2）客人验完酒后，询问客人是否可以开瓶		
	2. 开启酒水 （1）开启罐装酒水 ①服务员首先用餐巾将酒罐的表面冲洗干净并擦干，左手固定酒水罐，用右手拉酒水罐上面的钥匙扣，打开其封口 ②在开启前应避免摇晃，开启易拉罐时，应将开口方朝外，不能对着任何人，并以手遮握，以示礼貌 （2）开启瓶装啤酒和饮料 ①服务员将酒水瓶擦干净，将啤酒瓶或饮料瓶放在桌子的平面上，左手固定酒水瓶，右手持开瓶起子，轻轻地将瓶盖打开 ②开瓶后，不要直接将瓶盖放在餐桌或吧台上，可放在一个小盘中，待开瓶后，撤走该小盘 （3）开启葡萄酒 ①服务员用小刀将酒瓶口的封口上部割掉，用干净的餐巾把瓶口擦干净 ②用开瓶器从木塞的中间钻入，转动酒钻上面的把手，随着酒钻深入木塞，酒钻两边的杠杆会往上仰起，待酒钻刚刚钻透木塞时，两手各持一个杠杆同时往下压，木塞便会慢慢地从瓶中升出来 ③将葡萄酒的木塞递给主人，请主人通过嗅觉鉴定该酒（该程序适用于高级别的葡萄酒），再用餐巾把刚开启的瓶口擦干净 （4）开启香槟酒和葡萄汽酒 ①服务员左手持瓶，右手撕掉瓶口上的锡纸，左手食指牢牢地按住瓶塞，右手除掉瓶盖上的铁丝及铁盖 ②将瓶口倾斜约 45°，用右手持一干净布巾紧紧包住瓶口。此时，由于酒瓶倾斜，瓶中会产生推力，酒瓶的木塞开始向上移动，然后右手轻轻将木塞拔出 ③开启时，注意瓶口不要朝向客人，以防木塞弹出。开启后用干净的布巾将瓶口擦干净 （5）开启烈性酒 ①开启用塑料盖封瓶的烈性酒时，服务员先用火将塑料膜烧融取下，然后旋转开盖即可 ②开启用金属盖封瓶的烈性酒时，因瓶盖下部常有一圈断点，应用力拧盖，使断点断裂，便可开盖，如遇断点太坚固，难于拧裂的，可先用小刀将断点划裂，然后再旋转开盖		

续表

培训步骤	培训内容
	3. 递交客人饮用 （1）服务员按照各种酒水的服务规范请客人检验后为客人提供斟酒服务 （2）将酒水递交给客人饮用
【培训要领】团队培训，以讲授、示范和演练方式开展； 【培训要求】实践教学，做中学； 【实践反思】小组研讨，提高实践能力。	

七、斟酒的服务流程与规范

培训编码	S–307	培训课程	酒吧服务流程与规范
培训要点	斟酒服务流程与规范		
培训方式	示范、实操	培训对象	酒店服务专业学生
培训时长	16 课时	培训执行者	酒店专业教师 / 行业兼职教师
培训步骤	培训内容		
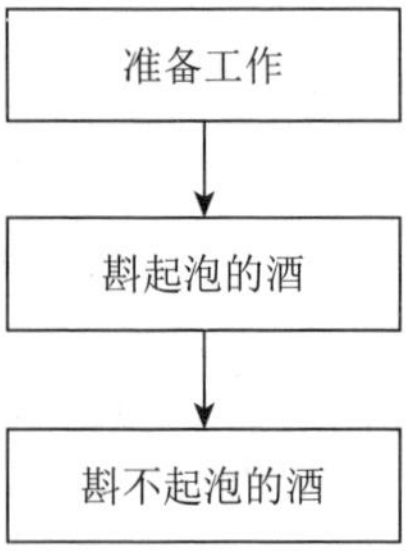	1. 准备工作 （1）开启酒瓶后，服务员用干净的餐巾将酒瓶口擦拭干净（若开启的是木塞，应先将木塞递给主人，请主人通过嗅觉鉴定该酒），手持酒瓶时要小心，勿振荡起瓶中的沉淀 （2）先斟少许在主人杯中请其尝试，经主人确认后，再按照先宾后主、女士优先的原则为全桌客人斟酒		
	2. 斟起泡的酒 （1）斟起泡葡萄酒或香槟酒 ①服务员第一次倒至泡沫达酒杯边缘时停止倾倒，稍待片刻，至泡沫下降后再倒第二次，继续斟满至 2/3 或 3/4 杯 ②斟酒时，应注意斟酒不能太快，切忌把酒中二氧化碳冲起来不易控制，以致泡沫溢流杯外 ③每次斟满所有的酒杯后，将葡萄酒或香槟酒仍置回冷处或冰桶中，以保持发泡性酒的冷度，并可防止发泡 （2）斟啤酒 ①服务员应倾斜酒杯，顺着杯壁慢慢地斟，缩短瓶口“冲着点”的距离，以减弱冲力，少产生气泡 ②倒了半杯程度，渐执正酒杯，接着斟酒至表面冲起一层泡沫，但勿使其溢出酒杯，这一层泡沫有保持酒液中二氧化碳的作用 （3）斟酒时，应注意瓶口不要碰到杯口，以防把杯子碰坏或将杯碰翻；但也不要拿得太高，过高酒易溅出。若不慎将酒杯碰翻或碰碎时，应向客人致歉，立即调换，并迅速铺上抹布，将溢出的酒吸干。若酒溅洒在宾客身上，要及时递送毛巾或餐巾并帮其擦拭，但如对方是女宾，男服务员不要动手相助		

续表

培训步骤	培训内容
	3. 斟不起泡的酒 （1）斟不起泡的葡萄酒 ①服务员从冰桶中取出酒瓶，用餐巾擦净瓶上的水分。倾倒时，瓶口尽量贴杯沿慢慢地倒（不要举起桌上的酒杯） ②当酒瓶将离开酒杯时，慢慢将瓶口向右上转动，避免留在瓶口边缘的酒液滴下弄污桌布 ③陈年的红葡萄酒需装在特别的酒篮里，避免搅乱沉淀，要保持平稳，为了尽量少动酒瓶，可把杯子从桌上拿起，瓶口靠紧杯沿慢慢地斟倒 （2）斟烈性酒 ①服务员从冰桶中取出酒瓶，用餐巾擦净瓶上的水分，直接倒进餐桌上的酒杯中，勿用手去拿酒杯，以免手温加热酒杯，影响冷却效果 ②斟酒时，应从杯沿开始倒，再逐渐抬高酒瓶到离杯 10cm 处结束 （3）斟酒时，应注意瓶口不要碰到杯口，以防把杯子碰坏或将杯碰翻；但也不要拿得抬高，过高则酒易溅出 （4）当偶尔操作不慎将酒杯碰翻或碰碎时，应向客人致歉，立即调换，并迅速铺上抹布，将溢出的酒吸干 （5）如果酒溅洒在宾客身上，要及时递送毛巾或餐巾并帮其擦拭，但如对方是女宾，男服务员不要动手相助
【培训要领】团队培训，以讲授、示范和演练方式开展； 【培训要求】实践教学，做中学； 【实践反思】小组研讨，提高实践能力。	

第八章　海口旅游职业学校育人模式的支撑保障体系

第一节　海口旅游职业学校“双师型”教师队伍的建设

随着知识经济和信息技术的兴起，社会各行业对劳动力知识技能的要求进一步提高，许多高新行业、特殊行业都规定了相应的上岗要求。作为旅游中职院校，必须特别重视学生的技术技能训练，不仅要传授学生专业的知识，更要培养学生的实践能力。由此，建设一支“双师型”的教师队伍，对旅游中职院校来讲就显得尤为重要。

一、“双师型”教师队伍建设的目标

旅游业发展方兴未艾，旅游新产品层出不穷，旅游已不再是单纯的“游”，被赋予新的含义。旅游业的变化对旅游从业人员提出了更新、更高的要求，取得酒店管理、餐饮管理、烹饪、导游等行业的资格证书已经是上岗从业前的普遍要求。并且，旅游业的相关要求已延伸到国际范畴，要求从业人员不仅具备国内旅游业的相关知识，同时要了解国际旅游业的新动态，要具有国际的视野。旅游职业院校的教师是旅游行业的教育工作与培训工作的主要承担者，在本行业的专业教育过程中起着主导作用。为了适应现代旅游业对旅游职业教育的要求，就必须打造一支专业化的高素质“双师型”教师队伍。

旅游教育既具有教育属性又具有职业属性。一方面要求教师具备一定的学历、有较高的专业理论功底；另一方面又要求教师具备丰富的专业技术能力。目前，社会行业对旅游职业院校毕业生应用能力的要求越来越高，对学生的技能素养也越来越看重，课程体系中技能课的比重也越来越大。在技能课的讲授过程

中，要求教师要熟悉相关行业知识、掌握行业岗位的工作技能，以培养出行业需要的技能人才。以往旅游职业院校在人才培养上重知识传授、重理论教学、轻应用能力培养、轻动手实践教学。要想培养合格的旅游专业人才，就要构建合理的“双师型”教师队伍。做好“双师型”教师队伍的建设，就是为了适应旅游职业院校的发展规律和人才培养目标，培养学以致用、理论联系实际、培养有较强应用能力的学生，适应新的旅游职业教育理念。

就目前旅游职业院校的师资队伍情况来看，应用型教学人才的不足已经成为制约教学质量提高、阻碍旅游职业院校发展的“瓶颈”。百年大计，教育为本；教育发展，教师为本。构建“双师型”教师队伍、提高师资队伍的应用型素质，是旅游职业教育发展的关键，是提高旅游职业院校竞争力的关键。目前，我国旅游职业教育虽已具备一批具有丰富教学经验的教育工作者，但与旅游行业的需求及旅游职业教育的发展还不相适应。主要表现在：其一，教育理念落后。我国大部分旅游职业院校的教育理念受到普通院校教育理念的影响很大，无论是课程设置还是教学模式，都摆脱不了普通院校教育模式的阴影，总体上缺乏实践性、技能性、创新性和实效性。其二，“双师型”师资队伍结构不合理，双师素质人才不充裕。旅游职业院校基本部存在理论教师比例大、技能教师比例小、实习指导教师专业性不够的问题。其三，教师基本素质和技术能力有待提高。从事旅游职业教育的教师学历层次不高，知识更新慢，理论教学能力强过实践能力。所以，尽快打造一支适应旅游教育发展需要的“双师型”教师队伍。

二、“双师型”教师队伍建设的方法

海口旅游职业学校作为国家示范旅游院校，在打造一支“双师型”教师队伍方面，采取了以下一些举措。

1. 成立专业教学指导委员会，引进企业技术人才担任顾问

学校引进省内外相关专业、相关领域的技术大师和专家担任学校的专业发展顾问。行业专家的加入，使学校在技术上有人带队，在成果上有人深化，在实践教学上有人指导，从而保证了学校各系科重点专业的发展。

2. 聘用行业兼职教师，构建了一支专兼结合的师资队伍

学校要培养社会经济发展需要的技术应用型人才，实行开放式、社会化办学是必由之路。海口旅游职业学校积极地从旅游行业引进实践经验丰富、操作技能过硬，熟习本地区、本行业情况、具备教师基本条件的专业人才来学校担任兼职教师。并根据学生的专业要求分层次、分方向地聘用企业的一线操作人员、专业技术人员以及中高层的管理干部来校授课。学校兼职教师的比例确定为专任教师的40%，根据学生人数、专业特点以及社会对操作技能人才的要求合理聘用。同时，依据学校专业设置要求和学生操作技能要求，灵活确定兼职教师的授课形式。兼职教师的聘用，一方面解决了实践教师数量不足的问题，保证技能教师有较高的专业水平和专业技能；另一方面，兼职教师的聘用，有利于盘活教师资源，提高专业建设和课程建设的水平。多年来，海口旅游职业学校通过打造兼职教师队伍，形成了实践技能操作课程贴近行业操作的鲜明特点。

3. 开展合作办学，拓宽教师的国际化视野

随着海南国际旅游岛建设的不断深入，旅游行业的国际化程度不断提高，旅游职业院校师资队伍的国际化平台建设也势在必行。海口旅游职业学校根据市场需要和学科专业建设发展的需要，加强同国外相关职业院校的合作办学，实行专业对口、层次对等的交流。同时，学校根据旅游行业对学生外语能力要求越来越高的背景，通过积极有效的措施，选派省赛指导优秀教师到新加坡、中国香港参加专业培训，使骨干教师们的外语教学水平得到了大幅度的提升。

4. 通过“变、活、实”，创新教师培训模式

多年来，学校注重教师培训载体的创新，实现全面浸透式培训。一是传统培训求“变”。借助教师职务培训的系统工程，通过“培训内容”“培训模式”“评价方式”的变化，实现教师培训与学校发展及人才培养模式改革的统一；二是“双元”培训求“活”。学校每年委派专业教师下企业调研和顶岗实践，强化专业教师对行业的发展的认识和企业规范化管理的了解，全方位提高专业教师的业务能力；三是实践体验求“实”。教师在“大拇指”西餐厅和“潮江春”中餐厅等校店合一的实践基地中不断内化提升，实现教学与生产无缝对接。现在，学校拥有专任教师170余名，其中有高级职称的教师60余名，双师型教师68名，高级技师12名，省级特级教师1名，省级专业带头人2名，省级骨干教师10名。有6名教师被列入国家旅游局2015年、2016年“双师型”教师培养计划。

三、“双师型”师资队伍建设取得的成效

学校把建设“素质优良、结构合理、专兼结合、特色鲜明”的教师队伍作为打造学校教学质量和教学水平的关键，坚持实施“名校、名师、名专业”的发展战略，依托校企合作机制优势，积极搭建校企师资互动平台。坚持“培养、引进、聘任”的理念，形成了请行业、企业专家参与教育、教学主体活动，学校专业教师进入企业学习与培训的“双入”合作良性运行机制。学校将打造“由专业带头人引领、以双师型骨干教师为主力、专兼结合、综合素养高、能力强”的“双师型”专业教师队伍作为学校发展的核心要务，重点实施“骨干教师培养工程”，学校教师整体的师德水平、师风建设、敬业精神和职业能力都有明显提升。通过深入学习并践行习近平总书记对于“四有”好老师和“四个引路人”的要求，每位教师都能做到严于律己、身先示范。工作上兢兢业业、爱岗敬业、无私奉献；业务上一丝不苟、精益求精、努力钻研。争做有理想信念、有道德情操、有扎实学识、有仁爱之心的“四有”好老师。

经过学校多年的探索与改革、不懈的坚持与努力，以及对于品质的不断追求，学校师资水平和人才培养质量得到社会、学生和家长的广泛认可，基本打破和扫除了社会人士对于职业教育教学质量相对薄弱、科研能力较差的陈旧观念。这是学校在多年的教育教学改革与创新实践中所取得的成功经验，也是学校打造一支素养高、专业过硬的师资队伍所取得的显著成效。教师队伍的整体素养有明显提升，师德水平有显著提高、教师爱岗敬业与奉献精神彰显的更为突出，先后有多名教师荣获国家及省、市级奖励。从 2014 年开始，学校先后共有 10 名教师被评为全省骨干教师，是海口市省级骨干教师最多的中职学校。学校的教师队伍还先后获得海南省“三八红旗手”、全国“我身边的好老师”“海南最美教师”、海南省优秀共青团干部等众多殊荣。同时，先后有多位一线骨干专业课教师个人或带领学生荣获国家级、省级和市级各种奖项。这些斐然成绩的背后是学校全体师生共同努力所得，更是彰显了学校每一位爱岗敬业、业务精干、师德高尚教师的无私付出。学校在“三融”课堂的实践与探索中，将一个个初中分流的职校生培育为怀揣感恩之心、有礼貌、有技能的合格毕业生，是学校 25 年发展历程中最令人骄傲的成绩，也是学校逐步成为海南省乃至全国旅游职业学校典范的主要成就。

2015—2016 年学校教师业务荣誉方面获奖表

年度	级别	奖项	获奖者
2015	国家级	全国“我身边的好老师”	洪涌
2016	国家级	全国巾帼建功标兵	赵金玲
		中国餐饮 30 年杰出人物奖	谭蓉
	省级	海南省特级教师	杨英

2015—2016 年学校教师在教育教学方面获奖表

年度	级别	奖项	获奖者
2015	国家级	“劲霸杯”中国厨师烹饪技艺比武总决赛烹调技术天王称号	孟繁华
		中国烹饪协会 2015 年度中华金厨奖	谭蓉、孟繁华
		第六届全国中餐技能创新竞赛十大创新能手	谭蓉
		制作的“海南燕粿”在第六届全国中餐技能创新竞赛被评为“十佳创新面点”	谭蓉
		第六届全国中餐技能创新竞赛面点项目创新成就大奖	谭蓉
		全国和谐德育研究与实验总课题组 2015 年研究成果奖全国德育先进实验教师	吴海娜
		第一届全国中等职业学校班主任基本功大赛三等奖	吴海娜
	省级	省级学科带头人（工作室主持人）	潘雪梅、钱玲
		海南省第二批及第三批骨干教师	杨英、王平康、张春影、陈志蓉、梁海珠、赖文浩
		海南省中等职业学校教师技能比赛中餐热菜个人项目一等奖	孟繁华
2016	省级	海南省中等职业学校教师技能大赛面点项目一等奖	谭蓉
		海南省中职德育教学基本功大赛一、二、三等奖	陈祥达、王丽芳、李立妮
		2016 年度职成教论文评比一等奖	李立妮

学校的教学特色亮眼，职教品牌突出，管理严格有序，已经成为海南乃至全国职业教育的排头兵和领头羊，这归功于学校培养了一支专精结合的师资队伍。学校不仅有中国烹饪名师，还有亚洲十佳发型师，还有全省为数不多特级教师和海口唯一的职业教育特级教师。

1. 省级骨干教师团队

学校拥有海南省“骨干教师十杰”，她们分别是：钱玲、潘雪梅、冯浪、吴金华、杨英、张春影、王平康、赖文浩、梁海珠、陈志蓉。10 名海南省骨干教师是学校教师队伍中的中流砥柱，也是学校教育教学不断向前的能源马达。正是在他们的引领下，学校教师队伍飞速成长，彻底打破了社会上职业教育教学薄弱、无科研的陈旧观念。海口旅游职业学校的 10 名骨干教师分布在不同的学科和专业：杨英是全国餐饮职业教育教学指导委员会委员，是海南省职业教育特级教师；钱玲是教育部职业院校外语类专业教学指导委员会委员；潘雪梅是全国旅游职业教育教学指导委员会高星级饭店运营与管理专业委员会委员；张春影专业技能拔尖，不仅是全省教师中餐摆台项目的第一名，也是金牌教练。

2. 烹饪专业组师资团队

学校的烹饪专业组大赛成绩赫然，培养的学生更成为学校亮丽的名片，活跃在海南各大餐饮企业。高徒名师造，烹饪学科组的教师可谓全省的金牌团队。以谭蓉为例，人称“面点公主”，是教育教学和专业技能过硬的双面能手，曾获全国优秀教师、国家级专业骨干教师等荣誉，又是中国烹饪名师、国家级面点评委、中式烹调高级技师等。烹饪组其他老师也都是金牌教练，8 个专任教师中，有 4 名是高级技师，谭蓉、庄全球两位教师被行业评为“琼菜大师”；蔡亲宁、吴淑晖、王绥明三位教师被评为“琼菜名师”。陈喻洲和孟繁华老师是多次指导学生参加全省技能大赛并取得优异成绩的年轻干将。

学校在海南率先成立琼菜研发团队，建立“琼菜研究中心。通过调研、整理、实践，制定了经典琼菜作品的制作标准，出版发行了《海南滋味》和《乡味海南》，并研发了“校店合一、开发引领”的烹饪人才培养模式，将海南饮食文化的传承、创新融入烹饪专业教育全过程，把“授业”与“育人”有效结合。学校还与扬州大学旅游烹饪学院牵手，合作建立“中国琼菜联合研发基地”。专业教师耗时 3 年研究的《基于琼菜饮食文化传承的烹饪人才培养模式的创新研究》课题，获教育部“国家级教学成果二等奖”，也是海南唯一获此殊荣的中职学校。

3. 高星级饭店运营与管理专业组师资团队

为适应国际旅游岛发展的需要，高星级饭店运营与管理专业团队内夯素质、外塑形象，积极进取，礼仪教学和精神面貌是全省学校的表率和窗口，专业教师也是海口屈指可数的礼仪专家。2015 年恰逢海口“双创”，该团队专业教师充分利用专业特长，由纪芬、唐小慧等老师创编了一套海口市中小学生文明礼仪操，供全市中小学生每天练习，助力海口“双创”，推广文明礼仪教育，在全省发挥了积极的作用。同时，培养的学生多次参加高端会议服务，是国内唯一均服务过北京奥运会、北京 APEC 会议、博鳌亚洲论坛等国际高端会议的中职学校，曾获得全国“巾帼文明岗”光荣称号。赵金玲校长是全国旅游职业教育教学指导委员会委员；潘雪梅为海南省专业学科带头人，并成立了专家工作室；潘雪梅、张春影和梁海珠老师先后被评为省级骨干教师；林绍飞、林蕾、林涛、郑庭达老师是海南省技能大赛的金牌指导教师；黄蕾老师是国际手冲咖啡大赛评委；林涛老师是世界咖啡师大赛中国区总决赛评委、欧洲精品咖啡协会认证咖啡师；纪芬、王春萍老师分别入选国家旅游局“万人英才计划”。

4. 会计专业组师资团队

诚实、守信、爱岗、敬业，是学校会计专业组师资团队坚守的原则；快乐、合作、真诚、探索，是会计专业组师资团队的工作激情。专业组目前有 4 位高级讲师，全部教师均为双师型教师，廖湖贤老师被评为全国目标教学“百优”教师。孙进中老师是国家人力资源和社会保障部创业培训优秀师资库成员、海南省创业导师、青年创业平台讲师、京东商学院认证讲师。

四、“双师型”师资队伍建设的制度保障

理论教师转型、现有教师培训、企业人员录用及行业人员兼职是“双师型”教师队伍建设的主要途径。学校分别从职称评审、人员录用、培训进修、兼职教师、评优奖励等方面来建立“双师型”教师队伍建设的制度保障。

1. 职称评审

“双师型”教师的职称评审，充分肯定教师在行业、专业上取得的实践实战

成果，鼓励专业教师指导学生参加行业技能大赛取得优秀成绩、教师个人取得的行业荣誉证书等成果。

2. 人员录用

在新进教师中，保证每年要有从行业调入的技术技能人员。他们的学历要求可适当放宽：一般人员要求本科以上，特殊人才如行业公认的技术大师或专家、学校专业发展急需人才可放宽到专科，与目前的技能型课程师资一般要求硕士研究生的传统标准相比，可下降一到两个层次。

3. 进修培训

学校制定相关政策使教师培训工作制度化，争取在 5 年左右的时间，使每位教师都有培训进修的机会。学校通过制定一系列的“双师型”教师培养制度，从体制、机制、经费、时间等方面予以教师进修培训的保证，特别是培训期间的工作任务、工资待遇等有鼓励政策，使在职培训进修成为现有教师转型与提升的重要途径。

4. 兼职教师

兼职教师的聘用管理实行灵活多样的政策，一切围绕学生发展和专业建设的要求。被聘请的企业专业技术人才，实行管理方法和授课形式的多样化。在实际操作中，可以让教师进课堂，也可以让学生进企业，把学生实训进企业和企业工作进课堂有机结合起来。学校建立了企业相关人才数据库和兼职教师数据库，做好兼职教师资源的前期调查工作，为兼职教师的聘用做好准备。同时，加大学校与企业的联系频率和宣传力度，吸引企业的高技能人才来校任教。学校还制定了兼职教师聘用管理办法，明确规定了兼职教师的聘任条件与程序、聘期工作职责与考核、聘任的管理与待遇等，避免兼职教师聘任工作的随意性和盲目性，运用多种激励手段，稳定兼职教师队伍。

5. 评优奖励

完善教师队伍的评价、考核、奖惩机制。通过严格的激励、奖惩机制来促进“双师型”教师队伍的发展。在各类考核评优奖励活动工作中，向“双师型”教师倾斜，向实践操作一线教师倾斜。在校内的各项评奖中，可以将兼职教师作为评奖对象，以提高他们的工作积极性。

第二节　面向国际、依托行业的办学平台建设

面向国际、依托行业是旅游职业教育发展的基石，也是旅游职业教育发展的必然趋势。海口旅游职业学校在创建国家旅游示范学校的过程中，十分注重面向国际、依托行业的办学平台建设，使之成为高素质技术技能型人才培养的重要保障。

一、海口旅游职业学校面向国际办学的目标和实践

1. 面向国际办学的目标和意义

教育国际化是旅游职业教育的一项重要职能，也是提高旅游职业院校竞争力的重要路径。伴随着全球化的进程，学校的职能不断地延伸，其中重要的一点就是发挥国际化职能，使不同的文化相互碰撞、相互理解。教育国际化趋势赋予了文化交流更为深刻的内涵，这种国际化是对学校的本质功能关于文化的保留和继承的升华。旅游职业教育作为教育的一种类型，理应承担跨国界文化交流的职能。随着“跨国界旅游”与“无国界旅游”热潮的蔓延，国际旅游市场对旅游业人才的需求与日俱增，旅游职业教育的国际化也是旅游教育发展的必然趋势。

教育国际化的目标至少包括五个方面的内容：一是教育观念的国际化，二是学术科研的国际化，三是教师队伍的国际化，四是课程设置的国际化，五是学生来源的国际化。对于旅游职业院校而言，旅游教育国际化的具体目标是：提高学校的国际竞争力，提升学校在旅游教育界的影响力和对旅游业界的参与度与引领作用，扩大学校的国际知名度，推动旅游类专业的发展和创新，增强学校的社会服务能力。具体到师生发展的层面，旅游职业教育国际化的主要任务就是优化师资队伍、提高跨文化交流能力、扩大国际视野、提升就业深造能力等。

旅游职业教育的国际化需要以具体多样的国际交流与合作为载体，有机地吸收和借鉴世界各国旅游职业教育的办学理念、办学模式、文化传统、价值观念和行为方式，建立与国际旅游行业接轨的纽带，以较高的旅游人才培养质量，推动旅游职业教育的现代化进程。同时，在双向度的交流中重新认同自己并向世界各国表达自己，最终实现国际社会相互理解与尊重。在这一过程中，最为关键的是

具有国际视野、国际沟通素养、多元文化理解能力的旅游人才的培养，这也是旅游职业院校面临的共同课题。

2. 海口旅游职业学校面向国际办学的实践探索

海口旅游职业学校是海南省较早探索开展国际化办学的中等职业学校，也是全省国际合作交流最活跃的中职学校之一。多年来，学校在办学理念、教学改革、人员交流、合作办学、人才培养、资源共享等方面强化学校的国际化办学特色，搭建海南旅游产业中外人士专业学习交流的平台。

1）面向国际办学的基本情况与资金投入

A. 建设国际交流项目。加强学校书法、茶艺、国画等具中国特色的专业课程建设，加强留学生体验中国文化的基地建设。

B. 开设特色班级，推进国际办学。学校长期聘请外籍教师进行外语口语教学，在旅游外语专业全面展开双语教学。

地方政府投入建设资金 100 万元，按制度严格合理、合法使用经费，使经费的使用能有效推动项目的实施。

建设项目资金到位及执行情况表

资金来源	预算金额	到位金额	资金到位率	实际执行金额	经费执行率
地方财政	100 万元	100 万元	100%	100 万元	100%
合计	100 万元	100 万元	100%	100 万元	100%

2）面向国际办学的实际举措

实施国际化办学项目，通过吸收和运用国际资源来迅速提高海口旅游职业学校自身的办学水平，实现学校的跨越式发展。在建设期内，学校充分利用品牌优势和地缘优势，及时把握建设国家示范学校的有利时机，加快推进学校的国际化进程。

A. 选派优秀教师和学生出国学习交流

学校选派 24 名优秀师生赴国外进行学习交流。学校师生在新加坡期间，访问了新加坡工艺教育学院西区学院（ITE COLLEGE WEST）、新加坡海南协会、新加坡海南商会、马来西亚南方学院、马六甲海南商会等单位，带回了先进的职教理念，直接推动了我校教学改革。

B. 建立具有中国特色的课程资源

学校于 2012 年建成海南省中等职业学校唯一的留学生培训基地，策划了一系列体验中国文化的特色活动，开发了中文语言课、中国书法、中国茶艺、中国面点制作和中国武术等具有中国特色的课程资源。

外国留学生培训基地课程资源一览表

课程名称	特色与创新
中文语言课	通过教学，使外国学生体验中国文化，了解中国基本概况和海南概况（包含历史、地理、风土人情等），并学习汉语的语音拼读以及日常问候用语
中国茶艺	茶艺起源久远，历史悠久，文化底蕴深厚，与宗教结缘。它包括茶叶品评技法和艺术操作手段的鉴赏以及品茗美好环境的领略等整个品茶过程的美好意境，其过程体现形式和精神的相互统一，是饮茶活动过程中形成的文化现象。通过教学，使外国学生初步掌握中国茶文化、茶叶的相关知识，了解茶艺的形成，并能掌握常见茶艺表演方式
中国面点制作	面点是中国烹饪的主要组成部分，素以历史悠久、制作精致、品类丰富、风味多样著称于世。通过教学，使外国学生了解面点的基本概念、面点的分类及风味特点等基本知识以及中国点心和海南特色小吃的制作
中国食品雕刻	食品雕刻是用烹饪原料，雕刻成各种动植物，人物，花卉，风光建筑等各种图案与形态来美化菜肴装点宴席的一种美术记忆。它既是烹饪技术的一部分，又是艺术店堂里独特的一门艺术雕刻。通过教学，使外国学生了解食品雕刻的基础理论知识，学习并初步掌握食雕各项操作技能的操作方法、程序，学会萝卜花、人物、动物等作品的雕刻
中国菜制作	中国菜具有历史悠久、技术精湛、品类丰富、流派众多、风格独特的特点，是中国烹饪数千年发展的结晶，在世界上享有盛誉。通过课程学习，使外国学生了解烹饪的起源、发展过程和中国菜肴的特点，了解中国地方菜系的菜品特点以及简单中国菜肴制作过程和鉴别菜品
中国武术	长拳是中国拳派之一，一般将查拳、花拳、炮捶、红拳等均列入长拳。中国古代也有专称长拳的拳种。现在的长拳是近三十多年来发展起来的拳种，它是在查、华、炮、洪、弹腿、少林等拳种的基础上，根据其风格特点，综合整理创编而成。长拳适合于青少年练习
中国书法	书法作为中国特有的一门线条艺术，在书写中与笔、墨、纸、砚相得益彰，是中国人民勤劳智慧的结晶，是举世公认的艺术奇葩，是中华民族优秀传统文化的重要组成部分。通过学习书法，使外国学生了解中国基本的书法知识、书法的发展史概况和特点及书法的总体情况，通过分析代表作品，获得如何欣赏书法作品的知识，并能做简单的书法练习

C. 开设专业特色班级

学校十分重视外籍教师的聘用工作，长期聘请外籍教师担任旅游英语专业和航空服务与VIP服务专业的英语口语教学工作，组织学生开展丰富多彩的英语角活动。在旅游英语专业开展双语教学，要求专业教师提高英语口语技能及专业素质。外籍教师任课时使用学校校本教材《饭店实用英语》，实现了“语言＋专业”的成功对接，完善了学生的知识结构。外籍教师的聘用，营造了良好的国际化办学氛围，拓宽了学生的国际视野，使学生不出国门就能学到原汁原味的外语，感受浓郁的异国文化气息，对提高学校的教育教学质量起到了积极的作用。

3）面向国际办学的建设成效

A. 创设了学习与交流平台，丰富教育资源，让学生获得更多的学习交流机会

学校寻求与国外知名或特色职业学校的合作与交流，为学生创设学习与交流平台，提升交流层次。尝试与多家名校合作，探索多方联合办学的可行性。广开门路，广拓渠道，通过走出去、请进来等方式，让教师参加各类国际培训和学术活动。长期聘请外籍教师担任英语口语、英语歌曲欣赏、英语原版电影赏析等多门课程，开展形式多样的英语角活动，让学生获得更多与外籍教师学习交流的机会。在国际办学合作渠道上，积极与省市外事办沟通合作，努力将自己的学生送出去，将国外优秀学生请进来；在经费上，实行“学校出一点，学生个人出一点”的分担机制，在洽谈项目时尽可能减少学生在外支出，同时则多渠道争取资助，让学生获得更多的学习交流机会。

B. 推进双语教学，建设全英文课程，努力营造国际化的学习氛围

为了适应开展国际合作办学项目的需要，学校80%以上的专业基础课和专业课均使用了英语或双语授课。为进一步提高学校专业教师的英语和双语教学水平，学校先后安排多批双语教师外出学习培训，培训内容主要包括语言技能培训、教学理论、教学方法培训和语言课堂教学观摩等，通过借鉴国外先进的教育理念和教学方法，提升了专业教师的教学能力，为学校“双语”或“双师”型教学师资做了充足储备。教师们在国外所学习和掌握的教学理念和方法，有效地改进了学校双语教学模式和教学方法。目前，旅游英语专业的教学情况良好，普遍获得了学生的好评。双语教学工作已逐步实现规范化、国际化，为学校进一步开展国际化办学项目，推进我校旅游职业教育国际化进程奠定了扎实的基础。

C. 建成外国留学生培训基地，开展特色活动，体验中国文化

多年来，学校先后创设了68门选修课资源，常年开设有茶艺、插花、中式

面点、书法、国画绘画基础、中国民俗、葫芦丝民乐、武术等具中国特色的课程，并建立了茶艺、插花实训室。授课教师有丰富的教学和实践经验，开设茶艺、插花、面点课程的授课教师具高级工、技师职业资格，开设国画绘画基础的教师为海南省美术协会会员。学校还策划了一系列体验中国文化特色的活动，开发了具有中国特色的课程资源，配备设施完善的实训室、实操间和素质精良、整体水平较高的师资队伍。多种中国文化特色课程的建设，为外国留学生体验中国文化奠定了良好的基础。

D. 开发教师和学生与国外交流学习的项目

根据各学科专业需要，开展教师互派访问、教学交流和学术研讨活动。通过广泛的国际合作和交流，积极引进了国外优质资源和教育理念，提高了国际化人才培养的水平，促进了学校教育质量和办学效益的整体提升。通过建立学生国际交流学习项目，选派学生到国外学习、实践，不仅使学生开阔了视野、积累了专业知识，还提高了综合素质、增强了就业竞争力。学校通过校际交流合作不断提高教育教学质量，汲取国外先进教学理念和优质教学管理经验，不断探索出一条具有特色的国际化旅游职校办学之路。

E. 开设特色教学班，实践国际化的教育教学模式

学校以雄厚的师资力量和成熟的教学管理经验为依托，加大旅游英语专业的建设，拥有一支高水平的师资队伍，为教育教学质量的提升提供坚实保障。在旅游英语专业开设特色班，实行双语授课和案例教学。学校每年还组织旅游英语专业教师、外籍教师和学生举办圣诞晚会，师生互动、双向交流。聘请资深外教，开展原汁原味英语学习，外教口语教学贯穿英语学习全程，打造高仿真外语情境教学氛围，有效地提高了学生英语水平。学校选派优秀学生参加每两年举行一次的市级和省级英语口语比赛，在外教的协助和指导下均获一、二等奖。由我校选派的老师和学生还参加了“福山杯”世界咖啡师冠军赛，学生周到细致的服务工作和熟练的外语口语沟通能力，获得了国际参赛选手们的一致好评。

4）面向国际办学的创新和示范

经过多年来的实践与探索，海口旅游职业学校在中外合作办学方面取得了一定的成绩，已初步形成鲜明的国际化办学特色，有力地推动了我校教育教学水平的提升，实现了“两个重大创新，三个重大示范”的显著成效。

A. 两个重大创新，凸显学校办学特色

学校建成全省中等职业学校唯一设立的留学生培训基地，与珠江职业培训中心联合建立海南省国际化语言环境建设暨旅游英语 100 句推广研发中心。这两个创新项目，凸显了学校的办学特色。

多年来，学校先后创设了 68 门选修课资源，常年开设有茶艺、插花、中式面点、书法、国画绘画基础和武术等体现中国文化的特色课程，并建立了烹饪、餐饮、茶艺、咖啡和插花等实训室，授课教师有丰富的教学和实践经验。多种中国文化特色课程的建设，为建立外国留学生体验中国的文化奠定了良好的基础。为我校深化国际合作办学打开了通道，从而使学校的办学资源更加集中，优势专业更加凸显，旅游职业教育的办学特色更加鲜明。

B. 三个重大示范，服务国际旅游岛建设

文化纽带推动国际化办学。我校长期与新加坡、美国、澳大利亚等国外友好学校保持联系，加大国际间文化交流，极大地拓宽了国际合作和交流的渠道，不断地为优秀教师和学生创造国际化交流和学习实践的机会。通过国际文化交流和学习，不仅弘扬中国文化，还使学生们与国外师生建立了良好的友谊，开阔了视野，提高了综合素质，增强了就业竞争力。中外不同文化、不同语言、不同思维方式和处事态度相互交融、相互碰撞，了解了世界，增强了自我，进一步推动我校国际人才培养的进程。

引入先进的国际教育教学理念和方法。学校以雄厚的师资力量和成熟的教学管理经验为依托，加大旅游英语专业的建设，引进先进的国际教育理念和方法。在旅游英语专业开设特色教学班，实行双语讲授，小班化教学、分层分流教学等教改实践，成效显著。外籍教师课堂中注重教材的知识性、科学性、实用性及前瞻性，结合国内外教材，互动式教学，分层次授课，小班级辅导，实现“语言＋专业”的对接。除传统课堂外，学校引入游戏课程、展示课程、讨论课程、讲座、文化活动、社会实践等，寓教于乐。资深外教引领学生进行“原汁原味”英语学习，外教口语贯穿英语学习全程，英语角互动、特色辅导，打造高仿真外语环境，有效提高学生英语水平。创设实景化教学场景，教学模式国际化。学校正以多元化办学理念，开放性办学思路，把学校打造成具有国际化水准的特色示范职业学校。

培养适应国际旅游岛所需的国际化人才。为了适应国际旅游岛建设对国际化旅游人才的需求，学校积极营造了国际化的教学环境。学校聘请优秀的外国教师，开展一流的教学活动，优化硬软件办学基础，打造国际化教学环境，不断优化国际化人才培养的办学条件。在示范校建设期间，主要开展了以下几方面的工作：一是加强教学硬件建设。按照“产学研训”一体化的理念，建设实训基地，尤其是酒店模拟教学实操间。学生在真实环境中接受专业训练后，到酒店实际工作岗位上能很快上手。二是打造国际化的教学软环境。为了适应国际酒店业发展的需求，学校规定旅游英语专业授课语言为英文，从教材文字、课上交流、小组研讨到课后作业、学期考试、学生活动，全部采用英语口语作为交际语言，无一例外。在这样的教学环境中，学生们的语言能力得到了明显的提高，毕业后完全能够适应国际化的工作环境，职业生涯也能够得到快速发展。

C. 建设体会和后期规划设想

随着知识经济和经济全球化的迅猛发展，国际化教育已成为发展的主流趋势之一。通过多年来国际化办学创新项目的建设，学校在师资水平、管理经验、教学设施、教学质量等方面都有了长足进步，教育国际化人才培养的水准也大为提高。

着眼未来，我校后期深化中外合作办学，提升国际化办学水平的具体设想是：

建立教师互访交流项目，按双方教学需要开展教师互派访问、教学交流和学术研讨等活动。学校进一步选派教师出国考察，加强具有国际视野的师资队伍的建设。建立学生交流项目，根据专业发展需要，选派学生到国外学习、实践。进一步加大外国留学生培训基地的建设，加强中外交流合作，拓宽国际化办学合作渠道。加强留学生体验中国文化的基地建设，鼓励更多的教师开发具有中国特色的课程资源。强化建设特色教学班，进一步推进国际化人才的培养。学校将继续加大旅游英语专业的建设，聘请资深外籍教师和外籍专家全面展开双语教学活动，进一步提升专业英语教师英语口语技能及专业素质，为建设国际旅游岛提供高素质的国际化旅游人才。

今后，学校将着力推进学校与行业协会共同组建的职教联盟国际化平台建设，积极引进国际通用职业资格证书，加快职业教育人才培养的国际化程度，努力打造国际化、现代化、高水平的品牌职校。

二、海口旅游职业学校依托行业办学的目标和实践

1. 依托行业办学的目标和意义

依托行业是旅游职业教育发展的动力和基础，也是打造旅游职业院校特色的必然选择。旅游职业教育的目标是培养旅游行业急需的技术技能型应用人才，旅游行业的需求现实和发展前景是旅游职业教育发展的关键。依托行业办学是旅游职业院校以社会需要为动力，按照旅游行业的实际要求来确定专业规格和能力标准，以行业经济中的产业结构作为主要依据设置专业，并积极探索校企合作的多种有效途径，建立互惠互利、良性互动的合作机制，推动旅游职业教育的健康发展。

1）旅游企业是旅游职业教育的主要利益相关者

"利益相关者理论"最早产生于企业管理领域。它认为，对于一个企业来说，获得长期生存和繁荣的最佳途径是考虑其所有重要的利益相关者并满足他们的需求。利益相关者是指可以影响组织目标或受其影响的个人或群体。

旅游职业院校是非营利组织，是"利益相关者相互关系的联结"。旅游职业院校的利益相关者是指可以影响院校培养目标或受其教育活动影响的个人或群体，包括教职工、学生、政府和企业。旅游职业教育的培养目标是为旅游行业培养高素质的应用型人才，旅游院校的发展取决于旅游行业的人才需求现实和前景。学校确定的专业规格、能力标准必须满足旅游行业的实际要求。旅游企业是旅游职业教育成果的消费者和教育活动的参与者，旅游行业发展是旅游职业教育专业建设与改革的先导、基础和依据。

2）校企合作是旅游职业教育特色的基石

应用型职业教育的特性决定了旅游院校必须与经济社会发展紧密结合，必须要有强烈的市场意识，走产学研相结合的道路，坚持"以服务为宗旨、以就业为导向"的办学方针，牢牢把握企业实际需求和产业发展趋势，加大课程和教材改革力度，不断更新教学内容，加强实习实验教学环节，大力推进精品专业、精品课程和教材的建设，及时调整专业设置。

依托行业实行校企合作，不仅可以广泛集聚优质教育资源，还可以通过市场调节进行资源优化配置，使合作双方共享优质资源，从而达到合作培养高素质技

术技能人才、提高人才培养质量的目的。校企之间的合作，可以按需所取，实现“双赢”。学校为企业培养人才，提供人力资源和智力支持；企业为学校提供实习基地与实践岗位，提供实习、实训的指导老师，参与学校的专业建设、课程改革，以保证人才培养质量的“适销对路”。

3）校企合作是深化旅游职业教育改革，优化人才培养模式的重要途径

产学合作、依托行业办学，是培养技能型人才的基本途径，也是旅游职业教育改革与创新的重要方面。一方面，可明确人才培养规格和教学质量标准的定位，优化技能型人才的培养途径，从而拓宽教育和经济间的桥梁，协调教育和经济的和谐发展；另一方面，能够实现旅游教育与职业培训的联动发展，满足学生和从业人员发展的需要。

总之，旅游职业教育必须要根植于旅游行业这片土壤，才能获得持续不断的养分供给和动力支持。

2. 海口旅游职业学校依托行业办学的实践探索

产教融合，校企合作是职业教育的必由之路，也是海口旅游职业学校人才培养的一项重要战略。学校认真贯彻十九大精神，持续深化产教融合、校企合作，完善人才培养模式，提高人才培养质量，促进学校发展。学校还坚持集团化办学，坚持在集团模式下校企多元化合作发展，不断深化产教融合、校企合作。学校承接了全国职业教育集团化调研活动，通过调研活动促进了集团化办学工作，深化了校际、校企、校行会的合作；主持召开了集团化办学首届校企合作研讨会，构筑校企对话平台。通过对话，达成共识，深度合作，互联互通，发展共赢。来自海南及上海、深圳28家知名企业、行业协会等校企合作单位领导近60人兴致勃勃出席研讨会，会上，我校分别授予香港唐宫餐饮集团等4家企业“校企战略合作单位”，授予万豪集团等24家企业“校企合作单位”，并分别颁发牌匾。校企共同从共育企业人才、共建校内外实习基地、共管学生实习过程等方面回顾了合作历程，深入总结了合作的经验，深入探讨了新的合作内涵和合作道路，提出了“育人与用人；互动与互补；对话与对接；共建与共享”的持续深化的思路，对产教深度融合、校企深化合作的前景充满信心。学校还成功承办了省烹饪协会成立30周年庆典，充分展示了我校在产教融合、校企合作的办学之路上取得的成效。此次行业盛会会集了近600名国内外知名餐饮企业家、国内烹

饪大师和中国琼菜大师名师。我校一直和省烹饪协会和省内多家知名餐饮企业密切合作，通过产教融合、校企合作，进行琼菜的研发，培养烹饪人才；推动琼菜的推广，引领行业的发展。海口旅游职业学校办学口碑好，社会美誉度高，毕业生、实习生一直以优良的职业道德、良好的服务意识和过硬的专业技能普遍受到各大企业的欢迎。今年，学校还精心挑选了省内外 40 多家知名单位、企业组织了大型校园招聘会，提供了近 1500 个岗位，1096 名学生全部被录用，就业率达 98%，就业对口率是 100%，均是历年最好。

为了贯彻落实《国务院关于大力发展职业教育的决定》暨全国职业教育集团化办学经验交流会议精神，以海口旅游职业学校为龙头学校的海南旅游职业教育集团于 2008 年成立。自成立以来，在省市教育主管部门领导下，在全体成员单位的共同努力下，海南旅游职业教育集团悉心搭建我省中职学校旅游专业校际合作、校企合作平台，以专业建设和发展为纽带，以培养高素质技能人才为核心，在资源共享、人才培养、社会服务能力等方面取得了一定的成绩，集团已逐渐发展成为海南省内大型的旅游职业教育基地、校企合作办学的平台。

1）依托行业办学的目标与资金投入

采取集团化的形式并依托行业办学，是海口旅游职业学校国家示范校建设的特色项目。该项目始建于 2011 年，坚持按培养高素质技能人才的专业定位要求，进一步加强集团成员校合作，密切联系行业与企业。围绕校际之间、校企之间的利益共同点，确立了互惠互利、合作共赢的目标，努力为海南的经济发展和国际旅游岛的建设服务。多年来，集团各成员单位在统一标准、师资培训、学生就业和共建实习实训基地等方面进行了合作，取得了显著的成效。

为了做好依托行业办学的平台建设，学校建立了专项经费使用制度，对示范校建设经费实行专项、统一管理，资金支出符合规定。发挥资金使用的最大效益，做到管理科学化、规范化。

建设项目资金到位及执行情况表

资金来源	预算金额	到位金额	资金到位率	实际执行金额	经费执行率
地方财政	40 万元	40 万元	100%	40 万元	100%
合计	40 万元	40 万元	100%	40 万元	100%

2）依托行业办学的实际举措

在海口旅游职业学校作为龙头学校的带动下，在各成员单位的积极参与下，采用项目建设方式，在统一标准、师资培训、学生就业、共建实习实训基地等方面进行了探索和实践。本项目全部按照示范建设任务书的要求完成各项建设指标，成员单位通过集团化办学这个载体，实现资源共享、优势互补，共同发展，达到学校、企业和学生三赢。

A. 送教上门，统一“三段式”教育教学标准

海口旅游职业学校作为集团的龙头学校，校领导和专业教师在建设期间，先后多次深入昌江、白沙、东方、乐东、屯昌、琼中等市县集团成员的学校，开展调研并送教上门，对集团成员学校的新生进行入学教育、礼仪教育；对专业教师进行专业课程标准的培训；与成员学校领导进行座谈交流，了解办学过程中存在的困难。通过专业老师的授课和对口交流，集团成员学校的新生在礼仪礼貌、行为举止和行业意识等方面有了很大的提高，专业教师的专业技能也得到了大幅度的提升，联办专业的专业教学标准、教学进度、教材使用和培养目标也达成了统一，使各成员学校在学生进入学校的第一阶段教育期间，就与龙头学校的教育教学标准保持统一。

B. 举办培训班，提高成员学校专业教师的教育教学水平

为充分发挥国家示范中职学校的辐射带动作用，扶持我省酒店服务与管理专业青年教师的专业成长，提升专业教师师资队伍整体水平，受海南省教育厅委托，海口旅游职业学校依托行业平台，以集团龙头学校名义与海口酒店协会以及相关酒店多次联办举办酒店服务与管理专业教师培训班。培训内容紧紧围绕海南酒店业发展现状、酒店餐饮部运营、酒店餐饮部顶岗实践等来自行业一线的需求。培训形式有专家讲座、技能培训和顶岗学习。通过培训，开阔了视野，进一步提高了集团各成员学校专业教师的教育教学能力。

C. 成立集团成员学校校长联席会，统一集团办学思想

以企业为依托，海口旅游职业学校三次组织召开集团成员学校的校长联席会，与会人员主要是各成员学校的领导及来自行业的专家。会议的主要内容是总结各校的工作，通报各校办学情况，交流办学心得，解决依托行业及集团化办学存在的困难，统一办学思想，探讨校际合作、校企合作的具体实施任务。通过校

长联席会，使得各集团成员学校在更高的层次审视合作状况，通过高层研讨和交流，使得各集团成员学校把握行业发展的新形势和教育改革的新动向，吸收先进的理念和办学经验，共同提高办学水平。

D. 举办集团成员学校管理干部培训，提高管理人员业务素质

为了提高成员学校干部队伍的业务素质，打造团队精神，海口旅游职业学校以企业为依托，借助集团的平台，举办了海南旅游职业教育集团干部培训班，邀请了省市教育主管领导和省教研院专家进行授课，学习了干部的领导能力与艺术、学生德育管理工作方法和团队建设的内容。丰富的培训内容让参训的管理干部受益匪浅，对各学校的发展思路极具启发和帮助，为集团的可持续发展奠定了基础。

E. 召开联合办学的年会，交流教育教学心得

海口旅游职业学校还先后在乐东县、屯昌县及海口市三次举办海南旅游职业教育集团校际合作、校企合作办学年会。围绕德育管理、教学研究课程设置、招生方法以及联办合作形式等主题展开研讨交流。通过每次年会，各成员学校统一了办学思想，明确了办学目标，规范了办学行为，提高了各成员学校的教育教学水平，确保了集团“三段式”办学的质量。

F. 援助成员学校建设实训共享基地

为了提升白沙县中等职业技术学校的教育教学水平，依据“国家中等职业教育改革发展示范学校建设计划”，海口旅游职业学校作为集团龙头学校，出资 10 万元帮助白沙县中等职业技术学校建设酒店服务与管理专业实训共享基地，为白沙县中等职业技术学校的“转段生”提供良好的教学实践场所。

G. 举行文体活动，增强职教集团凝聚力

海口旅游职业学校还通过校企合作的集团化办学这个平台，组织了集团成员学校的教职工篮球友谊赛、趣味运动会及知识竞赛活动。通过开展文体活动，不仅丰富了集团内各成员单位教师的文体生活，还增进了各学校及企业管理人员与教师之间的相互了解和友谊，促进了各成员学校之间、学校与企业之间的深度融合，使集团合作的空间在良好氛围中不断拓展。

3）依托行业办学的建设成效

多年来，海口旅游职业学校依托行业办学，并借助集团化这一合作平台开展

工作，取得了良好的成效。

A. 为行业参与职业教育提供了有效的平台

海南旅游职业教育集团紧紧围绕产业发展需要，依托行业，贴近企业，充分挖掘与行业开展合作的利益结合点，调动企业在集团化办学中的积极性，实现了企业深度参与职业教育的目标。学校与行业共同确定人才培养方案，实施课程设置与改革；行业帮助职业教育集团成员学校在企业设立实训基地，支持学校开展实践教学和拓展实训资源，有些企业还为学校注入了大量资金建设实训基地；行业参与集团内职业学校的教学质量评估，提供动态的岗位需求信息、经济和技术发展信息，并对职业教育集团提出要求和建议；行业统筹安排订单式培养，开展了产学相结合的实践教学，提高了人才培养的针对性和有效性。成功的案例有：上海唐宫餐饮集团（香港上市公司）为集团龙头学校援建学生活动中心；深圳潮江春餐饮集团为集团龙头校援建餐厅实训室；东莞三正集团为集团龙头校援建酒店模拟大堂；海南龙泉集团参与琼菜研究与开发中心的建设及烹饪专业课程的研究；海南观澜湖球会参与休闲服务（高尔夫服务）专业的课程建设等。

B. 职业教育服务区域经济的能力显著增强

集团化办学不仅整合了职业教育内部资源，而且整合了行政部门资源及企业资源，加强了教育教学与生产实际的联系，实现了职教发展与经济发展的良性互动，有效地放大了技能人才培养的功效，提高了服务区域经济的能力。集团化办学使企业直接获得了职业教育的智力支持，稳定了高素质员工的来源途径；通过订单培养，得到了企业最需要的人才，实现了育人与用人的零距离对接，降低了企业员工培养的成本。学校的智力资源与科研优势，为企业增加了创新动力和经济效益。集团开展“三段式”办学以来，农村孩子可以进城里学习，学到了一流的技能，城市的孩子也从农村孩子身上学到吃苦耐劳的精神，这种相得益彰的互补，为孩子们的健康成长提供了一个良好的环境。近些年，集团龙头学校先后把贫困地区近 4000 名学生培养成了酒店服务技能型实用人才，在北京、上海、广州、深圳、东莞、海南等省市就业。贫困生每年寄回家里的工资收入达上万元，很多农村家庭盖起了新房，建起了小农场，从根本上摆脱了贫困。可见，通过“三段式”办学模式，不仅促进了农村劳动力转移问题，让农村学生可以接受到优质的职业教育资源，而且极大地推动了贫困地区经济的发展。

C. 发挥品牌优势，实现多方共赢

海南旅游职业教育集团的“三段式”办学模式以专业和行业为纽带，以骨干示范龙头学校为核心，联合市县各中等职业学校和相关行业、企业、事业单位，形成了校企合作、城乡合作、区域合作与校际合作的新模式，是职业教育管理体制、运行机制和人才培养模式的一种创新形式。“三段式”办学模式最突出的成效就是在城市生源日趋萎缩的前提下，使得集团龙头学校的招生范围进一步延伸到全省各个市县，特别是农村地区，不仅为学校提供了稳定、优质的生源，而且农村孩子也有机会享受优质的职业教育。“三段式”办学模式不仅使学校获得了更广阔的发展空间，而且赢得了当地群众的欢迎和拥护，特别是得到了当地党委和政府的大力扶持。如东方市的市委、市政府对与海口旅游职业学校的联合办学给予了高度重视，市级四套班子领导在市委书记的带领下，欢送通过“转段”学习合格的学生赴岗实习。同时，“三段式”办学模式作为职教扶贫的重要举措，充分发挥了集团龙头学校的示范作用和品牌辐射效益，得到了教育部和省市各级政府的一致认可，并作为典型经验向全国推广，进一步提升了海口旅游职业学校作为辐射示范龙头学校的社会声誉，扩大了龙头学校的知名度和影响力。

D. 扩大了薄弱学校的办学规模，促进城乡职业教育统筹发展

海南职业教育基础相当薄弱，特别是贫困地区市县的职业教育几乎是一片空白。由于长期投入不足，不少市县的职业学校只能靠收取学生杂费维持基本的教学运转，用于改善办学条件的资金基本上处于空白状态。据调查显示，2007 年全省 2/3 的中职学校在校生人数达不到国家设置标准，有的学校仅有几十名学生。学校规模小、条件差，结构不合理等问题让海南职业教育发展步履维艰。

通过集团的“三段式”办学模式和“以城带乡”联合办学的方式，集团龙头学校利用自身在师资和教学设备的优势，免费为农村职校培养教师和干部，把先进的管理经验和教学方式带到农村职校。同时，海口旅游职业学校利用自身多年来积累的企业、行业“人脉”关系，帮助农村学生解决就业问题，做到了“进口顺、出口畅”。这些年，在集团龙头学校的扶持下，贫困市县职业学校的招生规模逐年扩大，如 1998 年各市县分校的学生仅有 40 多人，2008 年已经扩大到 1045 人，10 年增长了 2612%。同时，“三段式”办学模式改变了过去偏重学校间的“手拉手”帮扶形式，逐步向追求教育利益最大化发展，在专业设置、课程资

源、实训设施、教师交流、方法改革、岗位培训、技能标准等多个方面，形成校际之间、校企之间的有机合作、开放共享，带动了当地职业教育的快速发展。

E. 实现了学校育人与企业用人有效对接，提高了职业教育的办学效益

长期以来，我国职业教育普遍存在着教育教学与企业的实际需求脱节的现象，职业学校培养的学生离开学校后不能很快上岗，而企业直接从社会上招收的工人，也不可能很快进入岗位角色，一般的中小企业又缺乏自己培训的条件，致使员工素质难以满足企业长远发展需要。

海口旅游职业学校通过采取“三段式”办学模式，实现了校企联合办学，使教学实训与企业的用人需求紧密结合，不仅可以让职业学校的学生很快进入岗位角色、实现零距离上岗，企业也可以从学校中挑选到合格的人员，满足企业发展所需要的人才。同时，学校可以利用企业先进的管理经验和实训设备开展教学活动，提高教学的针对性和有效性；企业也可以利用学校的师资力量和教学条件，开展员工培训及继续教育活动，提高企业员工的整体素质，实现学校与企业的合作双赢。

4）依托行业办学的创新和示范

A.“三段式办学”推动了农村职业教育快速发展，实现了城乡职业教育协调发展

通过“三段式”办学，促进城乡之间的教育均衡，让农村的学生也能接受到优质的教育资源，同时海口旅游职业学校还不断地利用自身的优质资源辐射县级职业学校，并为他们带去了先进的教学经验，促进农村职业教育快速发展。

通过“三段式”办学模式，吸引更多的农村学生到城市职业学校来接受专业技能培训，然后凭借自己学到的专业知识和专业技能在城市中就业，促进了农村劳动力的转移。

通过“三段式”办学模式，在龙头校海口旅游职业学校的传、帮、带下，各市县职业学校都得到了快速发展，也提升了自身的办学水平，提高了城乡职业学校的办学效益，促进了城乡职业教育协调发展。

B. 依托企业建立了集团的工学结合培养模式

海南旅游职教集团始终把职业教育深深地扎根于行业、企业之中，紧密依托行业，与企业紧密结合，共同发展，共同提高。集团坚持走产教结合、校企合作

的道路，充分利用企业的资金优势和设备优势，建设先进的实习实训基地；利用企业的人力优势，为专业建设把脉；开发工作流程导向课程，聘请行业专家兼任专业教师。这一切，不仅解决了许多学校实训设备落伍、实训教材滞后、实训教师短缺的难题，更重要的是人才培养与市场需求零距离对接、学生就学与就业零距离对接。企业的投资极大地改善了校内实习实训基地，有效地促进了工学结合人才培养模式的形成。

C. 存在问题与改进措施

在示范建设过程中，也存在一些的问题和不足。职业教育集团的运行机制尚不够完善，还没有形成一套行之有效的管理和约束机制。校际、校企之间的合作有待进一步加强；集团化办学覆盖面需进一步扩大。政府支持和政策引导力度需要进一步加强，并需要建立一套相应的评估激励机制。根据存在的问题和不足，学校将进一步采取以下措施来加以完善。

发挥集团桥梁纽带功能，为校企合作添加合力。校企合作是职业教育发展的必由之路，职业教育集团是强化校企合作的有效方式。海南旅游职业教育集团将完善自身功能，充分发挥职业教育与企业的强有力纽带作用，加强职业学校与企业的联系，并逐步推动校企合作关系由松散型变为紧密型、契约式。

发挥集团信息汇聚功能，为专业建设定方向。专业建设是职业教育发展的关键。而要搞好专业建设，首先需要了解集团成员学校专业建设情况，了解企业用人的数量与规格要求，了解旅游服务行业的工作流程和岗位需求。为此，需要依托行业进一步完善集团的信息汇聚功能，为职业学校的专业建设提供强有力的信息支撑。

集团将进一步推动各个学校在学科和专业建设上的合理分工，避免集团内不同学校之间在专业上的重复建设。各成员学校可以依据各自多年办学过程中形成的行业关系、师资力量、实验实训条件以及招生就业渠道等方面的优势，选择好优势专业，做大做强旅游特色专业。

进一步做好教学改革，按需培养合格人才。职业教育集团不是一个“自由联合体”，而是一个“功能集合体”，更是一个“利益共同体”。集团内的企业会根据自身用工的要求，对职业学校的教学改革提出要求，促使集团组织成员学校开展教学改革，更好地满足企业用人需求。

发挥科学研究功能，推动集团“产学研”一体化发展。作为一个企业，需要不断地进行技术创新和新产品开发，才能在激烈的市场竞争中生存。作为学校，需要加强教育教学研究，才能使培养的人才符合经济社会发展和企业进步的要求。海口旅游职业学校将凭借集团这一平台，通过联合开展教育科研、联合制定行业标准，开发新技术新产品。企业参与学校的教育教学研究，学校参与企业的新技术新产品开发，充分发挥职业教育集团的科学研究功能，使集团真正成为“产学研”一体化的基地。

发挥资源整合功能，为内涵发展夯实基础。企业与学校在办学场所、实习实训设备方面具有很强的互补性。集团具有资源整合的功能，为职业教育资源的整合、融通、共享提供了一个制度化的平台。集团将利用企业设备为学校的教学服务，利用学校的先进设备为企业培训和开发新产品服务；校企联合建设实习就业基地，联合推进学校实训基地建设工作，共同促进学校与企业间的资源共享。

发挥龙头学校带动功能，推动校际合作更加紧密。职教集团的龙头学校具有主导、示范、带动的作用。海口旅游职业学校作为集团龙头学校，将充分利用现有条件和资源，在办学理念、师资培养、教育教学等方面对集团内成员学校提供更大的支持，以便共同提高办学水平和人才培养质量。

旅游职教集团成立以来，在加强校企合作，促进专业建设，推动教育教学改革，提高人才培养质量等方面显示出强大的生命力，受到省市教育主管部门和社会各界的肯定和好评。通过示范校建设进一步推动了集团制度建设和功能的完善，相信在不久的将来，集团化办学在统筹城乡职业教育发展，建设政府主导、行业指导、企业参与的办学机制，培养国际化人才、开展国际化办学，进而推动海南国际旅游岛建设将发挥更大的作用。

第三节　确保教育质量的学生评价体系构建

有效的评价机制，是检验旅游院校教学质量、教育教学形式的正确与否、教育教学效果好坏、人才培养效益高低及人才培养模式成熟度等的重要手段。目前，在旅游院校教学质量的评价方面，主要利用“人才培养工作水平评估”和“职业院校就业率排行榜”这两项指标体系。随着旅游职业教育的发展与成熟，评价主体正趋向于多元化，即采取“政府评价、社会中介机构评价、学校及师生的自我评价等相结合”的新模式。

一、学生发展情况评价的指导思想与方法

1. 学生发展情况评价的指导思想

以国家、省市教委的相关文件精神为指导，以“学生成人、成才为本”这样的一个基本宗旨，结合学校“面向国际、依托行业”的办学理念，主要研究旅游院校学生的在校情况和就业评价及其教育改进，试图通过构建学生职业素质情况和就业情况跟踪监测体系，着力开展教育评估的系统研究，将学校人才培养与企业人才需求紧密联结起来。及时了解学生素质养成情况和毕业生工作现状、工作流向和社会对人才需求的情况，弄清我校学生对专业教学的实际需求、企业对本校毕业生的评价，从而有针对性地推进学校的课程改革和专业建设，提升学校的教育质量和毕业生的就业能力、发展能力和创新能力。

2. 学生发展情况评价的主要内容

通过对在校生的表现评价，毕业生走上企业岗位后的工作状况、思想状况、生活及学习状况评价，用人单位对我校毕业生质量的反馈、对我校办学指导思想和人才培养模式、专业课程设置及教学管理工作等方面的建议和意见，以及毕业生对母校教育工作的意见和建议，分析学校教育质量现状，提升旅游职业院校教育教学的水平。

学生发展情况的评价，不仅针对在校生的职业习惯养成、获奖情况，还重点针对毕业生的就业质量、社会贡献。通过学生发展情况的评价分析，相应从思想政治道德素质、职业业务素质要素、职业文化知识技能要素、职业期望要素、职业身体心理要素、职业决策要素和职业竞争创新性环境要素等方面，探索旅游职业学校人才培养模式的改革。

二、海口旅游职业学校在学生发展情况的分析

学校至今已为社会培养了两万五千名合格毕业生，培训企业员工 4 万多人次，3 万人次获得不同种类职业资格证书。办学声誉良好，在本省具有较高知名度，先后被评为海南省“先进民工组织机构”、海口市“先进社会力量培训机

构”。还被誉为“椰城职业教育的明珠”“南国旅游人才的摇篮”和为海南高星级酒店输送基础服务人员的“黄埔军校”。

1. 在校生的基本情况

学校现开设有航空与 VIP 服务、高星级饭店运营与管理、旅游外语、会计、导游服务、中餐烹饪与营养膳食、西餐烹饪、美发与形象设计、计算机应用、电子商务、商品经营等 11 个专业。2017 年招生 1071 人。在校生总人数为 3382 人（男生为 2085 人，女生为 1297 人，共青团员占比为 60.5%），其中 2015 级学生 1085 人，2016 级学生 1266 人，2017 级学生 1071 人。2017 年毕业生 758 人。

2. 在校生的养成教育

学校确立了“立德树人”的发展理念，大力开展未成年人思想德育建设活动，提升学生思想道德素质和职业素养，使在校学生得到很好的发展。学校还结合专业特点分阶段对学生开展行为规范教育、健康审美教育、知节明理教育、青春理想教育、爱校教育、安全诚信教育六大主题教育。利用校内外德育基地和重要节日对学生进行革命传统教育、集体主义爱国主义教育、诚信感恩教育和生命安全教育等。组织志愿者参加社会实践活动，学生社团定期开展活动，业余生活丰富。学生思想政治素质和职业道德良好，得到用人单位等社会各界的肯定和喜爱。学生文化课合格率为 91.6%，专业技能合格率为 91.36%。学生体质测试合格率为 82.8%。2017 年毕业人数 758 人，当年入学人数 988 人，其中因自动退学、取消学籍、转学共有 230 人，毕业率 77%。

3. 在校学生的获奖情况

学校坚持“德育为先，教学为中心”的指导思想，坚定“立德树人”的发展理念与任务，着力推行“八化德育”，大力开展未成年人思想德育建设活动。学生的学风、精神面貌、思想道德素质和职业素养均有明显提升。学校推行并实施“三融”教育，将德育内容贯穿于学生在校的每个学期、每一个专业、每一堂课。学校还制定了学生的着装与礼仪规范要求，每天阳光课堂的集中做操是各门专业课的基本专业要求。晨起跑操，集体上自修课等，使学生养成在校的基本行为规范和规律性的作息时间安排，加强了学生的组织性和纪律性，提高了学生的自我约束和自我管理能力。同时，加强了学生的学风、班风建设。经过学校“三融”课堂教学的实施，许多学生从入学时的散漫、自卑、不注重礼仪、有不良行为表现、学习有抵触和畏难情绪等现象，逐步转变成彬彬有礼、举止优雅，思想上乐观上进、自信有为、懂得感恩、专业素养高、能力突出的优秀学生。除此之外，学校还通过定期严格的监督、老师专门检查、班级间开展竞赛与评比等活动，提高学生的集体荣誉感，形成积极向上的精神面貌，增加学生自主学习的积极性。学生的整体素养和专业能力有明显提升，在近几年学生参加的全国、省和市的各项比赛与活动中，表现优异，屡获佳绩，在全国同类旅游职业院校和全省职业学校中有较高声誉。

2015—2016 年学生各种获奖汇总表

年度	级别	比赛名称	奖项级别	获奖者
2016	国家	全国技能大赛酒店服务类比赛中餐宴会摆台（个人项目）	二等奖	达瓦晴空今
		全国技能大赛酒店服务类比赛客房中式铺床（个人项目）	二等奖	武晓烁
		全国技能大赛烹饪类比赛中餐热菜（个人项目）	二等奖	钟斌
		全国技能大赛烹饪类比赛中餐面点（个人项目）	一等奖	邓南程
	省级	海南省职业院校技能大赛中职业英语技能（2 人团体）	冠军	黄崇富、冯迎
		海南省职业院校技能大赛中烹饪类中餐冷拼与雕刻项目	冠军	郭开程
		海南省职业院校技能大赛中酒店服务类中餐宴会摆台、客房中式铺床两个项目	冠军	达瓦晴空今、武晓烁
		海南省职业院校技能大赛中美容美发类新娘化妆·盘发造型（真人模特）、女士短发修剪、晚宴化妆（真人模特）（个人项目）三个项目	冠军	林柳金、黄乃乾、温雅

三、海口旅游职业学校毕业生情况跟踪调查

1. 就业质量

2017 年，海口旅游职业学校共有 758 名毕业生就业，各专业综合就业率达到 98%。其中，航空与 VIP 服务专业为 100%；高星级饭店运营与管理专业为 99%；旅游外语专业为 100%；休闲服务专业为 100%；导游服务专业为 100%；会计专业为 98%；计算机应用专业为 94%；商品经营专业为 98%；美发与形象设计专业为 100%；中餐烹饪与营养膳食专业为 98%。在对口就业率方面，会

计专业由于市场局限性的原因为 75%，其他专业均在 90% 以上。根据统计，海南地区非酒店类合作企业的初次就业起薪点为 1300~1500 元，酒店类企业为 1300~1800 元，省外（深圳、上海）合作企业为 2200~2600 元。今年我校参加高职院校对口单招考试并被录取的学生为 41 人，比 2016 年增加 4 人，增幅 10%。

2. 职业发展

在人才培养过程中，海口旅游职业学校注重培养学生知识的复合性、前沿性和应用性，建立多种专业实验室和校外实习基地，并通过案例教学、模拟教学、社会调研、管理者讲座、教学实习和毕业实习等形式，加强理论与实际的联系，不断提高学生的专业素质和实践能力。良好的学习能力也为学生进入职场后的岗位迁移打下了坚实的基础。我校 70% 毕业生留在省内就业，为我省的经济发展做出了贡献。学校根据社会需要和市场需求确定培养目标，毕业生在与自己专业对口的岗位上工作时，各方面能力都比较强，在处理突发事件上反应迅速、方法得当，具有灵活应变的能力。为满足用人单位对员工综合能力的要求，学校从强化人文素质、职业技能、创新创业能力等三个方面来培养学生的职业岗位迁移能力。在职业技能方面，学校从岗位要求出发，规划专业课程，坚持专业课程和行业融合的原则。学校还非常重视创新创业教育，专门开设创业课程和培训讲座，鼓励学生创业，增强多岗位能力的培养。

3. 社会贡献

学校坚持“以促进就业为导向、以服务发展为宗旨”办学思想，努力为社会培养了一大批旅游行业技术技能型实用人才，助推了海南区域社会经济的发展，不断提高服务社会的贡献度。2017 届共有 12 个专业的 758 名学生毕业走出校园，2018 届共有 1096 名学生在省内外近 43 家知名企业顶岗实习。经过对毕业生和用人单位的追踪调查，毕业生对目前的就业情况满意度高，用人单位对我校毕业生遵纪守规、工作态度、职业操守、工作能力等方面满意度高，毕业生得到了社会和用人单位的普遍肯定。

4. 毕业生数据分析

对于任何一所学校来说，学生的就业率可以视为关乎学校发展与生存之大事，对于职业学校也不例外。职业学校办学的主要目的是培养与社会主义现代化建设要求相适应、德智体美等全面发展，具有综合职业能力，在生产、服务、技术和管理第一线工作的高素质劳动者和中、初级专门人才。人才培养出来是否可以被各行各业所吸纳，在某种角度来说，是表现一个学校的办学水平、办学特色和人才培养质量。因此，对于任何类型学校而言，抓学生的就业率，让毕业生可以找到理想或适合的工作，是各个学校每年学校工作之重点。保证学校的出口畅，方能提升学校办学吸引力，实现学校每年招生的进口热。

海口旅游职业学校一直坚持“就业推荐精细化、就业指导专业化、就业服务日常化、就业管理规范化”的工作原则，按照“走进行业、调研市场、服务教学、成就学生”的工作思路，按照让“学生满意、家长满意、用人单位满意”的“三满意”目标，开展并实施学校就业工作和任务，并取得非常显著的成绩。

学校自内涵建设以来，学生的综合素质有明显提升，受到用人单位的青睐，每年就业率一直居高不下。

海口旅游职业学校 2015 届毕业生就业情况统计表

数量	专业	毕业人数	就业人数	对口就业人数	就业对口率（%）
1	航空与 VIP 服务	45	45	45	100
2	高星级饭店运营与管理	248	248	248	100
3	旅游外语	81	81	81	100
4	会展服务与管理	23	23	23	100
5	游艇服务与管理	27	27	27	100
6	休闲服务	44	42	39	95
7	导游服务	67	67	67	100
8	中餐烹饪与营养膳食	319	299	299	94
9	美发与形象设计专业	63	59	59	94
10	计算机应用	108	98	80	90
11	商品经营	55	52	48	95
12	会计	113	82	80	73
合计		1193	1150	1123	96

2015年，学校共有毕业生1193人，就业学生人数1150人，就业率达96%。其中省内就业人数为942人，占79%；省外就业人数为251人，占21%。据追踪调查了解，1084名毕业生在进入工作岗位一年后，仍在原行业或单位工作，职业稳定率高达95%。2016年，学校共有毕业生850人，就业率达到96%；其中省内就业人数627人，占77%，省外就业人数为185人，占22%。2017年，学校共有毕业生758人，就业率达到98%；其中省内就业人数649人，占85%，省外就业人数为109人，占14%。职业的稳定率非常贴合学校立足海南"地方性"的办学特色，符合学校"地方性、应用型、国际化"的办学定位。尤其在学校"三融"课堂改革与实施以来，通过德育与文化课、专业课的有效融合，注重培养学生的职业观和爱岗敬业精神，要求学生干一行，爱一行。学校在人才培养中，注重培养学生知识的复合性、前沿性和应用性，突出实践教学环节。

海口旅游职业学校2016届毕业生就业情况统计表

数量	专业	毕业人数	就业人数	对口就业人数	就业对口率（%）
1	航空与VIP服务	31	31	31	100
2	高星级饭店运营与管理	229	224	224	99
3	旅游外语	56	54	54	96
4	会展服务与管理	18	18	18	100
5	游艇服务与管理	27	25	25	93
6	休闲服务	23	21	21	91
7	导游服务	42	41	41	98
8	中餐烹饪与营养膳食	223	206	206	92
9	美发与形象设计专业	46	44	44	96
10	计算机应用	54	47	47	87
11	商品经营	41	40	40	98
12	会计	60	59	59	98
合计		850	812	812	96

海口旅游职业学校 2017 届毕业生就业情况统计表

数量	专业	毕业人数	就业人数	对口就业人数	就业对口率（%）
1	航空与 VIP 服务	25	25	25	100
2	高星级饭店运营与管理	199	197	197	99
3	旅游外语	42	42	42	100
4	休闲服务	14	14	14	100
5	会计	47	46	46	98
6	计算机应用	50	47	47	94
7	电子商务	30	27	27	90
8	导游服务	17	17	17	100
9	中餐烹饪与营养膳食	190	186	206	98
10	西餐烹饪	61	61	61	100
11	美发与形象设计专业	41	41	41	100
12	商品经营	42	41	41	98
合计		758	744	744	98

毕业生就业工作的好坏直接关系和影响到学校的社会声誉，因此，为了帮助毕业生就好业，帮助他们走好职业生涯规划的第一步，学校选派了经验丰富、业务素质好、责任心强、安全防范意识高的专职就业指导教师指导毕业生的就业工作。就业指导教师除了负责毕业生的日常管理外，尤其注重对学生的思想和心理的指导，实践证明，这个做法是非常正确的。

第九章　海口旅游职业学校典型案例的分享

海口旅游职业学校借助国际旅游岛建设的大好时机，紧跟区域产业结构调整，适应社会发展需求，创造了许多育人和服务社会的成功案例。学校利用自身优质资源向县级职业学校辐射，并以自身的品牌专业与各市县职业学校联合办学，分三个阶段对学生进行教育，推动了职业教育的集团化、连锁化发展。学校搭建了校店合一的实训实习教学平台，突出实训功能，使其成为集“生产经营、顶岗实训、师生互动、提炼教学”等多种功能的校内实训基地。学校还与省内行业和企业联合开展了琼菜文化研究与产业开发工作，挖掘开发和传承海南餐饮传统文化，服务国际旅游岛建设，培养职业人才，提升了海南饮食文化的品位。这些教学改革的探索，大大提高了学校的办学质量，提升了学校服务地方经济能力，也充分体现了海口旅游职业学校作为国家级示范院所发挥的引领作用。

第一节　创立“三段式”办学的鲜明特色

“三段式”办学形式是指城市职业学校利用自身优质资源向县级职业学校辐射，并以自身的品牌专业与各市县职业学校联合办学，分三个阶段对学生进行教育。第一阶段学生在当地市县职业学校学习文化知识和一定的专业理论知识，第二阶段学生到海口旅游职业学校强化专业理论和专业技能学习，并在学校参加各种技能考核，第三阶段学生通过职业道德学习和技能培训，综合素质达标后，由学校统一安排学生赴企业顶岗实习，学校派教师全程跟班配合企业管理学生。扩大了农村职校的规模并实现提升发展，帮助贫困生找到致富路，拉动当地经济快速发展，促进了城乡职业教育统筹发展。海口旅游职业学校通过创立“三段式”新型办学形式，推动职业教育的规模化、集团化、连锁化发展。

一、构建“三段式”办学形式的背景与意义

1.“三段式”办学形式的实施背景

1998年，海口旅游职业学校提出了“职教扶贫，分段办学”的设想，目的在于解决学校生源的同时，又解决了农村孩子读不起书的问题。这些年来，在国家关于做好农村劳动转移和省教育厅提出职教扶贫的号召下，不断利用学校的优质资源向县级职业学校辐射，以职业教育开发农村人力资源、以规范保证教育质量、以就业拉动招生增长，服务经济快速发展，带动农民脱贫，还先后与临高、保亭、东方、琼中、乐东、白沙、五指山、昌江、屯昌等九个国家级、省级贫困市县的职业学校联合办学，挂起了海口旅游职业学校分校的牌子，生源来自于农村及贫困山区。

海口旅游职业学校在分段办学的基础上，逐渐构建起了“1+1+1”三段式新型办学形式。在“城乡统筹、强弱联合办学”的合作机制、培养方式、学生管理、教材使用等方面，形成了自己的特色，成立了以海口旅游职业学校为龙头、共有21家职业学校和21家企业组成的海南旅游职业教育集团。“三段式”的办学形式对统筹城乡旅游职业教育的资源、对强弱市县和地区校际之间的联合办学具有积极的意义，也推动了海南旅游职业教育的规模化、集团化、连锁化发展。

2.“三段式”办学形式的现实意义

海口旅游职业学校创立的“1+1+1”的三段式办学形式得到了社会的认可，并在全国范围内进行了推广。这种办学形式的意义在于：

1）促进了职业教育均衡发展

通过“三段式”办学形式，促进城乡职业教育均衡发展，让农村的学生也能接受到优质的教育资源，同时海口旅游职业学校还不断地利用自身的优质资源辐射县级职业学校，并为他们带去了先进的教学理念和经验，推动农村职业学校的发展。

2）促进了农村劳动力有序转移

通过“三段式”办学形式，吸引更多的农村学生到城市职业学校来接受职业教育，并在城市职业学校的帮助下，凭借自己学到的专业知识和技能在城市中就业，因此成为促进农村劳动力有序转移的一条重要途径。

3）促进职业教育参与扶贫开发

接受职业教育的大多是低收入家庭，通过“1+1+1”人才培养模式，使更多的农村贫困家庭学生到职业学校接受教育，形成了“培养一个学生，扶助一个家庭，服务整个社会”的办学机制，产生了“读完初中读职中，打工致富一路通”的社会声誉。

4）促进城乡职业教育协调发展

通过“三段式”办学形式，不仅城市职业学校解决了生源问题，也调动了各市县办学的积极性，各市县职业学校办学规模都取得了长足的发展。在龙头学校传、帮、带下，农村职业学校的办学水平和办学效益也有了明显的提高，城乡职业教育协同发展。

二、“三段式”办学形式的主要措施

在国家提出建立适应经济发展方式转变和产业结构调整、构建现代职业教育体系的背景下，旅游职业教育发展进入了全面提高质量的新的历史时期。为此，结合国家示范性学校建设的目标和要求，在“三段式”办学形式方面，主要采取了以下措施：

1. 根据专业要求，明确招生标准，严把生源质量

酒店服务与管理专业是学校的品牌专业，自 1993 年开设以来，毕业生得到了用人单位的高度评价，就业率高达 100%，先后有近千名学生走上了星级酒店的管理层岗位。一位资深的五星级酒店总经理曾在多种场合表态，只要是海口旅游职业学校酒店服务与管理专业的毕业生到他所管理的酒店应聘，不用面试马上上岗。可以说，酒店服务与管理专业的学生已经成为海口旅游职业学校的一面旗帜。

海口旅游职业学校坚持联办学校在第一年招生时对入学新生进行面试，严把质量关。招生面试的具体做法是：第一，集中考生进行指导如何报考专业；第二，集中考生进行指导填写个人信息；第三，集中考生进行外科、色盲、视力、身高体重等方面的体检；第四，对考生进行面对面的面试和看考生的体形、走姿。

联办职业学校借助海口旅游职业学校的品牌不仅招到了生源，扩大了学校的办学规模而且借助海口旅游职业学校的品牌帮助学生找到了就业之路。

2. 根据行业要求，坚持德育为首，注重养成教育

职业学校的任务就是把一个普通学生通过职业教育转化成为一个具有某种职业特征的学生。因此，学生一入校，除了对学生进行文化知识传授和专业技能培训外，必须突出职业特性的教育和训练，使学生走向工作岗位后具有良好的职业理想、道德、能力与习惯。学校非常重视分校学生的德育教育。为了统一学校德育管理标准，凡分校新生一入校，海口旅游职业学校都要安排校级干部、德育处主任、礼仪教师到各分校对学生进行为期一周的入学教育，教育内容有职业教育特点、校园常规和课堂常规、礼仪礼节等。通过入学教育，明确要求学生必须统一身着海口旅游职业学校服，并按照学校的要求从日常生活做起，规范要求自己，做到温文尔雅、彬彬有礼，目的在于强化分校学生第一段的行为养成教育，以便保持“三段”教育的一致性。为了更加系统地向学生进行专业思想教育，学校制订了《专业思想系列教育实施计划方案》，提出第一段入轨教育，打好文化课基础，树立专业思想，进入职业“角色”；第二段定型教育，使学生具备职业特性，具有良好的职业气质和专业技能；第三段成熟教育，岗前动员与誓师，送学生走上实习岗位。

3. 按照岗位需要，开发校本教材，强化岗位能力

从1999年开始，学校就根据学生在企业顶岗实习等方面的反馈，积极开发校本教材，历时5年学校于2003年开发出第一本校本教材，截止到目前学校先后编写了二十几门课的校本教材。校本课程的开发完全按照岗位工作流程进行，突出实践性、应用性和操作性，极大地弥补了国家教材重理论、轻实践的弊端，不仅保障了“三段式”办学形式的顺利实施，而且有效地促进了教育教学改革，培养的人才更加符合市场需求。

近年来，为了确保“三段”教育课程和教学的有效衔接，每年定期召开一次教育教学现场研讨会，对各市县联办学校的领导及相关专业教师进行培训与交流，明确统一使用校本教材的指导思想和注意事项。同时，我校及时组织教学“讲师团”送教下乡，做到边上课边示范，边听课边指导，充分发挥传、帮、带的作用。通过校本课程，保证了三段式教学的有效衔接，教师的教学走进了行业，学生的学习贴近了岗位。

4. 根据实习需要，建立专职指导教师队伍，开展全程管理服务

为了加强学生顶岗实习管理，学校非常重视实习指导教师队伍的建设。在实习指导教育的选配上坚持四条原则：一是能够代表学校与实习用人单位进行有效沟通，能够维护学校、学生的利益；二是能有效地组织和管理学生进行顶岗实习，正确处理学生在实习中面临的各种问题；三是能够及时收集行业和用人单位的信息并及时向学校反馈；四是对企业的发展能够献计献策，能够把企业的需求及时反馈给学校，利用学校资源和人才帮助企业解决生产中面临的问题。

为了推动实习管理工作向规范化、科学化与制度化迈进，学校建立了实习指导教师例会制度。具体做法是：省内实习指导教师会议每月 1 次，省外实习指导教师会议两个半月 1 次。通过集中交流，实习指导教师及时反映实习生实习情况，交流管理方法，相互学习，扬长避短，共同提高管理水平。

三、“三段式”办学形式的成效与辐射作用

1.“三段式”办学形式取得的成效

随着三段式办学形式的不断完善，不论是龙头校海口旅游职业学校还是各市县中等职业技术学校都在合作中获得了利益，形成了互利共赢的机制。

1）成效一：发挥品牌优势，实现多方共赢

“三段式”办学形式以专业和行业为纽带，以骨干示范龙头校为核心，联合市县各中等职业院校和相关行业、企业、事业单位，形成了校企合作、城乡合作、区域合作与校校合作的新模式，是职业教育管理体制、运行机制和人才培养模式的一种创新形式。“三段式”办学形式最突出的成效就是在城市生源日趋萎缩的前提下，将招生范围进一步延伸到全省各个市县的农村地区，不仅为学校提供了稳定、优质的生源，而且使农村孩子也有机会享受优质的职业教育。因此，“三段式”办学形式不仅使学校获得了更广的发展空间，而且赢得了当地群众的欢迎和拥护，特别是得到了当地党委和政府的大力扶持，如东方市的市委、市政府对与海口旅游职业学校的联合办学给予了高度重视，市四套班子的领导在市委书记的带领下欢送通过转段学习合格的学生赴岗实习。同时，“三段式”办学形式作为职教扶贫的重要举措，充分发挥了海口旅游职业学校的示范引领和品牌辐射效益，得到了教育部和省市各级政府的一致认可，并作为典型经验向全国推

广，进一步提升了海口旅游职业学校作为辐射示范龙头校的社会声誉，扩大了学校的知名度和影响力。

2008 年，以海口旅游职业学校为龙头校的海南旅游职业教育集团正式挂牌成立，不仅进一步强化了校企合作，形成以专业为纽带、以行业企业为依托的职教集团；强化了城乡合作，发挥优质职业教育辐射作用，形成城乡一体的职教网络；强化了区域合作，带动贫困市县职业教育发展，而且标志着海口旅游职业学校又跨入了一个新的发展阶段。

2）成效二：扩大了薄弱学校的办学规模，促进农村职业教育快速发展

海南职业教育基础相对薄弱，特别是贫困地区市县的职业教育几乎是一片空白。由于长期投入不足，不少市县的职业学校只能靠收取学生杂费维持基本的教学运转，用于改善办学条件的资金基本上处于空白。通过“三段式”办学形式和“以城带乡”联合办学的方式，海口旅游职业学校利用自身在师资和教学设备的优势，免费为农村职校培养教师和干部，把先进的管理经验和授课方式传授给农村职校教师。同时，学校利用多年来建立起来的企业、行业“人脉”关系，帮助农村职业学校解决学生就业问题，形成了“出口畅、进口顺”的良性循环机制。两年来，在海口旅游职业学校的帮扶下，贫困市县职业学校的招生规模逐年扩大。同时，“三段式”办学形式在以往学校间的“手拉手”帮扶形式的基础上，按照集团化办学的要求，建立了多元合作机制，在专业设置、课程资源、实训设施、教学改革、岗位培训、技能标准、教师交流等多个方面，形成校际之间、校企之间的有机合作、开放共享，带动了当地职业教育的快速发展。

3）成效三：帮助贫困生找到致富路，拉动当地经济快速发展

开展“三段式”办学以来，使大批农村孩子到城里接受了优质职业教育，学到一流的技术技能，在城市企业实现了有效就业，既圆了他们上学的梦，也帮助贫困家庭走出贫困。两年来，海口旅游职业学校先后培养了来自贫困地区的近 220 名酒店服务技能型实用人才。通过“三段式”办学形式，解决了农村劳动力转移问题，让农村学生可以接受到优质的职业教育资源。

4）成效四：实现了学校育人与企业用人有效对接，提高了职业教育的办学效益

通过采取“三段式”办学形式，实现了校企联合办学，使教学、实训与企业

的用人需求紧密结合，让学生很快进入岗位角色，实现零距离上岗，企业也可以从学校中挑选到合格的人员，满足企业发展所需要的人才。同时，一方面学校可以利用企业先进的管理经验和实训设备开展教学活动，提高了教育教学的针对性和有效性；另一方面，企业也可以利用学校的师资力量和教学条件开展员工培训及继续教育活动，提高企业员工的整体素质，实现学校与企业的合作双赢。

2.“三段式”办学形式的辐射作用

1）创新了旅游职业教育的办学形式和机制

海口旅游职业学校提出的“三段式”办学形式是职业教育改革创新的一个伟大创举，创新了职业教育的办学机制，在坚持“董事会领导下的校长负责制”这一运行机制的前提下，实行集团年会制。目前共有42家职业学校和企业及相关主管部门联合起来，实行纵向沟通、横向联合、资源共享、优势互补，实现了对传统职业教育体制的变革，使单一的职业教育办学体制、管理体制和投资体制向多元体制转化，为促进职业学校的发展提供了良好的制度环境。同时，整合和优化了职业教育的资源配置，极大地提高了职业教育的办学水平和整体效益。

2）促进了区域旅游职业教育的健康协调发展

由于城乡经济发展的差异性，现实中海南农村职业学校办学条件普遍较差，县域企业参与职业教育的能力也很差，实行“三段式”办学形式，就是以集团化办学为载体，按照各自的办学条件完成各自的教学任务，即农村职业学校开展文化教育和基本的职业教育，城市职业学校利用优质的职业教育资源开展专业技能教育，城市企业接纳学生顶岗实习，各办学主体各自发挥自身的优势，形成了一条有效的教育链，从而促进区域内职业教育全面发展和协调发展。“三段式”办学形式是统筹城乡职业教育的有效形式，是推动城镇化与农业现代化同步发展的有效形式。

3）实现了校企、校校间的互利合作共赢

职教集团拥有多所学校、多个企业以及相关行业或组织，建立了校企合作的平台和机制，固化了校企合作、工学结合的人才培养模式，参与学校能够得到企业支持，为学生提供实习就业服务。每年举办学生与企业供需见面会，年均为实习生提供1000多个实习就业岗位，成员企业接受学校学生顶岗实习，有效提高了学生的职业技能。集团内企业为了满足自身发展对人才的需求，与学校开展订单培养，校企双方共同制订培养方案，增强了人才培养的针对性和适用性，人才培养与企业岗位“零距离”对接，实现了毕业生的优质就业。企业还出资帮助学校建设实验实训基地（如中国唐宫控股有限公司捐赠300万元用于建设海口旅游职业学校学生活动中心、中国潮江春集团捐赠100万用于建设海口旅游职业学校潮江春中餐厅、东莞三正半山集团捐赠100万用于建设海口旅游职业学校酒店大堂和客房），作为企业员工和学校学生实习场所；通过集团化办学培养的学生，学到的知识是最前沿的，技术是最直接、最适用的，深受企业欢迎。

通过职教集团，集团内校校之间实现优质职业教育资源共享，师资共享和基地资源共享。此外，龙头校通过示范辐射带动其他成员学校在教育教学研究、教育教学管理、技能培养等方面不断上新水平，实现校际间的双赢。

第二节 搭建“校店合一”的教学平台

围绕“校企合作、产学结合”“校店合一、前店后校”的指导思想，海口旅游职业学校于2011年建立了“大拇指西餐厅”，搭建“校店合一”的实训教学平台，营造校内真实的职场环境氛围，弥补酒店服务类和烹饪类专业校内实训条件的不足。该教学平台采取市场化运营和企业化管理，在教学、生产、培训等方面取得了良好成效。海口旅游职业学校的校企一体化实训实习教学平台，突出了实训功能，建立了实训岗位，校企合作与师生互动，开展情境教学，总结教学案例，形成了富有鲜明特色的集“生产经营、顶岗实训、师生互动、提炼教学”等多种功能于一体的“校店合一”式校内实训基地。

一、实训教学平台搭建的背景与功能

1.“校店合一”教学平台的搭建背景

根据海南省建设国际旅游岛对旅游服务人才的需求，学校坚持“办有特色学校，育有特色人才”的方针，以加强实践教学和改进专业教学模式与课程体系为切入点，借鉴国际洛桑酒店管理学院的人才培养模式，于2011年建立了“大拇指西餐厅”“潮江春”等校内实训基地，搭建“校店合一”实训实习教学平台，营造“真实场景”的校内实训基地，弥补酒店服务类和烹饪类专业实训条件的不

足。该教学平台引入餐饮行业标准，营造餐饮行业的真实环境氛围，并按照餐饮行业的工作流程训练学生的实践技能，培养学生的职业岗位能力。实训基地按照市场化运作、企业化运营、科学化管理的原则，将教学和经营紧密结合，做到以经营促教学，以教学促科研。平台突出实训功能，建立实训岗位，师生合建团队，开展情境教学，提炼教学案例，成为集“生产经营、顶岗实训、师生互动、提炼教学”等多种功能的校内实训基地。在教学、生产、培训等方面取得良好的成效，社会效益和经济效益双丰收。

2.“校店合一”教学平台的主要功能

海口旅游职业学校的“校店合一”一体化实训实习教学平台，具备了生产服务、实践教学、教师培养等多种功能。

1）生产服务功能

“校店合一”教学平台引入企业经营理念，开展企业化经营，以校内外顾客为服务对象，提供真实的餐饮服务，变以往的消耗性实习为生产性实习，不仅使学生在真实的职业环境中学到了职业技能，而且创造了可观的经济效益。

2）实践教学功能

“校店合一”教学平台完全按照餐饮企业的岗位设置实训岗位，学生在不同岗位轮流进行顶岗实习。通过真实环境的实训，使学生系统掌握职业岗位能力，实现零距离上岗。

3）服务教学的功能

“校店合一”教学平台融“教、学、做”为一体，不仅培养和锻炼了学生的实践技能，而且在真实服务过程中积累了大量的教学案例，极大地丰富了教学内容，促进了学校课程内容的改革。

4）教师培育的功能

“校店合一”教学平台在组织结构、管理制度、岗位职责、工作流程等方面，都实现了与市场企业的无缝隙对接。教师在实训教学平台直接从事经营管理和实践教学活动，弥补了教师企业实践经历不足的短板。经过几年的实践，形成了一支进校能讲课、到店能经营的“双师型”教师队伍。

二、“校店合一”教学平台的运作机制

1.“校店合一”教学平台的日常运作

“校店合一”的实践教学餐厅分为楼面和厨房两个作业场所，建筑面积约500平方米，主要为酒店服务专业和烹饪专业两个专业的实践教学服务。“校店合一”实践教学平台既能满足经营服务的需要，也能充分满足实践教学的需要。

1）科学设计实训实习岗位

“校店合一”的实践教学餐厅按照餐饮行业的一般要求和市场调研，结合教学要求科学设置实习实训岗位。楼面的岗位包括：领班、迎宾、值台员、传菜员、吧台员、管事部人员；厨房的岗位包括：主管、甜品岗、小吃岗、煎炸岗、包点岗。

2）明确各岗位对应的技术技能

“校店合一”的实践教学餐厅为了向顾客提供规范的服务，也为了使学生能学到规范的操作技能，通过分析餐饮企业各岗位的岗位职责和操作技能标准，将这些岗位操作技能标准制成评分表。一方面指导学生对照评分表进行自我评价，另一方面让领班（教师）能够对学生的实习实训表现进行有效评价。

楼面岗位与技能对应表

<table>
<tr><th>岗位</th><th>人数</th><th>核心技能</th><th>专业综合素养</th></tr>
<tr><td>领班</td><td>1</td><td>各岗位管理工作</td><td rowspan="7">语言表达能力、沟通协作能力、团队合作能力、职场应变能力等专业综合素养</td></tr>
<tr><td>迎宾</td><td>1</td><td>礼仪、语言表达能力</td></tr>
<tr><td>值台员</td><td>6</td><td>餐厅服务技能、语言表达能力</td></tr>
<tr><td>传菜员</td><td>6</td><td>餐厅服务技能</td></tr>
<tr><td>吧员</td><td>2</td><td>各饮品的调配技能</td></tr>
<tr><td>管事员</td><td>3</td><td>餐器洗涤技能、消毒柜使用</td></tr>
<tr><td>协调员</td><td>1</td><td>沟通协调能力</td></tr>
</table>

厨房岗位与技能对应表

岗位	人数	核心技能	专业综合素养
主管	2	统筹协调能力、菜品检验能力	食品卫生安全意识能力、成本核算能力、团队合作能力
甜品岗	2	制作各类甜品技能	
小吃岗	2	制作各类小吃（含凉菜）技能	
煎炸岗	2	煎炸各类食品技能	
包点岗	2	制作各类点心及面包技能	

3）合理安排实习实训

“校店合一”的实践教学餐厅既开展了学生的实习实训，也考虑了教师的培养和锻炼。

A. 学生实训安排

科学安排学生的实习实训时间和岗位，并在各岗位上轮岗培训。定岗实训一般每 2 周轮换一次，每一批以 4 个班为单位，每个班选取 5 名学生共 20 名参加定岗实训。学生在实践教学餐厅工作期间，服从实践教学餐厅的工作安排与管理。每批实训结束后根据学生的实习实训情况进行严格考评，每学期评选出“校店之星”。

B. 教师实训安排

“校店合一”的实践教学餐厅由学校餐旅专业来管理。按照企业岗位需求，安排专业教师到指定岗位专职顶岗实践，并规定所有专业教师都要轮流参与教学餐厅的管理和实践教学，在实践中提高教师的实践教学能力。如店长一职，原则上任期是一学年；值班经理（含指导老师）是 2 周一期；教师在校店顶岗实践期间，要定期培训学生，加强对学生的岗位技能的指导，并在常规管理工作中积累实践经验，不断提升教学教研的能力。

2.“校店合一”教学平台的分配机制

“校店合一”的实践教学餐厅引入企业经营理念，进行市场化运作。学校对实践教学餐厅实行目标管理，每月垫支经营经费 1 万元，每个月每个老师每人可消费 50 元。实践教学餐厅不以营利为主要目标，规定每一个菜品的利润在 40% 左右。每个学期有 2000 至 3000 元的利润。利润的使用主要有两个方面：一是对表现好的学生即“校店之星”，给予一定的奖励。二是对实践教学餐厅教学实施的再投入。

三、“校店合一”教学平台的成效与经验

1.“校店合一”教学平台的主要成效

1）以项目带动教学，取得显著育人效益

开展真实项目的教学，将课堂从传统的教室移到真实生产环境。目前“校店合一”教学平台已成为学生参加技能比赛的主要训练场所，先后为参赛学生提供实训 20 人次。从开店至今接受实训的学生量达 1200 人次左右，取得显著的育人效益。

2）丰富教学内容，提高教师实践技能

通过具体的实践，进一步明确了专业内涵和教学内容，丰富教学内容，总结出各类教学案例 10 多个。开店至今平均每日教师参与实训达 4 人次，2 年合计 960 人次日参与校店管理和实训。教师通过校店顶岗实践，取得职业资格证书，尤其是参加各种比赛获奖的人数明显增多。

部分教师通过平台实践获得技能证书情况

姓名	证书
田雯	餐厅服务员（中级）
黄蕾	C&G 咖啡证；SCAA 咖啡证
郑庭达	餐厅服务员（技师）
林涛	餐厅服务员（技师）

部分师生参加各类职业技能比赛获奖情况一栏表

年份	姓名	比赛项目	获奖名次
2011	王绥明	全国创新菜烹饪	国家级二等奖
2011	蔡亲宁	全国中等职业技能竞赛	国家级优秀指导教师
2011	王润	全国中等职业技能比赛果蔬雕刻	一等奖
2012	魏甲甲	海南省职业教育技能大赛热菜	一等奖
2012	庄小陆	海南省职业教育技能大赛热菜	二等奖

续表

年份	姓名	比赛项目	获奖名次
2012	黎辉冠	海南省职业教育技能大赛冷拼	二等奖
2012	吴永福	海南省职业教育技能大赛冷拼	二等奖
2012	卢黄杰	海南省职业教育技能大赛果蔬雕刻	一等奖
2012	陈双利	海南省职业教育技能大赛果蔬雕刻	一等奖
2012	梁小曼	海南省职业教育技能大赛中式面点	一等奖
2012	王惟国	海南省职业教育技能大赛中式面点	二等奖
2012	王修德	海南省职业教育技能大赛西餐宴会摆台	一等奖
2012	田李珊	海南省职业教育技能大赛西餐宴会摆台	三等奖
2012	彭海来	海南省职业教育技能大赛中餐宴会摆台	一等奖
2012	吴瑜	海南省职业教育技能大赛中餐宴会摆台	一等奖
2012	彭海来	全国职业教育技能大赛中餐宴会摆台	三等奖
2012	卢黄杰	全国职业教育技能大赛果蔬雕刻	二等奖
2013	王惟国	职业教育技能面点大赛	海南省一等奖、全国二等奖
2013	李纬	职业教育技能热菜大赛	海南省一等奖、全国三等奖
2013	吴清林	海南省职业教育技能大赛热菜	二等奖
2013	林道西 周云意	海南省职业教育技能大赛冷拼与雕刻	一等奖
2013	严匀均	职业教育技能大赛面点	海南省二等奖、全国三等奖
2013	梁崇福 王甫天	海南省职业教育技能大赛冷拼与雕刻	二、三等奖
2013	陈美琪 黎娇	海南省职业教育技能大赛中餐宴会摆台	一等奖
2013	王修德 黄敏舟	海南省职业教育技能大赛西餐宴会摆台	一等奖
2013	陈美琪	全国职业教育技能大赛中餐宴会摆台	三等奖
2013	林道西	全国职业教育技能大赛冷拼与雕刻	三等奖

3）为职教集团的人才培养提供重要平台

"校店合一"教学平台每年为当地的旅游职业教育集团所属其他中职学校的转段班学生提供实训达 60 多人次，为旅游职业教育集团的人才培养提供了重要平台。

4）取得了社会效益和经济效益双丰收

“校店合一”教学平台收费合理、服务规范，学生服务意思强，赢得了学校教职工和社会的赞誉，成为学校对外宣传的重要窗口。目前，“校店合一”的实践教学餐厅每月都会承办学校教职工生日宴，两年来已累计承办了20多次。还多次承担了全国德育年会、省技能大赛、市招生会、校董事会、20年校庆等大型宴会接待。每年，“大拇指”西餐厅的营业额超过9万元人民币，实现利润近3万人民币。

2.“校企合作”教学平台的经验分享

海口旅游职业学校通过“校店合一”教学平台的搭建，积累了应用型技能人才培养的一定经验。

其一，构建“校店合一”实训实习教学平台之后，创新了我校专业实践教学的模式，实现了“教、学、做”的合一，促进了双师型教师队伍的建设，培养出大批旅游业需要的高素质人才，赢得良好的育人效益、社会效益和经济效益。

其二，发挥了国家示范旅游职业学校的引领作用，全面带动各专业的发展。“校店合一”教学平台从无到有、从小到大，从改革试点到辐射其他专业群，发挥了良好的示范效应。目前，学校已在计算机、会计、商管营销、美容美发等专业群建起了计算机工作室、E便利店、影像店、“缔造美发、美姿、美容”店，并先后制定《餐厅管理制度》《卫生管理制度》，规范了工作流程和考核标准，并正在不断完善经营方式，使得学校所有的“校店合一”实训实习教学平台的工作实施有据可依，有章可循。

当然，“校店合一”教学平台还处于不断完善的过程中。

一是要进一步加强校企合作。由于受资金等因素的影响，校内“校店合一”实训实习教学平台的规模和岗位还有限，学生顶岗实习时间短，有的还难以实行轮岗实训。因此，“校店合一”实训实习教学平台虽然加强了学生实践能力的培养，但还不能完全代替学生到企业的顶岗实习，还需要加强学生一年的顶岗实习安排。

二是要加强实习实训专业教学指导委员会的建设。“校店合一”实训实习教学平台虽有效地培养了教师的“双师”素质，但由于受校内条件所限，不能全部代替外部企业现实场景中丰富多彩的业务活动。所以，还有必要加强与大型餐饮企业的联系和交流合作，使教师具有宽广的视野，培养的人才才能符合国际旅游岛对旅游服务人才的需求。还需要广泛吸引旅游服务行业的知名人才，吸纳他们参与专业建设，加强与他们的交流与沟通，掌握行业发展最新动态，更有效地培养具有国际视野的旅游服务人才。

第三节　传承与光大“琼菜”饮食文化

在国家大力建设国际旅游岛的背景下，海南独特的旅游饮食文化正悄无声息地影响着每一位来自四面八方的朋友们，被誉为本真原味的“琼菜”也揭开了她美丽的面纱。作为海南职业教育龙头学校的海口旅游职业学校，肩负着示范引领区域中职教育、服务区域社会的责任。本着传承、发扬海南餐饮传统文化的宗旨，学校于 2011 年开始联合海南省烹饪协会、海南省文化遗产研究会共同开展了琼菜的文化研究、产业开发和人才培养的工作，建立了“研产学训”一体化的实践教学基地，形成了“以研究促开发，以开发促产品，以研发促培养，以培养促人才，以人才促产业”的良性互动机制，传承和光大了海南传统的“琼菜”饮食文化。

一、“琼菜”饮食文化研发的意义与内容

1.“琼菜”饮食文化研发的意义

1）传承中华饮食文化，服务国际旅游岛

随着国家提出大力建设和发展国际旅游岛，海南传统民族文化的传承与光大也成了一项重要内容，其中饮食文化在海南文化中占据较大的比重。海南由于建省时间短，地理位置等原因的影响，没有形成像粤菜一样有名的菜系，没有形成自己的品牌。海口旅游职业学校开展琼菜的研究工作，意在挖掘开发和传承光大海南餐饮传统文化，解读海南人文文化和饮食文化的发展史，培养餐饮职业人才，服务国际旅游岛战略，提升海南饮食文化品位。

2）制定琼菜制作标准，培养技能型人才

通过对琼菜菜肴主配料的比例、装盘、餐具选用等方面进行制作标准的研

究，加以适度的创新，将琼菜知识结合到专业教学中，让更多的学生掌握琼菜的制作方法，了解技术标准和文化精髓，利用学校琼菜研究中心进行新菜品的研发和制作，与行业合作开展培训，更好地为海南国际旅游岛建设培养熟悉琼菜文化、掌握琼菜制作技术的餐饮服务人才。

2.“琼菜”饮食文化研发的内容

1）研究琼菜文化，创新琼菜菜品

通过引进现代餐饮业的先进理念，改变装盘方式、原料搭配方式、不同组合方式等，对传统琼菜进行传承与创新，做好琼菜的研究和产品开发。第一阶段，对海南本土菜肴的基本特点、发展过程、原料特性、制作方法、风味特色及本土菜肴文化的调查，形成调研及实施报告；第二阶段，开展对琼菜各类资料的整理和整体菜肴品质的调整创新；第三阶段，以生日宴、琼菜宴、书籍汇编等形式对琼菜研究的成果进行总结。

2）产学结合搞研发，校店合一育人才

在琼菜研究、开发制作过程中，通过“校店合一”的校内实习实训教学平台，开展下午茶制作、每月一次的生日宴制作、主题宴会菜制作等活动。同时，利用琼菜研究基地进行新菜品的研发，开展对学生的技能培训，使得学生充分掌握海南菜的制造过程，将“产与学”有机地结合起来，充分体现“产学结合、因材施教、开发引领、合作育人”人才培养模式，满足餐饮业人才培养的需要。

3）“理实一体”做教学改革，“研产学做”搞技术创新

按照理论与实践一体化教学改革思路，中餐烹饪专业建立了“研产学训”的实践教学基地，集文化研究、产品开发、人才培养和技能训练于四位一体。“研产学训”的实训基地既开发新产品，也培养传承琼菜的人才；既探索并研发行业标准，也创新人才培养模式；既传承琼菜文化，也进行技术创新。学校充分利用实践教学基地，通过引进企业先进的技术和行业专业人才对教师进行技术指导，将学校的专业教师定期输送到企业顶岗学习，不断提高教师科研和产品开发的能力。

二、“琼菜”饮食文化研发基地的功能

海口旅游职业学校为了做好琼菜的研究工作，挖掘开发和传承光大海南餐饮传统文化，培养餐饮职业人才，创建了具有科研、生产、教学综合功能的“琼

菜”饮食文化研究中心。

1）“琼菜”饮食文化基地的科研开发功能

实训基地设有琼菜研究中心和大拇指餐厅，从行业引进具有丰富实践经验的总厨担任琼菜研究的技术指导，结合传统菜肴研发新菜品、新技术并创新推广，进而带动专业教师科研水平整体的提高。

2）“琼菜”饮食文化基地的生产制作功能

借助“大拇指西餐厅”和“潮江春中餐厅”实训基地良好的设备设施条件和专业教师的雄厚资源，开展传统琼菜的常见品种、热门菜品、宴会菜肴的制作，并与企业的合作对琼菜进行专项研究。还借助企业销售平台直面消费者，提升创新琼菜菜肴的市场影响力和推广力度。

3）“琼菜”饮食文化基地的教学培训功能

通过在实训基地的学习和实训，培养学生实践能力；通过琼菜的制作，使学生了解原料选择、配菜量化标准、打荷工作岗位、菜肴制作过程、上菜顺序、成品特点及标准等相关烹饪知识；通过琼菜宴会制作，将后厨运营流程对学生进行系统化的培养，为学生进入企业顶岗实习提供坚实的基础。在满足基础专业教学课程的同时，开设面点模块班、冷拼模块班、西餐模块班、食品雕刻模块班，丰富了学生的学习内容，拓展了学生的就业适应面。

“琼菜”饮食文化基地的主要功能

基地功能	实训功能	专业课程及活动	课程性质
研	1. 收集研究传统琼菜资料 2. 听取行业专家意见进行新派琼菜的研究、开发、制作 3. 对研究过程中的各类素材进行收集整理，形成琼菜研究初期框架	1. 琼菜冷菜知识的收集整理 2. 琼菜热菜知识的收集整理 3. 琼菜面点知识的收集整理 4. 实施琼菜相关的研究制作	专业拓展课程
产	1. 大拇指西餐厅的下午茶制作 2. 潮江春中式厨房的生日宴会制作	1. 各色点心，特色海南点心小吃制作 2. 琼菜的新菜品制作 3. 教师的生日宴制作	专业拓展课程
学	1. 通过大拇指西餐厅下午茶的制作进行琼菜冷菜、小吃点心等学习 2. 通过潮江春中餐厨房开展教师生日宴的制作，结合教学进行宴会知识的讲授	1. 中式面点制作 2. 传统琼菜的冷菜制作 3. 传统、新派琼菜的制作研发 4. 宴会常识与设计制作	专业基础课程 专业核心课程

续表

基地功能	实训功能	专业课程及活动	课程性质
训	1. 宴会新派琼菜菜肴制作 2. 宴会洽谈、设计、制作 3. 各色中式点心制作 4. 冷菜、小吃制作	1. 刀工基础 2. 面点基础 3. 冷菜制作 4. 热菜制作	专业核心课程

三、“琼菜”饮食文化研发的成效与体会

1.“琼菜”饮食文化研发的成效

1）研发琼菜产品，促进琼菜研究

在琼菜研究和挖掘过程中，学校聘请了海南省烹饪协会及省琼菜研究中心的专家对琼菜研发进行技术指导，为传统琼菜创新改革提出建议。三年来，对传统海南名菜进行了大量的研究与创新，将自主创新出的新派琼菜与传统琼菜有机结合。新派琼菜的制作已制定了量化标准，成为行业传统和新派琼菜制作的新标准。学校还研发了一批市场需求旺盛的琼菜作品，其中“椰芋文昌鸡”“红扣东山羊”两款代表菜，得到了海南教育同行和餐饮行业专业人士的普遍认可和一致好评，并被评选为海南琼菜名菜。同时，经反复实践验证，将研究成果汇集成册，出版了《海南滋味》一书。全书通过对海南烹饪文化的研究、挖掘、提炼和总结，配以严谨的菜肴制作流程，将琼菜的研究大大向前推进了一步，对琼菜体系的形成具有历史意义。

2）紧跟行业需求，提高育人水平

利用“研产学训”实践教学基地，一方面紧跟市场需求，开展琼菜的新菜品开发制作，以宴会制作为载体，提高学生的综合职业能力。另一方面，与海南最大的本土餐饮企业“龙泉餐饮集团”合作，创办了“龙泉人才培训班”。根据合作企业对“龙泉班”学生的要求，开展了定位、定向、定量的“三定”培养，加强了学生的综合职业技能及规范化操作水平，学生在国家级、省级烹饪技能大赛上均取得较好成绩。其中，2011年参加全国烹饪大赛获一等奖1名、优秀奖2名、省级一等奖4名和二等奖6名；2012年参加全国烹饪大赛获一等奖1名、省级一等奖4名和二等奖4名；2012年参加全国烹饪大赛获二等奖1名、三等奖3名；

省级一等奖4名、二等奖3名、三等奖1名。

3）探索教学模式，培养产学研名师

根据中餐烹饪专业实践性强的专业特点，专业教师团队在实践中探索出“研产学训”的教学模式。通过“研产学训”实践教学基地，对琼菜进行开发研究，积累了大量的专业知识；在对琼菜的研发过程中，也大大提高了专业教师的操作技术水平与创新能力；通过校企合作开发琼菜，让教师们不间断地到企业进行顶岗培训，既提高了专业技能，也吸收了餐饮业最新的资讯，为开展琼菜研发和烹饪教学提供了极大的帮助。通过三年琼菜研发与琼菜创新宴会制作等环节，打造了谭蓉、庄全球2名海南琼菜大师，蔡亲宁、吴淑晖、王绥明3名海南琼菜名师。

4）开发网络课堂，建设综合实训基地

为了中餐烹饪专业的持续、健康成长，海口旅游职业学校给予“研产学训”实践教学基地专项资金的支持，用于专业建设。学校与南海网合作，开设了21期“琼菜大讲堂”。通过网络技术与系统，在全球范围内传播海南旅游文化。学校为专业教学和琼菜研发配备了相应的专业实训室，使中餐烹饪专业的琼菜教学、研发，有了较完备的综合研发实训平台，为进一步探索、传承海南琼菜文化、打造海南综合性琼菜研发基地奠定了坚实的基础。

2.“琼菜”饮食文化研发的体会

多年来，海口旅游职业学校在传承和光大了海南传统的“琼菜”饮食文化方面，取得了可喜的成效，也积累了不少心得体会。

1）传承民族文化是职业教育的重要职能

海南是一个多民族的地区，各民族在长期的社会实践中形成了自己独特的饮食文化。海南虽然建省时间不长，但各民族在这块肥沃的土壤上繁衍生息了多少年，积累了丰富多样的文化。如今建立国际旅游岛，又形成了多文化碰撞和交融的态势。如何挖掘传统文化，体现海南特色，是我们所面临的一个重要问题。海口旅游职业学校依托专业优势，联合社会各界积极研究和开发琼菜，取得了初步的成效，并以此为纽带形成了有效的人才培养模式，实现了文化传承与人才培养良性互动的机制。

2）职业教育必须服务区域经济社会发展

海南有独特的地理优势，国家旅游岛战略的实施使这一优势更加突出。海口旅游职业学校在专业建设中，始终围绕服务国际旅游岛这一国家战略来规划，人才培养满足社会需求的程度不断在提高，专业规模也在不断扩展，学校的社会影响力也不断扩大，为海南大型餐饮企业输送了一大批深受欢迎的毕业生。

当然，围绕海口旅游职业学校国家示范校的定位，还有许多待完善的地方。

其一，琼菜的发扬光大，还需加大科研与开发力度。目前琼菜的研究与开发工作在师生与专家们的共同努力下，已取得了一定成果。但要真正做到琼菜的自成体系与更广泛的推广普及，学校目前的研发力量还不足，还需要吸收更广泛的行业专家与学者来进行共同研究。

其二，琼菜的研究开发的校企合作力度还需加强。琼菜文化源远流长且种类庞杂多样。由于学校自身办学经费有限，需要加强校企合作。通过校企合作深化琼菜研究的专业化程度，把受到社会普遍欢迎的琼菜进行归纳、总结和提炼，并挖掘社会潜在需要、持续做好产品创新，不断扩大餐饮的市场。

其三，通过校企合作推动民族文化更广泛的传承。客人是市场的主体，企业是市场的载体。只有与越来越多的优秀餐饮企业合作，才能获取更广泛的科研项目，才能使开发的琼菜具有更广泛的社会价值。在未来，海口旅游职业学校将通过省烹饪协会，与更多更好的优秀企业合作，共同开展琼菜的研究与开发。并在开发琼菜的过程中做好人才培养，通过人才培养将开发的产品在更广泛的范围内进行宣传推广。

参考文献

［1］杨卫武，郝影利 . 现代旅游职业教育体系研究［M］. 天津：南开大学出版社，2015.

［2］朱承强 . 酒店行业人才需求预测与旅游院校人才培养质量研究［M］. 北京：旅游教育出版社，2017.

［3］杨卫武，朱承强，郑旭华 . 应用型旅游人才培养模式——上海旅游高等专科学校的实践研究［M］. 北京：旅游教育出版社，2009.

［4］杨卫武，朱承强，郑旭华 . 旅游与会展管理专业人才培养方案探索［M］. 上海：上海人民出版社，2008.

［5］王忠林，叶志良 . 旅游类高素质技能型人才培养的理念与实践［M］. 北京：旅游教育出版社，2013.

［6］赵鹏，唐利华 . 旅游高等院校校企合作机制研究——以北京旅游学院为例［J］. 旅游学科，2006.

［7］陈小虎 . 应用型本科教育：内涵解析及其人才培养体系构建［J］. 江苏高教，2008.

［8］何建伟 . 旅游产业化国际化背景下高素质人才培养创新探索——兼谈暨南大学深圳旅游学院改革与发展［J］. 社会科学家，2006.

［9］刘春生 . 发展职业教育需要良好政策环境［J］. 中国高等教育，2001.

［10］马宗明，韩伟东，赵悦 . 中等和高等职业教育协调发展路径探索——以中高职专业办学联盟为例［J］. 中国成人教育，2003.

［11］张炼 . 产学研合作教育若干理论问题的思考［J］. 江苏高教，2000.

［12］田玉敏 . 国外典型校企合作模式对比分析［J］. 中国培训，2008.

［13］贾玉云，谢春山 . 中国旅游教育研究的述评与展望［J］. 桂林旅游高等专科学校学报，2008.

［14］王金伟，李雪，胡天舒 . 我国近 30 年来国内旅游教育研究进展与述评［J］. 黑龙江教育，2008.

［15］吴必虎，黎筱筱 . 中国旅游专业教育发展报告［J］. 旅游学刊，2005.

［16］胡静，谢双玉 . 中国旅游业发展报告［M］. 北京：中国旅游出版社，2015.

［17］全国旅游职业教育教学指导委员会 . 中国旅游职业教育年度报告［M］. 北京：旅游教育出版社，2017.

［18］中国旅游协会旅游教育分会 . 中国旅游教育年度报告［M］. 北京：中国旅游出版社，2016.

后　记

在海口旅游职业学校成立25周年之际，为了总结学校的办学历史与经验，提炼学校“德育为先”“三段式”“集团化”“国际化”“市场化”和“培训并举”的办学特色，探讨学校对接海南师范大学等本科、高职院校所形成的多层次办学体制与新时期旅游人才培养的关系，也为了说明具有浓厚旅游文化氛围的校园环境对于旅游人才培养的重要，我校由干部和教师共同组成的编委会编写了《校企合作、产教融合　培养高素质应用型旅游人才——海口旅游职业学校的实践研究》一书，以期对学校未来的发展乃至对海南旅游教育的发展起到借鉴和推进作用。本书由赵金玲任主编，杨英任副主编。赵金玲、杨英、周建充负责编写第一、第二和第三章，潘雪梅、唐小慧、黄蕾负责编写第四章和第七章，谭蓉、庄全球负责编写第五章，韩鸿定、孙进中、周雪玲编写第六章，杨英、钱玲、林涛负责编写第八章，王高平、谭家来、杨英负责编写第九章。本书由赵金玲定稿。

本书是海口旅游职业学校全体教职员工的心血凝聚，本书的编写得到了国家级高校教学名师朱承强教授的悉心指导，衷心感谢各位的帮助与支持。尽管我们做了不懈努力，但书中难免存在不足之处，敬请专家学者及广大读者批评指正。

海口旅游职业学校校长

赵金玲

2018年12月1日